楚國文化研究叢刊

劉玉堂◇主編

楚國銅器與竹簡文字研究

李天虹○著

昌明文化

楚國文化研究叢刊 A0201011

楚國銅器與竹簡文字研究

著　　作	李天虹
版權策劃	李　鋒

發 行 人	陳滿銘
總 經 理	梁錦興
總 編 輯	陳滿銘
副總編輯	張晏瑞
編 輯 所	萬卷樓圖書股份有限公司
排　　版	雙子設計公司
封面設計	雙子設計公司
印　　刷	百通科技股份有限公司

出　　版　昌明文化有限公司

桃園市龜山區中原街 32 號

電話 (02)23216565

發　　行　萬卷樓圖書股份有限公司

臺北市羅斯福路二段 41 號 6 樓之 3

電話 (02)23216565 傳真 (02)23218698

電郵 SERVICE@WANJUAN.COM.TW

大陸經銷

廈門外圖臺灣書店有限公司

　電郵 JKB188@188.COM

ISBN 978-986-94605-0-7

2019 年 2 月初版三刷

2017 年 8 月初版二刷

2017 年 3 月初版

定價：新臺幣 430 元

如何購買本書：

1. 劃撥購書，請透過以下郵政劃撥帳號：

　帳號：15624015

　戶名：萬卷樓圖書股份有限公司

2. 轉帳購書，請透過以下帳戶

　合作金庫銀行 古亭分行

　戶名：萬卷樓圖書股份有限公司

　帳號：0877717092596

3. 網路購書，請透過萬卷樓網站

　網址 WWW.WANJUAN.COM.TW

大量購書，請直接聯繫我們，將有專人為您

服務。客服：(02)23216565 分機 610

如有缺頁、破損或裝訂錯誤，請寄回更換

國家圖書館出版品預行編目資料

楚國銅器與竹簡文字研究 / 李天虹著. --

初版. -- 桃園市 ： 昌明文化出版 ;臺北

市 ： 萬卷樓發行, 2017.03　面 ；　公分.

-- (楚國文化研究叢刊 ；A0201011)

ISBN 978-986-94605-0-7(平裝)

1.文化史 2.楚國

631.808　　　　　　　　　　106003989

本著作物經廈門墨客知識產權代理有限公司代理,由湖北教育出版社有限責任公司授權萬卷樓圖書股份有限公司出版、發行中文繁體字版版權。

目　次

總序　/　1

前言　/　5

凡例　/　7

上編　楚國銅器銘文　/　9

第一章　楚公逆、楚公豪器　/　11

　　第一節　楚公逆鐘　/　11

　　第二節　楚公豪器　/　19

第二章　安徽壽縣朱家集楚王室墓銅器　/　23

　　第一節　銅器銘文概況　/　26

　　第二節　銘文釋讀舉例　/　31

第三章　安徽壽縣鄂君啟節　/　55

　　第一節　鄂君啟節銘文概況　/　55

　　第二節　銘文釋讀舉例　/　57

第四章　河南淅川下寺楚鄖氏墓銅器　/　81

　　第一節　墓葬概況與出土的有銘銅器　/　81

　　第二節　銅器銘文概況　/　85

　　第三節　銘文釋讀舉例　/　90

第五章　附：湖北隨縣曾侯乙墓銅器　/　95

第一節　銅器銘文概況 / 97

第二節　銅器銘文的釋讀 / 99

下編　楚國竹簡文字 / 103

第一章　湖南長沙諸簡 / 105

第一節　五里牌楚簡 / 106

第二節　仰天湖楚簡 / 107

第三節　楊家灣楚簡 / 108

第四節　簡文釋讀舉例 / 108

第二章　河南信陽長台關楚簡 / 113

第一節　竹書 / 114

第二節　遣冊 / 115

第三節　簡文釋讀舉例 / 116

第三章　湖北江陵望山楚簡 / 121

第一節　1號墓卜筮祭禱記錄 / 122

第二節　2號墓遣冊 / 124

第三節　簡文釋讀概況 / 124

第四章　湖北江陵九店楚簡 / 129

第一節　56號墓竹簡 / 130

第二節　621號墓竹簡 / 131

第三節　簡文釋讀舉例 / 131

第五章　湖南常德夕陽坡楚簡 / 135

第六章　湖北荊門包山楚簡 / 137

第一節　竹簡的出土、形制與格式 / 138

第二節　簡文的分類與內容 / 139

第三節　簡文釋讀概況 / 141

第四節　簡文釋讀舉例 / 148

第七章　湖北黃岡曹家崗楚簡 / 155

第八章　湖北荊門郭店楚簡 / 157

第一節　竹簡的出土、形制與格式 / 158

第二節　簡文的分篇與內容 / 159

第三節　關於簡文國別的研究 / 166

第四節　簡文的訛誤與混同 / 168

第五節　簡文釋讀概況 / 171

第六節　簡文釋讀舉例 / 178

第九章　河南新蔡葛陵楚簡 / 199

第一節　竹簡的出土、形制與格式 / 200

第二節　簡文的分類與內容 / 200

第三節　簡文釋讀概況 / 202

第四節　簡文釋讀舉例 / 203

第十章　上海博物館藏楚簡 / 207

第一節　竹簡形制與格式 / 207

第二節　簡文的分篇與內容 / 208

第三節　新見或特別的字形 / 219

第四節　省文與訛文 / 223

第五節　《孔子見季桓子》、《武王踐阼》字形分析 / 225

第六節　簡文釋讀雜談 / 235

第十一章　清華大學藏楚簡 / 251

第十二章　未刊佈楚簡 / 253

第一節　江陵藤店楚簡 / 254

第二節　江陵天星觀楚簡 / 257

第三節　臨澧九里楚簡 / 257

第四節　江陵秦家咀楚簡 / 257

第五節　慈利石板村楚簡 / 258

第六節　江陵雞公山楚簡 / 259

第七節　江陵磚瓦廠楚簡 / 260

第八節　老河口安崗楚簡 / 260

第九節　江陵范家坡楚簡 / 261

第十節　紅光磚瓦廠楚簡 / 261

第十一節　龍山里耶1號井楚簡 / 261

第十二節　信陽長台關（M7）楚簡 / 262

第十三節　江夏丁家咀楚簡 / 262

第十四節　嚴倉獾子塚楚簡 / 263

第十五節　后港黃歇楚簡 / 264

第十三章　附：湖北隨縣曾侯乙墓竹簡 / 265

第一節　竹簡的出土、形制與格式 / 265

第二節　簡文的分類與內容 / 266

第三節　簡文釋讀概況 / 267

第四節　簡文釋讀舉例 / 270

參考文獻 / 275

引書簡稱對照表 / 323

後記 / 326

總　序①

　　春秋戰國時期領異標新、驚采絕豔的楚文化，為中華文化的形成與發展完美地奉獻出了自己的珍藏。楚學的使命就是對這一稀世珍藏進行廣泛而深入的挖掘、整理和研究。這是一項異常艱辛而又充滿愉悅的工作，需要眾多的志士仁人協力同心共同完成。

　　楚文化是古老的，它的誕生在三千年以前；但楚學是年輕的，人們有幸對它進行系統的科學研究至今還不過百年光景。

　　楚文化的遺存埋藏在地下達三千年之久，直到20世紀20年代至40年代才被盜墓者「驚起」。當時，在安徽壽縣和湖南長沙出土了大量戰國時期的楚國銅器和漆器，其工藝之精絕，風格之獨特，令史學家和古董商歎為觀止。但這還只是「小荷才露尖尖角」，人們一時還很難捕捉它們的意態風神。從20世紀50年代起，楚文化的遺存在湖

---

①　簡體版由湖北教育出版社於二〇一二年出版。今繁體版於臺灣重新編輯印刷，因考量兩岸學術寫作習慣不同，故在編輯體例上作出些微調整，以符合繁體區的閱讀方式與學術格式。茲向讀者說明如下：
　　1.若遇特殊名詞，則改為繁體區習慣用語。如：「氂米」，改為「公氂」。「米」，改為「公尺」。其他以此類推。
　　2.本套書各冊之〈總序〉、〈序〉與〈後記〉，皆照錄簡體版之原文。
　　3.原書的簡體字，如「杰」、「云」……等，皆改為相應之繁體字。
　　4.字體簡繁轉換，造成用字不同，皆以該單位原有繁體之名稱為準。如：「岳麓書社」，改為「嶽麓書社」。

南、湖北、河南、安徽等地一批又一批地被考古學家喚醒，引起學術界和文藝界一陣又一陣的狂歡。「驚起卻回首」，人們重新審視哲學史上的老莊和文學史上的屈宋，徹然大悟，原來它們也都是楚文化的精華。

楚文化因楚國和楚人而得名，是周代的一種區域文化，集中了東周文化的大半精華。它同東鄰的吳越文化和西鄰的巴蜀文化一起，曾是盛開在長江流域古區域文明的奇葩。與並世共存的先進文化相比，楚文化可以說是後來居上。當楚文化跡象初露之時，它只是糅合了中原文化的末流和楚蠻文化的餘緒，特色不顯，影響不大，几乎無足稱道。到了西周晚期，它才脫穎而出，令北方有識之士刮目相看。及至春秋中期，它竟突飛猛進，已能與中原文化競趨爭先了。楚文化不僅有爐火純青的青銅冶鑄、巧奪天工的漆木髹飾和精美絕倫的絲織刺繡，而且還有義理精深的老莊哲學、鑠古切今的屈宋辭賦和出神入化的美術樂舞。透過這耀眼的紛華，我們還能領悟到楚人進步的思想精髓和價值追求：「篳路藍縷」的進取精神、「撫夷屬夏」的開放氣度、「鳴將驚人」的創新意識、「和眾安民」的和合理念以及「深固難徙」的愛國情結。它們無疑是楚人留給世人的最寶貴的文化遺產。

為了對楚文化研究成果進行階段性總結和集中展示，20世紀90年代中期，湖北教育出版社推出了由張正明先生主編的大型學術叢書「楚學文庫」（18部），在學術界產生了強烈而持續的影響，「楚學」至此卓然而立，蔚為大觀。

自「楚學文庫」出版至今十數年間，隨著湖北棗陽九連墩大墓、河南新蔡葛陵楚墓、湖北隨州葉家山西周墓群的發掘，尤其是湖北荊門郭店楚簡、上海博物館珍藏的戰國楚竹書和清華大學藏戰國竹簡等出土文獻的陸續問世，以及新的研究方法和新的技術手段的推廣與運用，楚學研究出現了「驚濤拍岸」的高潮，眾多的楚學研究成果如浪花般噴珠濺玉，美不勝收。面對楚學研究的空前盛況，湖北教育出版

社以弘揚學術、嘉惠士林的遠見卓識，約請我主持編纂大型學術叢書「世紀楚學」（12部），這對於全面、系統、深入地探討楚文化的內涵與精蘊，及時展示楚學研究的最新成果，繼承和弘揚楚文化乃至中華文化的優秀傳統，促進社會主義文化強國和中華民族共有精神家園建設，既具有重要的理論意義，又具有重大的實踐價值。

「世紀楚學」選題嚴謹，內容宏富，研究範圍包括楚簡冊、政治、法律、禮儀、思想、學術、文學、地理、農業、水利、交通、飲食、服飾和名物等，大都是楚學研究中十分重要且「楚學文庫」未曾涉及或涉而不深的議題。因此，「世紀楚學」既是對「楚學文庫」的賡續、豐富和完善，又是對「楚學文庫」的延伸、拓展和推進。

之所以將叢書定名為「世紀楚學」，所思者有三：一是現代意義的楚學研究始於20世紀20年代，迄今已近百年；二是本叢書是21世紀推出的第一套大型楚學叢書，帶有鮮明的新世紀的印記；三是「世紀」也可泛指「時代」，意在誠勉本叢書切勿有負時代之厚望。

作為國家出版基金資助專案和湖北省社會公益出版專項資金資助專案，「世紀楚學」致力於從新視角、新構架、新材料、新觀點四個方面，實現楚學研究的新突破、新跨越、新發展，奮力開創楚學研究的新局面！

我忝任主編，限於學識和俗務，時有力不從心之感，幸有張碩、靳強先生襄助，諸事方才就緒，令我心存感念！

任何有益於本叢書的批評和建議，我們都竭誠歡迎！

劉玉堂

2012年2月於東湖之濱

前　言

　　楚國文字資料自宋代見於著錄。現代楚文字的發現與研究，肇端於20世紀三四十年代。進入50年代，真正意義上的楚文字研究逐漸興起。90年代至今，隨著楚簡文字資料的大量發現和公佈，楚文字研究大盛，成為學術前沿之一。從現有資料看，楚文字資料的大宗是竹簡文字，其次是銅器銘文，再次是璽印和貨幣文字，另外還有書、刻或印在陶器、石器、木器上的文字等等。本書的初衷，是對近一個世紀以來，楚國各類文字發現、研究的歷史與現狀進行全面、系統的考察，勾勒、撰述楚文字的學術史，突出楚文字研究在當今戰國文字研究中的主導地位，及在整個古文字研究中所起到的重要作用。但是限於時間和能力，後來不得不調整計畫，縮小範圍，選取其中最具代表性的銅器銘文和竹簡文字為考察物件。儘管未能做到面面俱到，但通過對這兩類代表性資料發現與研究的回顧及分析，楚文字研究的歷史概貌還是在一定程度上得以體現。進一步的工作，則有待將來。

凡　例

1. 引用原始文字資料和原始整理者說法，一般不隨文出注，詳參各章起始處所交待各批資料的公佈情況或文末參考文獻目錄。

2. 關於竹簡排序和編號，各家說法常有不同，本書一般從原始整理報告，從他家之說時予以特別說明。

3. 一些楚簡文字的考釋多有歧論，為避繁瑣，概述時或不一一出注，讀者可參《十四種》。

4. 對某字作具體分析或考證時，已有各家說法通常不一一引述，而是大體依發表時間先後、按需擇要引述。

5. 各章引文首次出注時用全稱，之後只出作者名、論文名或書名和頁碼。

6. 同一論著見於不同出版物時，一般不一一列出，而是根據首次刊出時間、刊物流傳程度等甄選出注。

上編　楚國銅器銘文

　　楚國銅器銘文的發現與著錄始於宋代。據統計，截至2009年6月，已發現並公佈的楚國及非楚國但帶楚文字特點銘文的銅器約有千餘件，其時代涵蓋西周中晚期至戰國晚期[①]。楚簡文字與其載體不同，而且時代主要屬於戰國中晚期，其他諸如印、貨幣等文字資料也集中在戰國，因此銅器銘文在楚文字研究、尤其是楚早期文字的研究上占有重要且獨特的地位。

　　銅器銘文資料比較分散，我們的考察以出土時間為序、以典型資料舉例的方式進行，期望收到以點帶面的效果。需要說明，曾侯乙墓所出銅器銘文和竹簡文字資料相當豐富，與楚文字有很多共同特點，通常劃歸楚系文字範疇，但它們又不是完全意義上的楚國文字，因此我們在上、下編末尾各附一章專門講述。

① 　參看黃錦前：《楚系銅器銘文研究》「中文摘要」和「緒論」，安徽大學博士學位論文，2009年6月。

第一章 楚公逆、楚公豪器

　　楚公逆和楚公豪器，是目前所見時代最早的楚國有銘銅器，在楚國早期歷史以及楚文化的研究上具有獨特價值。

第一節 楚公逆鐘鎛

　　北宋徽宗政和三年（1113年），楚公逆鎛出土於鄂州嘉魚縣[①]。原器早已失傳。銘文拓本最早著錄於宋人王厚之的〈鐘鼎款識〉，也是銘拓的善本。1843年王書原本毀於大火，今本係阮元翻刻，不少銘文失真[②]。早年孫詒讓指出，楚公之名「逆」當讀為「咢」，楚公逆

---

①　參看趙明誠：〈宋本金石錄〉，中華書局據《古逸叢書三編》影印1991年版，第287頁；李零：《楚公逆鎛》，載《江漢考古》，1983年第2期；李零：〈楚國銅器銘文編年匯釋〉，載《古文字研究》第13輯，中華書局1986年版。
②　銘文看王厚之：〈鐘鼎款識〉，載《金文文獻集成》第9冊，第200頁，線裝書局據阮元積古齋藏宋拓摹刻木本影印；又可看《殷周金文集成》1.106。

即《史記　楚世家》所載楚君熊咢（鄂）^①，為學界所信從。熊鄂
在位時間為周宣王二十九年至三十七年（前799—791年）。神奇的
是，1993年，山西曲沃北趙晉侯墓地64號墓出土6枚楚公逆編鐘^②，
銘文保存較好，其內容與楚公逆鎛不同，但是一些銘文可以跟楚公
逆鎛相對比，為鎛銘釋讀提供了新啟示，也為楚國早期歷史的研究
帶來新契機。

一、楚公逆鎛銘文釋讀

楚公逆鎛銘係反書，因為翻刻的拓本失真，給釋讀帶來很大困
難。不過經學者努力，在楚公逆鐘出土之前，銘文已經大體可以通
讀，取得了不少突破或得出頗具影響的結論。除孫詒讓對楚公名的
考證外，以下四處字句的釋讀具有代表性。其一，銘文首字「唯」
的「口」旁和「隹」旁分得比較開，與第2行首字「大」距離很近，
前人遂多將「口」、「大」看做一字的兩個偏旁：或誤以「口」為
「夕」，釋字為「夜」，又把第2行第2字「雷」誤析為「雨雷」兩

---

① 孫詒讓：〈古籀拾遺〉中7—9，載《續修四庫全書》第243冊，上海古籍出版社2002年版。
　　「咢」又作「咢」，與「逆」聲符相同，「逆」、「鄂」古音都是疑母鐸部，音同可通。為
　　方便對比，茲錄《史記　楚世家》對楚君熊渠至熊儀的記載如下：「熊渠生子三人。當周夷
　　王之時，王室微，諸侯或不朝，相伐。熊渠甚得江漢間民和，乃興兵伐庸、楊粵，至於鄂。
　　熊渠曰：『我蠻夷也，不與中國之號諡。』乃立其長子康為句亶王，中子紅為鄂王，少子執
　　疵為越章王，皆在江上楚蠻之地。及周厲王之時，暴虐，熊渠畏其伐楚，亦去其王。後為熊
　　毋康，毋康蚤死。熊渠卒，子熊摯紅立。摯紅卒，其弟弒而代立，曰熊延。熊延生熊勇。熊
　　勇六年，而周人作亂，攻厲王，厲王出奔彘。熊勇十年卒，弟熊嚴為後。熊嚴十年卒……
　　長子伯霜代立，是為熊霜。熊霜元年，周宣王初立。熊霜六年卒，三弟爭立……而少弟季徇
　　立，是為熊徇。熊徇十六年，鄭桓公初封於鄭。二十二年，熊徇卒，子熊咢立。熊咢九年
　　卒，子熊儀立，是為若敖。若敖二十年，周幽王為犬戎所弒，周東徙，而秦襄公始列為諸
　　侯。二十七年，若敖卒。」
② 山西省考古研究所、北京大學考古學系：〈天馬——曲村遺址北趙晉侯墓地第四次發掘〉，
　　載《文物》，1994年第8期；上海博物館編：《晉國奇珍——山西晉侯墓地出土文物精品》，
　　上海書畫出版社2002年版，圖1、彩版25、第154頁。黃錫全、于炳文先生懷疑此編鐘與楚公逆
　　鎛係同時鑄造於熊鄂七年（前793年）的八月，參氏作〈山西晉侯墓地所出楚公逆鐘銘文初
　　釋〉，載《考古》，1995年第2期。下引黃、于之說均出自此文，不再出注。M64出土編鐘共
　　8枚，最後2鐘與前6鐘銘文無關，應該出自另外一套鐘，參李朝遠：〈楚公逆鐘的成編方式及
　　其他〉，載《青銅器學步集》，文物出版社2007年版，第171—172頁。

字，這樣銘文「大雷」就誤認為了「夜雨雷①」；丁山先生則釋為「吳」，誤以「大雷」為「吳雷」，認為即傳說中的楚先祖「吳回②」，在學界產生很大影響。1991年，黃錫全先生首先指出，「口」和「隹」當屬於一體，字即「唯」，金文「唯」從「口」者多見，「大雷」是修飾鎛的，指鎛「形大聲如雷鳴③」，糾正了前人的失誤。其二，原銘「鎛」字右旁上部殘泐，阮元首釋為「鎛④」，此後學者通稱此器為鎛。其三，清人錢坫指出，「厥名曰某某」和傳世秦公鐘「厥名曰古邦」是相同辭例，所謂「某某」是作器者為這件鎛取的專名⑤。其四，第3行「壽」字右上方有「屮」形，舊多釋為「又」，連上文讀為「萬年又（有）壽」，李零先生指出所謂「又」可能是將泐痕誤刻為字，銘文原當為「萬年壽⑥」。

　　楚公逆鐘出土後，為鎛銘釋讀提供了不少新的證據或啟示。如鐘銘首字作「唯」，所從「口」、「隹」間距較大，「口」旁和第2行首字「高」比較接近，證明早先黃先生的看法正確，鎛銘首字應該也是「唯」。又如與舊釋鎛銘「萬年有壽」相當之處，鐘銘作「萬年壽」，說明李零先生誤刻之說也可成立。再如「楚」字，鐘銘下部從「止」，而上部作兩「木」中間加一圓圈，和鎛銘「楚」寫法完全一致，可證鎛銘拓本應是脫去了「楚」字下部的「止」，或原器銘

① 如阮元：〈積古齋鐘鼎彝器款識〉第3卷，載王雲五主編：《叢書集成初編》第4冊，商務印書館1937年版，第149—152頁。王國維：〈夜雨楚公鐘跋〉，載《觀堂集林》第3冊第18卷，中華書局1959年版，第890—891頁。
② 丁山：《中國古代宗教與神話考》，龍門聯合書局1961年版，第55頁。此說原載氏作〈楚公逆鎛銘跋〉，載國立北平研究院史學研究所《史學集刊》第4期，1944年；〈吳回考〉，載齊魯大學《國學季刊》1卷2期，1933年。
③ 黃錫全：〈楚公逆鎛銘文新釋〉，載《武漢大學學報》，1991年第4期。
④ 阮元：〈積古齋鐘鼎彝器款識〉，第153頁。
⑤ 參看李零：《楚公逆鎛》、〈楚國銅器銘文編年匯釋〉。錢說又可參阮元〈積古齋鐘鼎彝器款識〉，第153頁，錢氏誤釋「厥」為「古（故）」。
⑥ 李零：〈楚國銅器銘文編年匯釋〉。

「止」旁被銹覆蓋，未能拓出 ①。此外，李學勤先生對兩處鎛銘提出了與傳統認識不同的看法，非常值得關注。

首先，楚公逆鐘「鐘」字原銘作「鍾」，從「重」聲。李先生認為，自阮元以來所釋宋出土器名「鎛」，很可能也是「鍾」。宋器銘本是反文，聲符理當在左邊，拓本此字右半是誤剔的坼痕，其「金」旁的左上方有一殘筆，很可能是「重」的上端曲筆。其次，李先生認為，鎛銘第2、3行之間中下部及第3、4行之間下部的「屮」、「木」、「十」等形，本來都是坼痕而被誤剔為筆劃，以往把它們當做文字或偏旁是錯誤的，從它們大多上下在一條直線上可以看得很清楚。

今按，從拓本看，器名之字右半的形體，確實與「専」的下半筆劃比較一致，可對比黻鎛作（《金文編》第917頁）形的「鎛」字，因此阮元所釋有字形依據。但是依反文例，鎛銘「鎛」所從「専」旁應該位於「金」旁之左，而拓本中前人所謂「専」的殘筆位於「金」旁之右，所以李先生的看法更為可信，所謂「専」的殘筆很可能是坼痕。楚公豪鐘（《集成》1.42）的「鐘」字也作「鍾」，並且也是反文，作■，可與之對比。那麼宋器可能也是一件鐘，而不是傳統認識中的「鎛②」。在傳統看法裡，李先生所說第2、3行之間的「屮」、「木」、「十」等形，屬於第2行「鎛」、「格」等字的右半。從拓本行款看，第2行中下部的「厥」、「曰」等字，和「鎛」、「格」等字的左半「金」、「名」居於同一行列，而自「鎛」字右半開始的「屮」、「木」等形，頗似獨立的一行，所以李先生認為「屮」、「木」等形係誤剔也有道理，前述李零先生之釋「萬年壽」的例子是很好的佐證。

在同篇文章里，李先生還提出，銘文前後兩次出現「楚公逆」

---

① 參看黃錫全、于炳文：〈山西晉侯墓地所出楚公逆鐘銘文初釋〉；李學勤：〈試論楚公逆編鐘〉，載《文物》，1995年第2期。下引李先生說均出自此文，不再出注。

② 為方便行文，我們還是稱其為「鎛」。

名，後一次出現在第3行，但「公逆」前之字不像「楚」，恐怕也是誤剔所致①。今按李先生所說不像「楚」的字，拓本作，學者或釋為「屯」，或作為未釋字；這裡的「公」，拓本作，也有學者懷疑是其他的字，但不可否認它的形體與同器「公」字非常接近，釋「公」應該可以信從，其下部圓圈形中多出的一橫，可能出自坼痕。那麼從文例看，「公」上之字原是「楚」的可能性非常大。

根據前人研究，結合我們的理解，大體可以把楚公逆鎛銘文釋讀如下②：

唯八月甲申，楚公逆自作大雷鐘，厥名曰□□□□。楚（？）公逆其萬年壽，□□□身③，孫子其永寶。

二、楚公逆鐘銘文釋讀

關於楚公逆鐘，儘管銘文識讀的爭議不算大，但在字句斷讀和內涵解析上，學者異見紛呈。為方便行文，茲根據已有研究，結合我們的理解，錄鐘銘釋文如下：

唯八月甲午，楚公逆祀厥先高祖考，夫工四方首。楚公逆出求人用祀，四方首休多擒。鍐□納享赤金九萬鈞，楚公逆用自作龢鍾百猷（？肆）。楚公逆其萬年壽，用保厥大邦，永寶。

---

① 此字舊多缺釋，郭沫若先生釋為「屯」（《兩周金文辭大系圖錄考釋（二）》，載《郭沫若全集 考古編》第8卷，科學出版社2002年版，第354頁）。李先生還指出「申」、「寶」等字結構不對，恐怕也是剔壞所致。曾憲通先生也有類似看法，參氏作：〈宋代著錄楚公逆鐘銘文補釋〉，載《徐中舒先生百年誕辰紀念文集》，巴蜀書社1998年版。
② 曾憲通先生根據新出楚公逆編鐘將宋鐘銘文補足，參氏作〈宋代著錄楚公逆鐘銘文補釋〉。
③ 黃錫全先生結合郭沫若先生舊釋，疑這里當釋「以樂其身」，參氏作〈楚公逆鎛銘文新釋〉。

先來看銘文識讀上的分歧。

「楚公逆出求人」的「人」字，學者多釋為「厥」。陳劍先生最早注意到此字和同銘中的其他兩個「厥」字寫法存在差異，改釋為「人」。「求人」指求取祭祀用的人牲[1]。其說可從。

「鍾」前的字，不少學者認為是「錫」兩個字。係古文字「妻」所從，黃錫全、于炳文先生認為是「齎」字省文，《說文》訓「齎」為「等」，這里讀為「齊」，「龢齊」指鐘聲音律諧和。董珊先生認為「妻」可讀為「龤（諧）[2]」。今按從字形的間距看，恐怕還是應該看做一個字，而且下也不見合文符號，楚公豪鐘（《集成》1.42）銘曰「楚公豪自鑄錫鍾」，已有學者指出應與「錫」相當。「錫」大概是形容樂音高揚[3]。的上半應該是用來修飾「錫」的，或是「錫」的附加義符。

「飤」，原銘作，從字形看釋為「飤」沒有問題。黃錫全、于炳文先生讀為「肆」，是鐘的集合量詞。《周禮 春官 小胥》：「凡懸鐘磬，半為堵，全為肆。」作為鐘的單位，「肆」多見於西周金文。從文義看把「飤」讀為「肆」非常合適。但是古音「飤」、「肆」一為之部，一為質部，韻部相隔較遠，董珊先生認為在沒有確鑿證據的情況下，這種讀法值得懷疑。他認為此字右旁當是「尸」，字可隸定為「釕」，分析為從「食」，「尸」聲。古音「尸」、「肆」非常接近，韻部為脂、質對轉，古「尸」、「夷」通用（西周金文東夷、淮夷之「夷」均作「尸」），文獻中並有「夷」、「肆」相通之例，因此「釕」可以讀為「肆」。晉侯墓地113號墓出土豬尊

① 陳劍：〈晉侯墓銅器小識〉，載《中國歷史文物》，2006年第6期。
② 董珊：〈晉侯墓出土楚公逆鐘銘文新探〉，載《中國歷史文物》，2006年第6期。下引董珊說均出自此文，不再出注。
③ 關於「錫」的解釋，參看陳雙新：《兩周青銅樂器銘辭研究》第184—187頁，河北大學出版社2002年版。

銘文曰「晉侯作旅彝」，其「彝」字原作「」，從「皀」，「尸」聲[1]。「食」、「皀」作為義符可以通用，「飤」與「𩟡」也許是異體關係。今按，不論如何解釋字形，此字在銘文中的用法是明確的，即鐘的單位。

在字句解釋上，「夫工」和「四方首」爭議最大。

李學勤先生認為，「夫」，銘文又作「大」，兩字古通用，「大工」指大臣，「四方」指四方之神，「首」指首級，銘文首句是說，「在八月甲午這一天，楚公逆對自己的祖先、父親，以及先世大臣和四方之神，舉行用人首祭祀的典禮」。黃錫全、于炳文先生把「夫工」釋為「夫壬」，讀為「敷任」。《尚書 禹貢》：「禹敷土」，馬注：「敷，分也。」鄭注：「敷，布也。」「敷任四方首」，「義為祭祀高祖考所需用之物品分擔予四方首領」。董珊先生認為「夫工」可能讀為「敷供」，意思是「徧設（祭品）」，也就是「徧祀」，「四方首」是四方神和社稷之神的集體稱謂。今按，四方及社稷神的「神」，文獻中沒有稱為「首」的直接例證，這裡的「首」也許還是應該解釋為其常用之意「首領」。那麼，「夫工」也有可能讀為「敷貢」，「貢」本義是貢品，這裡指貢奉的祭祀物品，「敷貢四方首」，意思是四方首領分擔祭祀用品。黃、于兩先生對字的識讀有誤，但對文義的理解也許是正確的。

董珊先生從陳劍先生說，把「求」後之字改釋為「人」，連上下文斷讀為「楚公逆出求人用祀四方首，休多擒」，這樣「楚公逆」是「休多擒」的主語。我們懷疑這裡應該在「祀」後斷讀，「休多擒」的主語是「四方首」。「休多擒」一類的話，多見於與戰爭有關的西

① 此是董先生所引陳劍先生說，參陳劍《晉侯墓銅器小識》。「𩟡」可讀為「彝」，除陳先生所舉吳王光鑑「彝」寫作「𢑑」（以「夷」為基本聲符）的例證外，上博藏《競建內之》2號簡的「彝」寫作「𠈮」，也是一個例證。

周金文，可以對比①：

> 余肇使汝，休不逆，有成事，多擒。（多友鼎，《集成》5.2835）
>
> 汝休，弗以我車陷於艱，汝多擒，折首執訊。（不其簋，《集成》8.4328、4329）
>
> 晉侯令▇追於倗，休有擒。▇鼎，《上海博物館集刊》6.153）

綜上所述，可以把楚公逆鐘銘文大意釋寫如下：

八月甲午，楚公逆祭祀其先高祖考，分派祭品於四方首領。楚公逆出征求取人牲以祀，四方首領（與戰），取得勝利，多有擒獲。鎬口進獻銅九萬鈞，楚公逆用以鑄造音聲和諧、高揚的鐘百肆。楚公逆萬年長壽，以保其邦國，永以為寶。

三、楚公逆鐘、鎛的史學價值

楚公逆器銘涉及楚國早期歷史，具有重要學術價值，不少學者就此進行討論，其成果具體說來大體有四點：

其一，據《史記·楚世家》記載，周夷王時，王室衰微，楚先祖「熊渠甚得江漢間民和，乃興兵伐庸、楊粵，至於鄂」，分封諸子，自立為王。周厲王時，因厲王暴虐，「熊渠畏其伐楚，亦去其王」。此後一直到武王熊通，楚才恢復王號（前704年）。楚公逆器銘說明，至少宣王之世，楚君確實沒有稱王，而是自稱為「公②」。

其二，殷墟卜辭中有關人牲的記錄很多，西周時期的資料則鮮見相關記載，楚公逆鐘所謂「求人以祀」，是西周金文中首次發現的以人牲為祭的記錄③。

其三，《說文》：「鈞，三十斤也。」九萬鈞合二百七十萬斤。

① 參看董珊：〈晉侯墓出土楚公逆鐘銘文新探〉。
② 參看楊寬：《西周史》，上海人民出版社1999年版，第641頁。
③ 參看陳劍：〈晉侯墓銅器小識〉；董珊：《晉侯墓出土楚公逆鐘銘文新探》。

西周時期一斤的重量尚不確定，戰國一斤約等於250克，相當於今天的半斤。依此計算，九萬鈞當今天的一百三十五萬斤，合六百多噸。由此推測楚公逆鐘所載九萬鈞銅的數量相當驚人。關於銅的來源，李學勤先生推測與湖北鄂城附近的大冶銅綠山礦冶遺址有關。九萬鈞的進獻，可以印證當時銅綠山產銅的規模和數量。

其四，楚公逆編鐘出土於晉侯墓內，原因大概不外兩個，或出自饋贈，或出自戰爭。如發掘簡報認為，史載晉楚兩國交往的最早時間不超過春秋早、中期之際，楚公逆器的出土，「至少將晉楚交往史提早至西周晚期」。段渝先生認為，既然史載晉楚交往不早於春秋，就沒有理由將其上推到西周，楚饋贈說不能成立，楚公逆鐘應該是周宣王伐楚所獲而後賜予晉侯的[①]。

第二節　楚公豪器

迄今所見楚公豪器有5件鐘和1件戈。

一、楚公豪鐘

傳世楚公豪鐘有4件，其中3件（《集成》1.42、43、44）是清末陳介祺舊藏，阮元〈積古齋鐘鼎彝器款識〉著錄，現藏日本京都泉屋博古館[②]。另外1件（《集成》1.45）係清吳式芬《攗古錄》著錄，原器下落不明。1998年7月，陝西扶風召陳村西周建築群基址的一處窖穴內，又出土1件楚公豪鐘，現藏陝西寶雞周原博物館[③]。

---

① 段渝：〈楚公逆編鐘與周宣王伐楚〉，載《社會科學研究》，2004年第2期。
② 參看樋口隆康：《樂器》，日本京都泉屋博古館昭和五十七年（1983年），此據高至喜〈晉侯墓出土楚公逆編鐘的幾個問題〉一文轉引，載《晉侯墓地出土青銅器國際學術研討會論文集》，上海書畫出版社2002年版。
③ 羅西章：〈陝西周原新出土的青銅器〉，載《考古》，1999年第4期。

5件楚公豪鐘銘文大體相同，以《集成》44號為例，其銘曰：「楚公豪自作寶大林鍾，孫孫子子其永寶。」鐘名又或稱「錫（錫）鍾」（《集成》1.42），周原所出則名曰「大林龢鍾」。「大林鐘」也可以簡稱為「林鐘」。《廣雅　釋詁三》「林，眾也」，又「林，聚也」。編鐘數量眾多，似林聚植，因此可稱為林鐘①。

二、楚公豪戈

楚公豪戈發現於1959年，是湖南省博物館從廢銅中揀選而得②。其內上有銘文5字：「楚公豪秉戈。」關於戈的真偽，曾有過爭議。或認為器、銘均偽③；或認為器真銘偽④；或認為器屬於西周中、末期，銘係後刻，不早於西周末葉⑤；戈的發現者高至喜和蔡季襄先生則認為器、銘均真，是同時範鑄而成⑥。戈銘作「秉戈」確實罕見，所幸1982年，湖北棗陽出土1件曾侯戈，戈銘亦作「秉戈」，「秉」字寫法並和楚公豪戈的「秉」字相近，證明發現者的說法可信⑦。此戈對楚國早期兵器及銘文的研究來說也非常重要。

三、楚公豪其人

楚公豪究竟相當於《史記　楚世家》中的哪一位楚君，學者間爭議頗大。大多數學者認為楚公豪是西周中後期的楚君，也有學者認為楚公豪時當春秋早中期⑧。周原的發現，說明楚公豪鐘年代最晚也在西

---

① 參看周法高主編：《金文詁林》第8冊，第3870頁。高田忠周說，香港中文大學1974年；馬承源：〈商周青銅雙音鐘〉，載《考古學報》，1981年第1期。

② 高至喜：〈「楚公豪」戈〉，載《文物》，1959年第12期。

③ 于省吾、姚孝遂：〈「楚公豪戈」辨偽〉，載《文物》，1960年第3期。

④ 馮漢驥：〈關於「楚公豪」戈的真偽並略論四川「巴蜀」時期的兵器〉，載《文物》，1961年第11期。

⑤ 商承祚：〈「楚公豪戈」真偽的我見〉，載《文物》，1962年第6期。

⑥ 高至喜、蔡季襄：〈對「楚公豪戈辨偽」一文的商討〉，載《文物》，1960年第8、9期。

⑦ 參看李學勤：〈曾侯戈小考〉，載《江漢考古》，1984年第4期。

⑧ 參看李零：〈楚國銅器銘文編年匯釋〉；夏祿：〈銘文所見楚王名字考〉，載《江漢考古》，1985年第4期。

周末年，因此春秋早期、中期說可以排除①。郭沫若先生誤以「豪」為「為」字異體，「儀」、「為」古同屬歌部，認為楚公豪即熊鄂之子熊儀②。熊儀，《楚世家》又稱若敖，時當周宣王三十八年至平王七年（前790－前764年），是兩周之際的楚君。是說在學界影響很大。張亞初先生認為「豪」、「渠」音近相通，楚公豪即熊渠，是周夷王、厲王時期的楚君，屬西周中期之末③。朱德熙先生認為，望山1號墓簡中的「豪」，有時寫作「臺」，「豕」、「至」古同屬脂部，該字是以「豕」或「至」為聲。「摯」與「至」古音極近，疑楚公豪即《左傳》僖公二十六年所記楚君「熊摯」，亦即《楚世家》中的摯紅。摯紅是熊渠之子，時當周厲王④。從古文字學角度看，朱先生的說法比較可信。

圖1.1 楚公逆鎛（《集成》1－106）

圖1.2　楚公豪鐘（《集成》1－42）

---

① 參看高至喜：《晉侯墓出土楚公逆編鐘的几個問題》。
② 郭沫若：《兩周金文辭大系圖錄考釋（二）》，第354頁。
③ 張亞初：〈論楚公豪鐘和楚公逆鎛的年代〉，載《江漢考古》，1984年第4期。
④ 朱德熙：〈長沙帛書考釋（四篇）〉，載《語言文字學術論文集——慶祝王力先生學術活動五十周年》，知識出版社1989年版。本文所引據〈長沙帛書考釋（五篇）〉，載《朱德熙文集》第5卷，商務書書館1999年版；又可參湖北省文物考古研究所、北京大學中文系：《望山楚簡》，中華書局1995年版，第87頁。

第二章　安徽壽縣朱家集楚王室墓銅器

　　壽縣位於安徽省中部、淮河中游，史稱壽春，是戰國末年楚國都城所在地。《史記　楚世家》記載，楚考烈王二十二年（前241年），「與諸侯共伐秦，不利而去。楚東徙都壽春，命曰郢」。此後一直到負芻五年亡國（前223年），楚更不徙都，是壽縣作為楚都共19年。

　　朱家集距離壽縣縣城約30公里。李三孤堆，又名李三古堆，在朱家集南約三里處，當因有高大封土堆而得名。20世紀20年代，壽縣出土大批古銅器，大抵為瑞典人加爾白克所得，轉售於歐美，壽縣「遂以銅器著聞於世。古董商人，爭往購販」，盜墓之風漸起，至蔚然成俗[①]。1932年，壽縣發生嚴重自然災荒。次年，當地士紳以救災名義，糾集民眾開挖李三孤堆，後被官方禁止。這次盜掘所得文物數量驚人[②]，其中700餘件由當時的安徽省政府收繳並交省立圖書館收藏，

① 參看郭沫若：〈壽縣所出楚器之年代〉，《郭沫若全集　考古編》第5卷，科學出版社2002年版。原載《古代銘刻匯考續編》（東京影印本），1934年；李景聃：〈壽縣楚墓調查報告〉、〈田野考古報告〉、（《國立中央研究院歷史語言研究所專刊之十三》），商務印書館1936年版，第224頁。
② 據鄧峙一〈李品仙盜掘楚王墓親歷記〉，這次盜掘所得文物共3000餘件，見《安徽文史資料選輯》第1輯，安徽人民出版社1979年版。寫於1934年的朱拜石遺稿〈考訂壽縣出土古器物稿〉，提到壽縣人士云約七八千件。朱氏遺稿現存合肥市文物管理處，此轉引自劉和惠：〈關於壽縣楚王墓的几個問題〉，載《文物研究》第5輯，黃山書社1989年版。劉氏同文根據李景聃調查報告估計出土文物有千餘件。王傳厚、吳興漢〈楚大鼎及其出土後的經歷〉云有4000多件，載《文物天地》，1981年第2期。

後歷經坎坷，所幸無恙，新中國成立初轉藏於安徽省博物館。精品則大多流散①。1938年，在壽縣駐防的李品仙，出動軍隊再次盜挖李三孤堆，掘得文物數百件。這批文物全部流散，不知所終。不過這次盜掘有一個重要發現，即棺材。據參加過盜墓的鄧峙一回憶，棺材朱紅色，顏色鮮豔，保存尚好；但棺內屍骨無存，僅餘一束頭髮和粉化的衣物②。棺木的發現，證明李三孤堆是一座大墓，而非此前某些學者所說的窖庫③。

由於墓葬規模大，所出土銅器銘文帶有「楚王酓■」、「楚王酓忎」、「太子」、「王后」、「太后」等字樣，可以肯定李三孤堆是楚王室墓葬。但是具體到墓主人是誰，傳統看法分歧較大。據《史記》，定都壽縣的楚王只有考烈王、幽王、哀王、負芻四世，學者對於墓主的考證一般圍繞這四個王展開。《楚世家》云：「二十五年，考烈王卒，子幽王悍立。……十年，幽王卒，同母弟猶代立，是為哀王。哀王立二月餘，哀王庶兄負芻之徒襲殺哀王而立負芻為王。……五年，秦將王翦、蒙武遂破楚國，虜楚王負芻，滅楚名為（楚）郡云。」哀王年幼，立國僅兩個多月被殺，負芻被俘下落不明，他們是墓主的可能性顯然較小。經過多年研究，目前學界普遍認為「楚王酓■」即考烈王熊元（完）、「楚王酓忎」即考烈王之子幽王熊悍。按考古年代學理論，墓葬年代當以較晚器物為准，因此學者多傾向於墓

---

① 參看李景聃：〈壽縣楚墓調查報告〉，第220、267頁；殷滌非：〈關於壽縣楚器〉，載《考古通訊》，1955年第2期；殷滌非：〈憶壽縣楚器返皖〉，載《文物天地》，1987年第2期；吳長青：《壽縣李三孤堆楚國大墓出土銅器的初步研究——以安徽省博物館藏該墓青銅器為中心》第1頁，北京大學碩士學位論文，2005年6月。

② 鄧峙一：〈李品仙盜掘楚王墓親歷記〉。該文記載1935年當地人曾再次盜掘李三孤堆，得文物數百件，但證據不足，參看劉和惠：〈關於壽縣楚王墓的幾個問題〉。

③ 本文對有關朱家集銅器銘文研究概況的敘述，有時因與本文論證關係不大，或者後文有詳述而不注明出處，詳情請參看程鵬萬《安徽壽縣朱家集出土青銅器銘文集釋》（黑龍江人民出版社2009年版）相關章節，下不再注。又文中所引用朱家集銅器銘文字形均采自程書之《朱家集銅器文字編》。

主人是楚幽王酓悍，而「王后」和「太后」分別是幽王之後、幽王之母，「太子」是考烈王太子，即楚幽王。不過也有學者持不同意見。如劉和惠先生指出，在銘刻有身分的銅器中屬於酓悍的器物僅3件，而王后器數量最多，且組合成套，明顯占有中心地位，李三孤堆應是王后墓。幽王年幼即位，在位十年未及成年而卒，「可能沒有立后，就是立后也不一定早夭」，哀王、負芻更無可能有后。所以李三孤堆當是考烈王后之墓[①]。曹淑琴、殷瑋璋先生從銘文內容出發，結合考古學研究，認為傳出李三孤堆的楚王酓、酓悍器應分別出自兩座楚王陵，是盜掘出土以后被混在一起的。王后器也不排除另有墓穴的可能[②]。

因為係盜掘，李三孤堆墓葬形制不可詳考。1934年，前中央研究院李景聃在朱家集做過實地調查。據他所撰寫的調查報告，李三孤堆方圓約300公尺，封土高約2公尺，有兩條墓道，墓室木槨，分為九室，棺室居中，其他室陳列隨葬品[③]。1960年，鄧峙一先生發表參與1938年盜掘的回憶錄，其間也涉及到墓葬形制[④]。80年代李德文等先生對李三孤堆進行鑽探和清理，發現該墓為土坑豎穴，推算墓坑坑底面積不小於300平方公尺，槨室面積在190—300平方公尺之間。曾侯乙墓坑底、槨室面積分別約為220、190平方公尺，可以與之類比[⑤]。郭德維先生根據李景聃、鄧峙一的記錄及新中國成立後楚系墓葬發現與研究的成果，也認為李三孤堆槨分九室，但具體形制、分佈與李景聃所云

① 劉和惠：〈壽縣朱家集李三古堆大墓墓主的再認識〉，載《東南文化》，1991年第2期。
② 曹淑琴、殷瑋璋：〈壽縣朱家集銅器群研究〉，載《考古學文化論集（一）》，文物出版社1987年版。徐中舒先生早年有類似觀點，他懷疑酓肯是楚哀王名，而酓悍是楚幽王，「據此，壽縣出土遺物，當出自幽王哀王之墓」，參氏作〈壽州出土楚銅器補述〉，載《大公報》圖書副刊第31期，1934年6月16日。此文蒙顏世鉉先生惠為複印提供。
③ 李景聃：《壽縣楚墓調查報告》，第228—233頁。
④ 鄧峙一：《李品仙盜掘楚王墓親歷記》，下文所引鄧峙一說均出自此文，不再出注。
⑤ 李德文：〈朱家集楚王墓的形制與棺槨制度〉，載《楚文化研究論集》第1集，荊楚書社1987年版。又：這次工作發現一條墓道。

第二章　安徽壽縣朱家集楚王室墓銅器

不同。他推測槨室面積約160平方公尺，其規模小於曾侯乙墓，可能是楚國末期財力、物力相當有限所致 [1]。

第一節　銅器銘文概況

據程鵬萬先生統計，李三孤堆出土有銘銅器70餘件，多數是1933年盜掘出土，少數是新中國成立後各收藏單位收購、採集所得，其間或許混有1938年盜掘出土的器物。這些有銘器物近半數藏於安徽省博物館，另外收藏較多的單位有故宮博物院、天津市歷史博物館、中國國家博物館、上海博物館等等。

根據銘文內容，可以把這批資料分為楚王、冶師、鑄客、太子、大府及其他六組 [2]。楚王組包括考烈王酓■和幽王酓悍兩個王的器物，其中酓■器6件，鼎2、盤1、匜 3；酓悍器3件，鼎2、盤1 [3]。冶師組器8件，勺3、匕4、車飾1。鑄客組器物最多，共計40件，鼎12，匜9，豆6，爐3，鎬、甗、缶各2，甔、盃、鑒、匜各1。太子組器3件，鼎2、鎬1。大府組器3件，盞、匜、鎬各1。其他組8器，包括曾姬無卹壺2件、酓章劍1件等。除曾姬無卹壺和酓章劍為鑄款

---

① 郭德維：〈關於壽縣楚王墓槨室形制復原問題〉，載《江漢考古》，1982年第1期；郭德維：《楚系墓葬研究》，湖北教育出版社1995年版，第82、86頁。

② 李零先生做過類似分組，參氏著《楚國典型銅器墓的年代與楚器的分類研究》第15—34頁，中國社會科學院研究生院碩士學位論文，1982年6月。此文修改後以〈論東周時期的楚國典型銅器群〉為題，發表在《古文字研究》第19輯，中華書局1992年版。曹淑琴、殷瑋璋兩位先生也做過類似分組，參氏作《壽縣朱家集銅器群研究》。此據程鵬萬文，下述各組器物數目也出自程文，參氏著《安徽壽縣朱家集出土青銅器銘文集釋》，第27、20—21頁。

③ 另外，1981年，安徽省文物工作隊在李三孤堆撿到一片銅器口沿，上殘存「以共歲嘗」四字，該器顯然也屬於楚王組，參李德文：〈附：李三孤堆楚王墓鑽探簡況〉，載《安徽省考古學會會刊》第6輯，1982年12月。

外，其他器銘都是刻寫。前五組各組內正銘格式劃一①，除人名、器名、機構名稱不同外，其他內容基本無別。五組銘文文例大體如下，我們以符號○、△、◇分別代表人名、機構名、器名和器名前的修飾語：

楚王組酓器：楚王酓作鑄◇。以共歲嘗。②

楚王組酓悍器：楚王酓悍戰獲兵銅，正月吉日，窒鑄◇，以共歲嘗。

冶師組：冶○、○為之。

鑄客組：鑄客為△為之。③

太子組：集脰，大子（之）◇。

冶師職司冶鑄。冶師組每器銘文都有兩個人名。其中3件勺銘文全同，兩個人名依次作專秦、苟脃。4件匕兩兩相同，兩個人名分別依次作盤埜、秦忎，紹佺、陳共，車飾銘的兩個人名作紹佺、陳共。那麼具體說來，冶師組銘文有三種，即：

冶盤埜、秦忎為之

---

① 除正銘外，楚王酓器喬鼎（《集成》5.2623）蓋內刻寫「集脰」，蓋外花紋間刻「集脰缸鼎」；3件（《集成》9.4549—4551）底部分別刻寫戊寅、己、辛，學者均以為是器物編號。酓悍器兩鼎（《集成》5.2795、2794），其一蓋內刻寫「集脰」，其一蓋內和口沿外均刻「集脰」，腹部花紋間刻「三楚」。「三楚」兩字間隔較大，似應分讀，「三」是編號，「楚」是國氏或楚王作器的標記，參李零：《楚國典型銅器墓的年代與楚器的分類研究》，第22頁，又《論東周時期的楚國典型銅器群》；陳世輝、湯余惠：《古文字學概要》，吉林大學出版社1988年版，第233頁。另外，兩鼎蓋內、腹部及盤腹還刻寫有與冶師組相近的銘文，詳參下文。鑄客組鑄客大鼎（《集成》4.2480）腹部、足部刻寫「安邦」；王后六室臣（《集成》9.4512）底部刻寫數位「八」，集鼎（《集成4.1807》）底刻「五」，應該也是編號；集脰鼎（《集成》4.2296）口沿刻「集脰」。
② 盤銘與「作鑄」相當之處作「作為鑄」。
③ 《集成》3.914號甗「鑄客」作「鑄器客」，4.1807號鼎僅刻寫「集」兩字。

冶專秦、苛膅為之

冶紹圣、陳共為之

　　這三種銘文均見於畬悍器腹、蓋的副銘，只是畬悍器「冶」作「冶師」，第二個人名之前多一個「差（佐）」字，因而使我們知道這類銘文中的人名，前者是冶師，後者是冶師助手，三組冶師和佐所處時代應大致相同。兩相比照，三種銘文人名的搭配相當穩定，說明鑄造這些器物時每位冶師和佐的組合關係是固定的[①]。對於冶師組銘文「冶」的具體含義，學者看法略有不同。多數學者認為「冶」是「冶師」之省，職名（冶）佐被完全省略。不過若沒有畬悍器銘作比照，這種省文很容易造成文意混淆，讓人誤以為秦忈等人也是冶師。黃錫全先生認為「冶」應為「冶師」、「冶佐」之省[②]。但冶師、佐畢竟是不同職名，以相同的省稱名之似乎不太合理[③]。因此似不應排除另外一種可能，即這裡的「冶」是「冶師」和「佐」的統稱或泛稱。

　　「某客」是楚國特有官名[④]。鑄客主掌鑄造，是「鑄器客」的省稱[⑤]。鑄客組中，為「王后六室」所作器最多，共19件；另有為「王后七府」所作器3件[⑥]，是王后器凡22件。為各種「集某」機構所作器16件，為「太后脰官」所作鼎、「鋖」所作匜各1件。鑄客和冶師職司相近，其間關係詳看下文。

---

①　參看郝本性：〈試論楚國器銘中所見的府和鑄造組織〉，載《楚文化研究論集》第1集。

②　黃錫全：〈古文字中所見楚官府官名輯證〉，載《文物研究》第7輯，黃山書社1991年版。

③　銘文不見「冶佐」。如果說「冶佐」既可省稱為「佐」，又可省稱為「冶」，也不太可信。

④　李家浩：〈楚國官印考釋（兩篇）〉，載《語言研究》，1987年第1期。

⑤　何琳儀：〈楚官肆師〉，載《江漢考古》，1991年第1期；唐友波：〈釋瑞〉，載《江漢考古》，2003年第3期。

⑥　李零先生釋「七」為「小」，讀為「少」，參氏作《論東周時期的楚國典型銅器群》。這裡從舊說，具體考辨參程鵬萬《安徽壽縣朱家集出土青銅器銘文集釋》，第197頁。

「集某」類機構名稱也見於信陽（集朊[①]、集粭）、天星觀（集朊、集粭，其長稱「尹」）、包山（集朊）等地出土楚簡，但以朱家集楚器銘最為多見，有集朊、集既□、集粭、集醹（？）、集、集胜等等[②]。從「集」後之字多從「肉」、「米」、「酉」來看，這類機構應該與王室飲食有關，不過相關討論雖多，具體情形如何還不能確定。其中「集朊」最為常見。《廣雅　釋言》：「朊，饌也。」學者大都認為「朊」即今「廚」字[③]。此外，信陽楚墓出土銅勺木柄和貼金木當轤上有「集」字[④]，鄂君啟節、天星觀簡有官名「集尹」，楚郢客銅量有「集尹」、「少集尹」[⑤]，可能與「集某」有關[⑥]。

　　大府組銘文分別作：

　　大府之饋盞

　　大府之臣

　　秦客王子齊之歲，大府為王食晉鎬。集朊。

　　大府掌管中央財政，並負責王室供給[⑦]。大府鎬「秦客王子齊之

---

① 原報告只釋出「豆」字，此從郭若愚先生釋，參氏著：《戰國楚簡文字編》，上海書畫出版社1994年版，第79頁。

② 「集胜」舊釋「集朊」，此從吳振武先生改釋，參氏作：〈朱家集楚器銘文辨析三則〉，載《黃盛璋先生八秩華誕紀念文集》，中國教育文化出版社2005年版。

③ 周法高〈金文零釋〉最早提出此說（參《金文詁林》第2607頁所引，香港中文大學1974年），後來朱德熙、裘錫圭先生《戰國文字研究（六種）》詳細論證字當釋為「廚」（《考古學報》，1972年第1期）。

④ 河南省文化局文物工作隊編：《河南信陽楚墓出土文物圖錄》，河南人民出版社1959年版，圖64、73。

⑤ 參看周世榮：〈楚郢客銅量銘文試釋〉，載《江漢考古》，1987年第2期；李零：〈楚燕客銅量銘文補正〉，載《江漢考古》，1988年第4期。

⑥ 李零先生認為集尹總領各職，集朊尹等等是集尹的屬官，參氏作：《論東周時期的楚國典型銅器群》。

⑦ 參看郝本性：《試論楚國器銘中所見的府和鑄造組織》；黃錫全：《古文字中所見楚官府官名輯證》。

歲」是大事紀年。從出土資料看，楚國通行大事紀年，其中以某國客使來訪之事紀年比較流行，詳看下文。

酓章劍可能是楚王酓章為他人所鑄，銘文較多殘泐，內容不可詳考。酓章是楚惠王之名，現存惠王所作器還有鐘鎛，詳參後文對曾侯乙墓銅器銘文的介紹。

曾姬無卹壺銘文作：

唯王二十六年，聖趄之夫人曾姬無卹，宅茲漾陵蒿閒之無匹，用作宗彝尊壺。后嗣用之，職在王室。

1934年，劉節指出，「聖趄即聲趄。楚自惠王以後其小君可稱聲趄者，必為聲王之夫人。娶於曾，故稱曾姬。無卹，其名也。聲王在位六年，子悼王立；悼王在位二十一年，子肅王立；肅王在位十一年，弟熊良夫立，是為宣王。此壺作於宣王二十六年。其時聲王去世已五十八年矣。①」其說「聖趄」即「聲趄」，指聲王，後來得到望山遣冊（簡10）、葛陵簡（甲三137、267）等楚簡資料的證明②，李家浩先生對該壺作於宣王二十六年（前344年）並有進一步論證③。劉氏此說稱得上20世紀30年代有關朱家集銅器銘文的經典考證。

① 劉節：〈壽縣所出楚器考釋〉，載氏著：《古史考存》，人民出版社1958年版。《壽縣所出楚器考釋》最早由北平圖書館1935年出版。
② 如望山簡整理者在卜筮類10號簡「朿大王、聖□」下注：88號、110號、111號諸簡皆有「聖王、悪王」之文，109號簡又稱「聖逗王、悪王」。朿大王、聖王、悪王當為先後相次的三個楚王，即《楚世家》的簡王、聲王、悼王。朿大王亦稱簡王，與聖逗王亦稱聖王同例。古書中，楚頃襄王亦稱襄王。《墨子・貴義》「子墨子南游於楚，見楚獻惠王」，蘇時學謂：「獻惠王即楚惠王也。蓋當時已有兩字之諡」。參湖北省文物考古研究所、北京大學中文系：《望山楚簡》，中華書局1995年版，第90—91頁注釋24。
③ 李家浩：〈從曾姬無卹壺銘文談楚滅曾的年代〉，載《文史》第33輯，中華書局1990年版。

第二節　銘文釋讀舉例

　　朱家集銅器群及其銘文，是楚國銅器與器銘的第一次重大發現。真正意義上的楚文字研究，可以說是從朱家集銅器銘文的發現拉開序幕的，因此朱家集銅器銘在楚文字研究史上具有特殊意義。縱觀近80年的器銘研究，大體有四個比較重要的階段[①]。

　　其一，20世紀30年代，即銘文發現之初。楚王「酓忎」名的釋讀、劉節對曾姬無卹壺製作年代的考證、郭沫若指出「伹師」是職名等[②]，是這一階段研究所取得的代表性成果。

　　其二，20世紀50年代。朱德熙先生《壽縣出土楚器銘文研究》在這一階段占有重要地位。他對集某類機構「集」字的考證[③]，對王后、太后之「后」的釋讀，拓展、深化了學界對朱家集楚器銘的認識，為後續研究打下良好基礎。另外，李學勤先生指出所謂「伹師」即「冶師」，經後來學者的補釋而成為定論。

　　其三，20世紀70、80年代，大體在「文革」之後。這個階段的成果大都是對此前研究的進一步闡發。如朱德熙、裘錫圭先生指出「胠」即今「廚」字、「窒」應讀為「煎」，為大多數學者所信從。黃盛璋先生對「冶」字構形有詳細分析。吳振武先生考證「䣐」字形體源流，使前人釋「䣐」為「歲」說得到公認。另外，有關楚王名「酓■」之■的釋讀存在很大爭議，李零、陳秉新先生首提釋「前」說，「前」、「元」古音相通，因此「酓前」即考烈王熊元。近年伴隨更多楚文字資料的發現，此釋影響廣泛。

[①]　下面概述諸家之說不注出處。諸說及其出處或前文已有提及，或後文將有較詳細的引述，讀者可以參看。

[②]　「伹」，「冶」字誤識。

[③]　此前劉體智《小校經閣金文拓本》已經釋出「集」字，參看《朱德熙文集》第5卷第18頁「編按」，商務印書館1999年版。

第二章　安徽壽縣朱家集楚王室墓銅器

31

其四，20世紀90年代後期至今。這個階段的研究有兩個特點，第一個是研究進展與新發現楚簡資料的公佈息息相關。如郭店簡、上博簡中出現讀為「令」或「靈」、訓為「善」的「䣈」和「窒」字，為酓悍器「窒」字的釋讀提供了新思路。受葛陵簡研究啟發，程鵬萬先生認為曾姬無卹壺的「宅①」，應訓為始居，頗有新意。第二個是綜合性的研究專著出現。程鵬萬先生《安徽壽縣朱家集出土青銅器銘文集釋》，對已有研究成果做詳盡匯集、條理和總結，為研究朱家集銅器銘的學者提供了莫大方便。此外需要特別提出的是，吳振武先生《朱家集楚器銘文辨析三則》，通過比對原器銘的各種拓本、摹本，對舊或誤釋為「鄔」、「鄭」的「集」字（《集成》16.10388）、誤釋為「胆」的「胜」字（《集成》16.10577）作出改釋，並指出鑄客大鼎的「■（之）」字（《集成》4.2480）頂部比一般「之」字多一筆，是楚文字「之」的一種特殊寫法。就文字識讀而言，稱得上這一階段的代表之作。

下面我們擇要對相關研究進行回顧，分析得失，並融入自己的心得，希望讀者從中得窺朱家集銅器銘研究概況和研究進展的大體脈絡。

1. 酓■　酓忎（悍）

出土楚系文字資料中，凡作為楚君氏、名（號）的「酓」字，傳世文獻一律作「熊」，所以「酓」相當於「熊」，歷來沒有爭議。至於「酓」為什麼典籍作「熊」，學者或以通假釋之，或以方言釋之，目前只能存疑。楚王名「酓忎」很快被釋讀出來，即楚幽王熊悍；對「酓■」的看法，則分歧很大，成為20世紀30年代研究的焦點，關鍵在於對■字認識不同（筆者注：下文以符號◎代替此字）。◎在壽縣楚器

---

① 釋「宅」說由黃德寬先生提出，參氏作：〈曾姬無卹壺銘文新釋〉，載《古文字研究》第23輯，中華書局、安徽大學出版社2002年版。

銘文中共出現6次，保存較好的5例，字形如下：

　　諸例下部均作「月」形。第5例是美術體，上部從「止」；第1、2、4例在「止」形右側多出一筆；第3例作「止」形，或以為也應有多出的一筆，係刻手遺漏或為銅銹所掩蓋[①]。

　　據程鵬萬博士統計，20世紀30年代至今，關於◎，約略有觜、朏、肯、肓、胃、前、脡等7種釋法。前4種釋法均產生於20世紀30年代，與字形不合，不能成立，續有學者指正。其中郭沫若先生釋「肯」說影響最大，事實上早年劉節就做有很好辨證。他指出，「肯」之來源與此字無關。「肯」字《說文》小篆、漢石經均作「肎」，漢碑亦未改小篆之法，隋唐以後才變為肯[②]。那麼此字當然不會是「肯」。後來發表的戰國文字資料，如《古璽彙編》1473號、3963號，上博藏《用曰》17號簡的「肯」均作「肎」形[③]，對劉說是很好佐證。

　　將◎釋為「胃」的說法是李學勤先生在1959年提出的[④]。1983年，李裕民先生也指出該字應該釋為「胃」，可分析為從「月」聲，與「元」是通假關係[⑤]。稍後羅運環先生又從字形上做更詳細分析，以支持此說[⑥]。如果這種隸定是正確的，「出」旁或許也是聲符。

---

① 參看程鵬萬：《安徽壽縣朱家集出土青銅器銘文集釋》，第53頁。
② 劉節：《壽縣所出楚器考釋》。
③ 參看晏昌貴：〈讀《用曰》劄記一則〉，簡帛網2007年7月27日；晏昌貴：〈上博藏戰國楚竹書《用曰》篇的編聯與注解〉，載《楚文化研究論集》第8集，大象出版社2009年版。
④ 李學勤：〈戰國題銘概述（下）〉，載《文物》，1959年第9期。此前胡光煒先生曾提出釋「朏」說，羅運環先生有辨正，參氏作：〈論楚國金文「月」、「肉」、「舟」及「止」、「止」、「出」的演變規律〉，載《江漢考古》，1989年第2期。
⑤ 李裕民：〈古字新考〉，載《古文字研究》第10輯，中華書局1983年版。
⑥ 羅運環：《論楚國金文「月」、肉、「舟」及「止」、「止」、「出」的演變規律》。

古音「出」是昌母物部字，從「出」為聲的字聲母往往為牙音，如「屈」、「詘」等字，有的從「出」聲之字屬於月部，如「拙」、「蚰」。「元」是疑母元部字，疑母也屬於牙音，月、元兩部是入、陽對轉關係。因此「出」與「元」的古音也比較密切。但是細繹筆劃，無論他們舉出的兩周金文作 🐾、🐾、🐾、🐾（《金文編》第419、605頁）等形的「出」字，還是楚帛書作 🐾（《戰國文字編》388頁）形的「出」字，都與◎的上部 ◼ 有比較明顯的差異。「出」和 ◼ 分別由四筆組成。「出」所從「止」形右部的筆劃，都是自右上向左下傾斜；◼ 右部除去這樣的筆劃外，還有一自左上向右下而行的筆劃，不見於上舉「出」字。如果把 ◼ 的這個筆劃看作羨筆，它所剩餘的筆劃只有三筆，就比「出」少了一筆。因此此釋字形上的證據存在不足，學界反響不大。

需要說明的是，後來所公佈楚簡中的「出」字，可見與 ◼ 形更為接近的例子。楚簡「出」字通常作 🐾（《昔者》3）、🐾（《周易》2）、🐾（《郭緇》30）形，類似寫法已見於金文。有些「出」字將字形下部的弧筆寫得特別屈曲，近似半圓形，甚至與其「止」旁的右筆相交，作 🐾（《性情》4）、🐾（《性情》8）、🐾（《曹沫》19）形，以致所從「止」旁的右部筆劃之下似與 ◼ 形一樣有一多出的筆劃。有時弧筆斷開，作 🐾（《性情》14）形 [1]，右半形體已與 ◼ 大體相同。可是這類「出」字的左半比 ◼ 多出一筆，兩者形體還是有別。

20世紀80年代，李零、陳秉新先生先後提出◎應該釋為「前」。他們認為，「前」本作「歬」，從「止」從「舟」，該字下部「月」是「舟」的訛變。「前」、「元」古音相通，因此「畬前」即考烈王

---

① 所謂筆劃的斷開，也有可能是原文筆劃殘泐所致。

熊元①。早年于省吾先生所著《雙劍誃古器物圖錄》著錄有一件楚玉圭，其上有人名「洍▨」，▨與◎基本同形。20世紀90年代初，黃錫全先生最早將▨釋為「前」，並從字形上做有詳細論證。又認為「洍」、「酓」古音相通，「洍前」即朱家集楚器銘中的楚王「酓前②」。此後，將◎釋為「前」得到越來越多學者的認同。不過受資料限制，依然存有較大疑問：其時其他可以確認的「前」字，所從「舟」形沒有與「月」完全同形的例子；上引第5例上部明顯從「止」，但是屬於美術字體，而第1、2、4例「止」形上多出一筆，其時可以確認的「前」字也沒有同樣寫法。黃錫全先生把這裡「止」旁上多出一筆的現象與「者」字演變作類比，指出戰國文字「者」的上部或作「止」形（如者），有的在「止」形上附加一筆（如者），與這裡「止」形的變化相同，是說有一定道理。

近年公佈的郭店簡和上博簡，出現一些之前未見的「前」字寫法，使我們能夠進一步瞭解「前」字形體的演變，似乎也為釋◎為「前」說提供了更多佐證，如下面5例用作「前後」之義的「前」字：

前《老甲》3　　　前《老甲》4　　　前《窮達》　　　前9《昔者》
前1《子羔》11

① 李零：《楚國典型銅器墓的年代與楚器的分類研究》，第19頁；《論東周時期的楚國典型銅器群》。陳秉新：〈壽縣楚器銘文考釋拾零〉，載《楚文化研究論集》第1集。此前已有唐蘭、李學勤等先生提出酓即考烈王的觀點。唐蘭先生說：「謂酓為為哀王或負芻者，實未審於當時之情勢，不知哀王及負芻之時，實不容籑爾許銅器也。……馬衡氏嘗推測酓肯為考烈王，余謂馬說是也。據《史記 楚世家》，考烈王名熊元，《世本》作完。……『元』、『肯』一聲之轉。」參氏作：〈壽縣所出銅器考略〉，載《唐蘭先生金文論集》，紫禁城出版社1995年版；原載《國學季刊》第4卷1號，1934年。李學勤先生說：「酓肯器多與幽王（酓忎）器相似，器又重大，不是哀王以下所能鑄造，他必是考烈王。」參氏作：《戰國題銘概述（下）》。
② 黃錫全：〈「洍前」玉圭跋〉，載《文物研究》第8輯，黃山書社1993年版。黃文提到，此前陳邦懷先生已經把玉圭人名和朱家集楚王名聯繫起來，參陳邦懷：〈戰國楚文字小記〉，湖北省社會科學院歷史研究所編：《楚文化新探》，湖北人民出版社1981年版。

第1例上部「止」的橫筆右端下延。在此基礎上，第2例下部「舟」的
左撇與整體字形分離，上移到「止」之橫筆的左端①，形成「止」字
橫筆左右兩端都有下行筆劃，這可能是為了形體對稱，符合古文字構
形規律。第3、4兩例看起來比較特殊，實際上也好理解，它們應該是
將「止」之橫筆右端下延的筆劃與橫筆分離，移到橫筆下方，從而與
「舟」的左撇也形成對稱。不考慮「舟」的左撇，第2例下部已經比較
接近「月」，第4例則訛與「月」形同。第5例「舟」旁的左撇几近於
無，整體上基本與「月」同形。

　　值得注意的是，第3例「前」的上部寫法與◎相同，即在「止」旁
上添加一筆。戰國文字中，添加簡單筆劃是常見現象，所以「止」旁
多出一筆似乎不足為奇，黃錫全先生所說「者」字形體的變化，可以
與之類比，戰國文字「歨」旁的寫法往往與「止」形混同，曾侯乙墓1
號簡「陽」作![字形]，所從「歨」旁也多出一筆，是同類現象。

　　較早公佈的信陽遣冊簡中，有一作![字形]（簡18）形的字，上部從
「止」，下部略殘，但現存筆劃和「月」相同，辭例為「![字形]鐘」。
李家浩先生釋為「耂（前）②」，讀為「棧」，指出「棧鐘」是
「編鐘」的異名；天星觀簡有鐘名曰「![字形]鐘」，與「![字形]鐘」當是一
回事，![字形]應釋為「鋤③」。從字形上看，![字形]字右旁的上部，與上引第
3例「前」所從「止」旁寫法相同，「止」形上多出一筆；下部與第4
例「前」所從「舟」旁寫法基本相同，因此釋為「鋤」不無道理。

　　這樣，「前」字所從「止」旁，有與◎上部相同的寫法；所
從「舟」旁，起碼可以說有與◎下部近似的寫法。那麼把◎釋為

---

①　程鵬萬先生已指出這點，參氏著：《安徽壽縣朱家集出土青銅器銘文集釋》，第55頁。

②　何琳儀先生也將此字釋為「前」，參氏著《戰國古文字典》（下冊），中華書局1998年版，
　　第1044頁。

③　李家浩：《信陽楚簡「樂人之器」研究》，載《簡帛研究》第3輯，廣西教育出版社1998年
　　版。又參看滕壬生：《楚系簡帛文字編》，湖北教育出版社1995年版，第1002頁。

「前」，似乎很值得信服。

　　包山簡中既有作「㞢」形的標準寫法的「前」字，也有與◎形體類同的字，《戰國文字編》等工具書以及新近出版的《楚地出土戰國簡冊〔十四種〕》都把後者釋為「前[1]」，體現了學界的一種傾向。但是考察這類字的形體和用法後，我們感覺此釋還需要斟酌。

　　包山簡與「前」或◎形體有關的獨體字出現7次，分別用作前後之「前」及人名，用法不同，寫法也有區別。其文書類122至123號簡講的是同一起案件，用作「前後」之「前」的字出現4次，寫作或，均從「止」從「舟」，是標準的「前」字寫法。145、184、193號簡各有一例，均用為不同人的姓名，其形體與用作「前後」之「前」的有別；與◎相比，則只是多出「月」形旁邊的撇畫[2]。其整理者將隸定為「肖」。就筆者所見，黃錫全先生最早把它釋為「前[3]」。跟上引郭店簡、上博簡諸例「前」字寫法相比，把釋為「前」確實可以講通：它的上部在「止」形基礎上多出一筆，與第3例「前」相同；「舟」的左撇上移，其餘部分訛作「月」形並與撇畫分離，可與第4例「前」所從「舟」旁對比。上博簡《弟子問》有，與當是同一個字，其整理者也釋為「前」，詳看下文。

　　包山簡還有「**逤**」和被不少學者釋為「鋪」、「緗」的字。「**逤**」有2例，分別出現在185和193號簡，作，右旁是標準的「前」字寫法，只是「舟」旁類似於反書，或以為是前進之「前」的異體，均用為人

---

① 湯余惠主編：《戰國文字編》，福建人民出版社2001年版，第83頁。陳偉等著：《楚地出土戰國簡冊〔十四種〕》，經濟科學出版社2009年版，第56、78、81頁。

② 程鵬萬先生認為◎是脫去左邊的撇畫而來，參氏著《安徽壽縣朱家集出土青銅器銘文集釋》，第55頁。

③ 黃錫全：《「洛前」玉圭跋》。

名①。所謂「鋤」有4例，見於126至128號簡，作🔲、🔲等形；「繝」1例，見於100號簡，作🔲，其右旁之形均與前述人名🔲一致，也用為不同人的名字。從形體上看，所謂「鋤」與天星觀簡的🔲應該是同一個字。

通觀來看，在包山簡中，4例用作前後之「前」的字均寫作「𣧑」，所從「止」、「舟」都是標準寫法；應該是「前」字異體的2例「逊」字，所從也與前後之「前」寫法類同，它們中沒有一例與用作人名的🔲形體相同。3例的🔲上部有「止」形，下部亦可認為從「舟」，但其「止」旁有一多出的筆劃，「舟」旁則屬於變體，都跟用作前後之「前」的🔲所從的「止」旁、「舟」旁寫法不同。還需要特別注意的是，193號簡「逊」之前第3字就是人名🔲②。而4例所謂「鋤」的右旁，形體均與🔲基本相同，沒有一例是標準的「𣧑（前）」字寫法。那麼包山簡中，🔲、🔲兩字無論形體還是用法似乎都有非常清晰的界限。這種現象不能不使人想到，恐怕🔲不能釋為「前」，那麼與🔲形體最為接近的◎是否能夠釋為「前」就更令人生疑。

除楚玉圭外，與壽縣銅器銘◎寫法相同的字還見於郭店簡《尊德

---

① 新近公佈的清華大學藏《楚居》1號簡也有「逊」字，作🔲，所從「前」也是標準寫法。其整理者讀為「前」，訓為「先」。今按：《楚居》1號簡云：「季連初降於畏山，抵於穴窮，逊出於喬山，宅處爰波。」是一段有時間序列的文字，已經講到「初」，似乎不應該再說「先」，而且「先」與下文在語意上也不很連貫。也許「逊」應該讀為「延」。葛陵簡甲三268號云：「……及江、漢、沮、漳，延至於淮。」宋華強先生認為其「延」字應該是承接副詞，與「乃」、「迺」、「遂」義近，可以翻譯為「接著」或「然後」（氏著：《新蔡葛陵楚簡初探》，武漢大學出版社2010年版，第356—358頁）。其說可從。《楚居》的「抵」可與葛陵簡「及」類比；如果把「逊」讀為「延」，訓為「接著」等義，這段話的文意就很順暢了。又，宋華強先生也認為把「逊」訓為「先」不妥，但是與我們的理解不同，他說：「『前』若訓『先』，下文當有對應的反義詞，如下文有『先處於京宗』，就有『遲徙於京宗』，『遲』、『先』相對，由此可知『前』不當訓『先』。疑『前』當訓為『向前』，『前』可訓『進』，又與『晉』通，『晉』亦多訓『進』，『進』就常表示『向前』之義。」參氏作：《清華簡〈楚居〉1—2號與楚人早期歷史傳說》，稿本。
② 蘇建洲先生已經指出這一點，參氏作《〈上博五　弟子問〉「延陵季子章」新釋》，該文曾在臺灣師範大學召開的簡帛研討會上宣讀，2010年12月。

義》篇，其2號簡有一段話，整理者釋文作：

賞與刑，禍福之基也，或前之者矣。

所謂「前」，原簡作 ，裘錫圭先生指出：「此字確有可能是『耑（前）』的訛變之體。此字之形與壽縣楚器銘中之王名，舊或釋作『肯』者相同，究竟能否釋作『前』，值得進一步研究。」[1]態度相當審慎。可惜此字用法不能確定，無助於字形的討論。

釋◎為「脡」說最後出，是劉洪濤先生根據葛陵簡中的「延」、「脡」等字及上博簡《弟子問》用作「延」的字提出的[2]。

葛陵簡「延」、「脡」等字12見[3]，如：

延： 　（甲三209）、　 　（甲三261）

脡： 　（甲三212、199—3）、　 　（甲三201）

脡： 　（甲三136）

《弟子問》1、2號簡有名號曰「　陵季子」，整理者釋　為「前」，指出「前」、「延」古音相通，「前陵季子」即見於典籍的「延陵季子」季剳[4]。劉洪濤先生通過與葛陵簡「延」、「脡」等字對比，認為　應釋為「脡」，字從「月」、「延」聲，可以假借為「延」。又認為◎與　是同一個字，只是把　所從「延」旁最下一畫左邊的垂筆省略掉

① 荊門市博物館：《郭店楚墓竹簡》，文物出版社1998年版，第175頁注釋3。
② 小虫：〈說《上博五　弟子問》「延陵季子」的「延」字〉，簡帛網2006年5月20日。「小虫」是劉洪濤先生的網名。
③ 參看宋華強：〈新蔡簡「延」字及從「延」之字辨析〉，簡帛網2006年5月3日；徐在國：〈從新蔡葛陵楚簡中的「延」字談起〉，載《簡帛》第1輯，上海古籍出版社2006年版；宋華強：《新蔡葛陵楚簡初探》，第347—348頁。
④ 張光裕：〈《弟子問》釋文考釋〉，載馬承源主編：《上海博物館藏戰國楚竹書（五）》，上海古籍出版社2005年版，第268頁。

第二章　安徽壽縣朱家集楚王室墓銅器

了。此釋得到李守奎、白于藍、蘇建洲等先生的支持，不過李、白兩位先生對「腥」字形體結構有不同意見，認為所從「月」也是起表音作用①。

今按，從文義看，將《弟子問》讀為「延」應該沒有問題。包山簡中與形同的字（）跟「（耉）」的用法不同，而與葛陵簡的「腥」形體有相近之處，尤其是包山簡中該字或從「糸」，可以與清華大學藏《楚居》6號簡用為楚公熊延之「延」的字相類比②。因此釋為「腥（延）」確實是一種頗具新意和啟發的看法。但是葛陵簡「延」或「延」旁所從「止」都是標準寫法，未見添加筆劃者；「彳」旁的筆劃，都延伸到「止」形下方，遂使「止」形之下有兩道或一道橫行的筆劃。清華簡熊延的「延」字亦不例外。而無論包山簡的（包括以它為偏旁的字），還是上博簡的，以及壽縣楚器銘的◎，「止」形上大都添加一筆，「止」形之下均沒有橫行的筆劃③。因此認為與葛陵簡、是同一個字，在字形上還需要給出更有力的證據。

---

① 參看李守奎、曲冰、孫偉龍：《上海博物館藏戰國楚竹書（一—五）文字編》，作家出版社2007年版，第351頁；李守奎：〈《楚居》釋文注釋〉，載李學勤主編：《清華大學藏戰國竹簡（壹）》（下冊），中西書局2010年版，第186頁。李先生還將包山簡所謂「鍴」字改釋為「鋋」，參氏作：〈包山司法簡致命文書的特點與138—139號簡文書內容的性質〉，載《古文字研究》第28輯，中華書局2010年版；白于藍：《簡牘帛書通假字字典》，福建人民出版社2008年版，第307—308頁；蘇建洲：〈《上博五 弟子問》「延陵季子章」新釋〉。還需要提出，宋華強先生對「腥」字形體另有解釋，認為該字「月」旁無一例外都寫在「止」旁下面，可能是一種聲符化現象，即讓「止」和「月」組成一個「前」旁，來給「延」表音，「月」是「前」所從「舟」的混同。參氏作《新蔡簡「延」字及從「延」之字辨析》；又氏著：《新蔡葛陵楚簡初探》，第351—352頁。
② 朱曉雪博士根據釋「腥」之說及清華簡，將包山簡從「糸」之字改釋為**鋋**（延），參氏著：《包山楚墓文書簡、卜筮祭禱簡集釋及相關問題研究》第114頁，吉林大學博士學位論文，2011年4月。
③ 蘇建洲先生在釋「腥」說的基礎上，把《弟子問》上部分析為（止）、（「彳」省）兩部分（氏作〈《上博五 弟子問》「延陵季子章」新釋〉），我們覺得對比楚簡中、、諸「前」字，把上部及◎上部看作「止」形上多出一筆，恐怕更為合適。古文字「止」之右部的筆劃似乎都是自右上向左下傾斜，類似撇畫。

綜合上述，我們把楚簡中「前」、「䏲」及疑為「肯」、「前」或「䏲」的字對比如下：

前：

延、䏲及從「䏲」之字：

疑為「肯」、「前」或「䏲」的字： （從「金」）

應該說，單純從字形看，、、◎這類有爭議的字還是比較接近「前」的。在釋「䏲」說提出之前，似乎絕大多數學者都贊成釋為「前」。可是這類字下部沒有一例是「舟」字的標準寫法，上部大都在「止」形基礎上多出一筆，而且「止」形底部筆劃多作向上的圓弧形；可以確定的「前」字所從「止」旁多出一筆的現象很少見，「止」旁底部筆劃一般比較平，甚至在右端下延。更重要的是，在包山簡裡，這類字的形體和用法都與確切無疑的「前」有別。釋「䏲」說出，對釋「前」說形成很大衝擊，不過葛陵簡的「延」和「䏲」字，「止」旁上均未見添加一筆的現象。而一類字所從「止」形上大都多出一筆，且均不見確切的「夊」旁。也就是說，在字形上由（䏲）到存在缺環，是說字形上的證據並不充分。至於釋「肯」的說法，在字形上的障礙似乎更大。

那麼，就現有資料和研究看，目前關於、、◎的各種釋法都存在缺陷，都值得懷疑。但是根據《弟子問》，我們可以肯定與「延」讀音相通。從考古學和歷史學的角度看，◎用作楚考烈王名「元」的可能性很大，因此即便◎既不是「前」字也不是「䏲」或「肯」字，我們也可以大體確定它與「元」讀音相通，而「元」（疑母元部）、「延」（喻母元部）古音也非常接近[1]。那麼◎與讀音相通，字形只

---

[1] 參看小虫：〈說《上博五 弟子問》「延陵季子」的「延」字〉。

爭一筆之有無，是一個字的可能性非常大。這個字究竟相當於現在的
什麼字，還需要做進一步斟酌。

2. ▓（窒）鑄　▓銍

20世紀90年代中期以前，關於「窒」、「銍」的釋讀爭議不大，
主要有兩種意見。不少學者以「窒」為「室」字繁文，並據以解釋「窒
鑄」。如商承祚先生謂：室，實也，指鎔化兵銅，實之以鑄器，故曰
實鑄①；湯余惠先生謂：室鑄，疑猶範鑄②，等等。朱德熙、裘錫圭
兩位先生獨闢蹊徑。他們指出，西周師湯父鼎銘曰「王呼宰雁錫□弓
象弭，矢壺彤□」，孫詒讓認為「壺」同「銍」，《說文》曰「晉」
從「銍」聲，古音「晉」、「箭」相近，可以通用，「矢壺」即「矢
箭」，故與弓弭並錫。孫說其確。據此窒「當讀為煎。《考工記　栗
氏》『栗氏為量，改煎金錫則不耗。』鄭注：『消涑之，精不復減
也。』煎乃銷鑠之義。會忘盤鼎都是繳獲的兵器鑄的，所以說『煎
鑄』，意謂銷鎔兵器，改鑄為鼎盤」。又認為「銍」應讀為「遷」。
「遷」、「馹」古通，傳也，「御銍」即「御馹③」，乃楚王御用之傳
馹④。他們的意見得到更多學者認同。但是，伴隨郭店簡、上博簡的公
佈，圍繞「窒」、「銍」的釋讀產生了新的看法。

今本《緇衣》第3章引《尚書　呂刑》有「苗民匪用命」一句，今
本《尚書》作「苗民弗用靈」；郭店簡本《緇衣》作「匪用銍」，省
或脫去「苗民」二字；上博簡本《緇衣》作「苗民非用需」；又《墨
子　尚同中》引《呂刑》作「苗民否用練」。關於簡文「銍」，學者
的看法大體分為四種。其一，「晉」字異體，或謂通「踐」，善也；

① 商承祚：〈十二家吉金圖錄〉，《金文文獻集成》第20冊，線裝書局據哈佛燕京學社1935年
影印本影印，2005年版，第261—262頁。
② 湯余惠：《戰國銘文選》，吉林大學出版社1993年版，第23頁。
③ 所謂「御」即▓，此暫存疑。
④ 朱德熙、裘錫圭：《戰國文字研究（六種）》。

或謂通「齊」，中正。其二，通「至」，訓為善。其三通「臻」，完美。其四，讀為「令」或「靈」，訓為善。最後一種看法最早由張富海先生提出，他並談到對壽縣器銘「窰」、「㞚」的認識：

皮錫瑞《今文尚書考證》引段玉裁說，謂《緇衣》之「命」為「令」字之歧誤，「令」與「靈」古通，皆當訓「善」。《墨子》之「練」與「靈」音近，以《墨子》上下文觀之，亦當訓「善」。其說甚是。鄭注訓「命」為「政令」，非（從上文看，政與刑一樣是被否定的）。簡文之「㞚」字，亦見於壽縣出土的鑄客匜，朱德熙先生讀為「馹」；此字《說文》大徐本注音人質切，與「日」、「馹」同音，與「令」亦音近。疑簡文此字亦當讀「靈」或「令」，訓為「善」。熊悍鼎、熊悍盤銘有從宀㞚聲之字，朱德熙先生讀為「煎」。按從簡文「㞚」對應於《墨子》之「練」來看，銘文此字也可能讀為「煉」。①

此後公佈的上博藏《弟子問》，為讀簡文「㞚」為「靈」或「令」，提供了有力證據。《弟子問》「附簡」有「考言窰色，未可謂仁也」一句，張光裕先生指出可與《論語　學而》「巧言令色，鮮矣仁」等文獻記載相對讀，「考言窰色」當讀為「巧言令色」，「令色」猶言「善色」。又認為銘文「窰鑄」當可讀為「令鑄」，猶言「善鑄②」。《弟子問》「窰」，相當於傳世文獻的「令」，而簡本《緇衣》的「㞚」，相當於今本的「靈」或「命〈令〉」，可證簡文「窰」很可能應該讀為「令」，「㞚」應讀為「靈」或「令」，均訓為善。

應該說，不管把銘文「窰」讀為「煎」還是讀為「煉」，都不無

① 張富海：《郭店楚簡〈緇衣〉篇研究》第22頁，北京大學碩士學位論文，2002年6月。
② 張光裕：《〈弟子問〉釋文考釋》，第281—282頁。

道理。不過簡文「窐」、「𥩟」都可通「令」，訓為善，從這種用字看，銘文「窐」讀為「令」的可能性也是存在的。馮勝君先生也主張銘文「窐」可能讀為「令」，但與張光裕先生釋義不同，訓為命令之「令①」。張富海先生似乎是把「𥩟」之「𥩟」讀為職司之「令」，程鵬萬先生也做這種解釋。我們覺得，簡文「窐」、「𥩟」都是通作訓為善的「令」，是否能夠通作其他用法的「令」還有待相關資料證明。

最近出版的上博藏《凡物流行》篇中，有一個字可能與「窐」字有關。其27號簡云：

尻和氣，聲好色

，多數學者釋為「室」。范常喜先生認為此字所從與同篇多見的「至」字差別比較明顯，而跟楚文字「窐」、「𥩟」相近，應釋為「窐」，讀為「靈」或「令」，訓為美善，「令聲」與「好色」互文②。從文意看此釋非常合理，而且此字寫法跟楚文字常見的「室」字確實有別，可與以下「室」字作比較：

《三德》8　　《老甲》38　　包233　　王后豆

所以范說有成立可能，或許是將「窐」字所從「𥩟」旁的兩個「至」省並在一起而形成的。

3. （㦰—歲）　常（嘗）

20世紀30年代參與「㦰常」討論的學者也比較多，大家不約而同把

---

① 馮勝君：《郭店簡與上博簡對比研究》，線裝書局2007年版，第149頁。

② 范常喜：《〈上博七　凡物流行〉「令」字小議》，簡帛網2009年1月5日。

釋為「歔」。《說文》：「歔，大臠也。」第二字原形作![字]，大多數學者釋為「棠」。但是對於詞義的解釋分歧較大，或謂「歔棠」即祭名「烝嘗」之轉；或謂應讀為「粱盛」；或謂即歔羹與蒸嘗，是祭物之通稱；或謂盛肉以祭故曰「歔嘗」。

1957年，壽縣邱家花園發現鄂君啟節，節銘首句是大事紀年，作「大司馬昭陽敗晉師於襄陵之![字]，夏屄之月，乙亥之日」，殷滌非、郭沫若等先生都把![字]隸定為「戡」，釋為「歲①」。殷氏指出其形與甲骨文「歲」相似。郭氏解釋說：「戡字是歲的異文，從月不從肉，銘中月字及從肉之字可證。歲積月而成，故字從月。」其後于省吾先生指出楚帛書有同樣寫法的「歲」（![字]）字②。最早把鄂君啟節銘![字]和朱家集器銘「戡」聯繫起來的是商承祚先生。他說，根據鄂節銘「歲」字，可知朱家集「戡」為「歲」，過去釋「歔」是錯誤的，「其字從月，與甲骨文歲之作![字]有其共同之點和源流所自③」，對20世紀30年代學者的共識釋「歔」說提出了否定。應該說，把![字]釋為「歲」主要是從文意得出的，因為![字]在鄂節銘文裡只能是年歲的意思。殷、郭兩位先生對字形的解釋雖然有理卻失於簡略。

李學勤先生與上述學者看法不同，他認為鄂節![字]從「戈」從「月」，應為「載」的本字，和楚帛書「載」一樣，意為「年④」。其後，曹錦炎、吳振武先生從李說，將那時能夠見到的大事紀年材料中的「戡」均讀為「載」。但他們尚未脫離舊說影響，依然將「戡」釋為「歔」，並論證說：「戡」從「肉」、「戈」聲，古文字從「戈」與從

① 殷滌非、羅長銘：〈壽縣出上的「鄂君啟金節」〉；郭沫若：〈關於鄂君啟節的研究〉，兩文均載《文物參考資料》，1958年第4期。
② 于省吾：〈「鄂君啟節」考釋〉，載《考古》，1963年第8期。
③ 商承祚：〈鄂君啟節考〉，載《商承祚文集》，中山大學出版社2004年版；原載《文物精華》第2集，文物出版社1963年版。
④ 李學勤：《戰國題銘概述（下）》。此後，湯余惠先生提出，戡從月、戈聲，戈即戈之異體，月作為義符可以表示時間，所以李說很有道理，參氏作：〈楚器銘文八考〉，載《古文字論集（一）》，《考古與文物》編輯部1983年11月。

「弋」可通，故字即「𢦏」，可讀為「載」。「肰」字明確用作年歲義似乎僅見於楚器，「楚文化不同於中原文化，有其自己的特色，故以『肰』作為年歲義，猶如商之稱『祀』、周之稱『年』，名雖不一，義本相同」。朱家集「肰（載）嘗（嘗）」猶言歲祭①。

由上可以看出，關於「肰」字釋讀，有兩個關鍵點，其一，「肰」究竟是從「月」還是從「肉」，如何在形體上區別「月」與「肉」。其二，「肰」是否從「弋」聲，如果不是，所從「弋」的形體應該作何解釋。

1981年，有兩項新發現對「肰」字的釋讀起到了推動作用。首先，李裕民先生利用楚文字資料，對「月」、「肉」的區別作出很好論述。他指出，楚文字「月」的外側由一筆寫成，呈弧形作�，而「肉」作兩筆寫成，頂端有棱角作𓤈。兩相比照，「肰」其實從「月」，郭氏釋為「歲」是正確的②。其次，淅川下寺1號春秋楚墓編鐘銘文公佈，裡面有從「月」、從「止」的「歲」字，作𣉘③，為探討「肰」的形體源流提供了更好的條件。

受新發現啟發，1984年，吳振武先生提出「肰」應以釋「歲」為是，並對其形體源流作出進一步解釋。其論證主要有三點。其一，李裕民先生所說楚文字「月」、「肉」的不同特徵，在其他地區文字中同樣存在。「肰」從「月」不從「肉」，所以沒有釋「𢦏」的可能。其二，戰國文字「載」從「才」得聲，「肰」卻從「弋」不從「弋」，所以把它隸定為「肰」，釋為「載」或讀作「載」同樣有問題。其三，《說文》謂「歲」字從「步」，兩周金文「歲」正有

---

① 曹錦炎、吳振武：〈釋肰〉，載《吉林大學社會科學學報》，1981年第2期。

② 李裕民：〈古字新考〉。此文最早在中國古文字研究會1981年年會上公佈。據下引吳文，此次會議上郝本性先生所提交〈壽縣楚器銘文新探〉一文有同樣觀點。

③ 河南省博物館、淅川縣文管會、南陽地區文管會：〈河南淅川縣下寺一號墓發掘簡報〉，載《考古》，1981年第2期。

從「步」作者（、，《金文編》87頁），下寺春秋楚編鐘銘文當是在「步」省的基礎上增加義符「月」，而「」即來源於此。「」所從「」是「止」和「戈」的結合體，或作形，是以「止」旁的末筆兼代「戈」旁的橫畫，類似借筆連寫現象在古文字中非常常見[①]。其說很有見地。

至此，有關「」字釋讀上的爭議畫上了句號。迄今所公佈楚簡文字裡的「歲」有160餘例[②]，除兩例把義符「月」換為「日」外（望M2：1；《鮑叔牙》8），餘者均作「」。曹錦炎、吳振武兩位先生1981年即指出以「」作為年歲義是楚文化的特色，頗具卓識。

20世紀80年代中期以后，「棠」應該釋讀為「歲嘗」已無異議。關於「歲」、「嘗」的用義，學者普遍認為都是祭名。上博藏《莊王既成》1號簡載：「（楚）莊王既成無射，以問沈尹子莖曰：『吾既果成無射，以供春秋之嘗……』」程鵬萬先生據此認為「以供歲嘗」的「歲」，當如「以供春秋之嘗」的「春秋」，表示時間，可備一說。

4. 冶師　鑄客

「冶」字原形作：

早期學者多將此字隸定作「」，釋為「侃」，如劉節認為《說文》「剛」之古文，是借「侃」為之[③]；楊樹達先生疑讀為「鍊」

---

① 吳振武：《〈古璽文編〉校訂》第30—34頁，吉林大學博士學位論文，1984年10月。
② 據武漢大學簡帛研究中心編製的《楚簡字形辭例資料庫》，見簡帛網。
③ 劉節：《壽縣所出楚器考釋》。

第二章　安徽壽縣朱家集楚王室墓銅器

或「煉[①]」；周法高先生讀為「工[②]」。朱德熙先生也把此字隸定作「㑵」，但據傳抄古文認為「㑵」當釋為「剛」，讀為「工」，並考證說：戰國時期的兵器銘文往往列舉監造官吏及鑄工之名。一般的格式是先舉監造官名，次舉工師名，最後是工（㑵）名，以「㑵」與「工師」對舉，而壽縣楚器以「㑵」與「㑵師」對舉，可見「㑵師」就是「工師」，因之「㑵」也就等於「工[③]」。林沄先生贊同此字即《說文》「剛」之古文，但認為左旁是「弓」，此字其實是古「強」字。天星觀楚簡「𢏗死」，雲夢秦簡《日書》作「強死」。「剛」、「強」古音均為見母陽部，故《說文》以「強」為「剛」字古文[④]。

李學勤先生認為「㑵」不能讀為「工」，因為楚器「㑵師」可以簡稱為「㑵」，工師的身分與工大有不同，工師決不能自稱為「工」，「『㑵』其實是『冶』字。戰國題銘中的『冶』，最繁的形態是從『人』、『火』、『口』、『二』，但常省去其中任何一個部分[⑤]」。王人聰先生支持此釋，並糾正說「冶」本從「刀」，不從「人[⑥]」。黃盛璋先生進一步從字形上分析說，「二」表銅塊，「火」表以火冶鑄，「口」表型範，「刀」表冶鑄成器，這四個要素組合起來表達的是冶煉的全過程，「冶」是一個會意字[⑦]。

---

① 楊樹達：《積微居金文說》，中國科學院1952年9月，第147頁。

② 參看周法高主編：《金文詁林》第2669—2672頁所引。

③ 朱德熙：〈壽縣出土楚器銘文研究〉，載《歷史研究》，1954年第1期。

④ 林沄：〈新版《金文編》正文部分釋字商榷〉，「中國古文字研究會第九屆學術討論會」論文，南京大學1992年11月。李家浩先生也有《說文》古文以「強」為「剛」的看法，參裘錫圭《古文字論集》第58頁「編校追記」，中華書局1992年版。就發表時間看，何琳儀先生最早把此字隸定為「𡰥」，參氏著：《戰國文字通論》，中華書局1989年版，第137—138頁。但是何先生後來改變看法，認為字從「尸」，「二」、「口」都是裝飾符號。「尸師」應讀為「肆師」。據《周禮》，肆師主掌典禮和祭祀，參氏作：〈楚官肆師〉。

⑤ 李學勤：《戰國題銘概述（下）》。

⑥ 王人聰：〈關於壽縣楚器銘文中「㑵」字的解釋〉，載《考古》，1972年第6期。

⑦ 黃盛璋：〈戰國「冶」字結構類型與分國研究〉，載《古文字論集》初編，香港中文大學1983年。又可參唐蘭：〈中國青銅器的起源與發展〉，載《唐蘭先生金文論集》，紫禁城出版社1995年版；原載《故宮博物院院刊》，1979年第1期。

從學者的討論看，此字左旁究竟是「人」，還是「弓」或者「刀」，是釋讀的關鍵。戰國時期，由於形體的演變或者書寫者的習慣等因素，人、弓、刀有時候彼此間形體會非常接近甚至混同，只能根據具體情況予以甄別。首先，根據內證，可以排除此字左旁是「人」的看法。朱家集銅器銘文有6例「人」或從「人」之字，分別作：

沒有一例與此字左旁相同，可見此字應該不從「人」。而且如程鵬萬先生所說，楚簡「侃」字右旁「口」形下的兩筆明顯自右上斜向左下，與此字「口」形下的筆劃也有一定差距。那麼釋「侃」的說法存在很大疑問，現在信從這種說法的學者也很少[①]。

關於古「強」字的構形，裘錫圭先生曾有詳細考證。他指出，拉弓需要很強的力，很可能古代曾以「弘」代表強弱之「強」，與表示聲音洪大的「弘」字正好同形。春秋戰國文字或在「弘」所從「口」旁下加兩橫，作「弜」，可能就是為了跟「弘」字相區別[②]。近年公佈的楚簡資料中，有不少作「弜」形的「強」字（包括偏旁），根據其所從「弓」旁的形體，大體可分為如下三類寫法：

包103	《成之》15	《互先》10	《六德》32
《老甲》7	《太一》9	《五行》41	《慎子》1
《老甲》7	《老甲》22	《從政乙》5	

---

① 近年有蘇建洲先生重提釋「侃」說，參氏作：〈楚文字考釋又三則（二）〉，簡帛研究網 2003年1月1日。

② 裘錫圭：〈釋「弘」、「強」〉，載氏著：《古文字論集》。

第1類寫法左旁是標準「弓」字；第2類所從「弓」形體有變，把「弓」中部的曲筆拉開，與「人」形接近；第3類「弓」旁與「人」形無別，最末一例與「刀」似乎也難以區分。

　　根據字形對比可知，把朱家集楚器銘 字釋為「弜（強）」是沒有問題的，其左旁寫法與第2類寫法的「弜」所從之「弓」沒有區別[1]。林澐等先生認為《說文》古文以「強」為「剛」，大概也是正確的，只是古文「剛」把「弓」旁訛寫為「人」，又把兩橫移到了「口」旁上方。

　　不過， 字形體與古「冶」字也很相似。古文字「冶」大量出現於戰國時期物勒工名式的銘文，尤以三晉地區兵器銘文最為常見。它的基本形體由二、火、口、刀四部件組成，作 、 等形。四部件均可個別省略[2]，省略「火」旁的「冶」，或作 、 （《集成》17.11382、18.11546），左側明顯從「刀」；又作 、 （《集成》17.11347、11355），所從「刀」旁變得與「人」形近似甚至相同[3]。如果把 的左旁寫得屈曲一些，就會變成朱家集楚器銘的 。

　　楚簡文字「強」所從「弓」存在與「人」、甚至「刀」混同的現象。在楚簡中，「刀」作為偏旁使用時，也有混同「人」、甚至「弓」的例子，如從「刀」的「邵」（包括偏旁）字或作：

　　 包207　　 《性》28　　 包116　　 《昔者》2　　 包267

---

① 因此，程鵬萬先生採納釋強說，並以音近讀為「冶」，參氏著第113—114頁。

② 參看林清源：〈戰國「冶」字異形的衍生與制約及其區域特徵〉，載《第二屆國際中國古文字學研討會論文集續編》，香港中文大學中文系，1995年9月。

③ 楚兼陵公戈用為工官職名之字 ，一般也釋為「冶」，左旁與「人」混同，參劉彬徽：《湖北出土兩周金文國別年代考述》，中華書局1986年版，第263頁、第341頁銘68。包山楚簡有同形字 （簡80），整理者隸定為信，釋為「冶」；湯余惠先生指出其左旁是「刀」，「二」在「口」上，係 的異構，參氏作：〈包山楚簡讀後記〉，載《考古與文物》，1993年第2期。

第1、2兩例所從「刀」訛作「人」，第4、5兩例訛作「弓」。最值得注意的是第3例，其「刀」旁與第2類寫法的「弜」所從「弓」旁形同。類同之例也見於朱家集楚器銘，其從「邵」之字「恩」，共出現6次，其中一例寫作 ，「刀」旁也近似於「弓」。那麼從偏旁混訛的角度看， 從「刀」的可能性，是不能完全排除的。

綜上， 與古「強」字形體類同，同時與戰國時期其他地區銘文中的「冶」字也非常接近，楚文字「刀」作為偏旁使用時有與此字左旁寫法類同的例子。結合同時期同類銘文的文例考慮，我們覺得將此字釋為「冶」，還是最為合理的，它與「強」只是形體混同而已，兩字形有不同來源。《說文》古文以「強」為「剄」，早期學者多據《說文》古文把它和「剄」聯繫在一起是錯誤的[1]。它與其他地區的「冶」字存在些微差別，也許表明它的形體帶有一定程度的楚國特色。

冶師、鑄客都是與鑄器有關的職名。郝本性先生認為，冶師能標出姓名，而鑄客不能，因此冶師地位高於鑄客，是鑄客的工頭[2]。李零先生看法相反，認為鑄客是監造官員，冶師、佐是直接製器的工匠[3]。程鵬萬先生認為，楚王酓悍器均由冶師鑄造，王后、太后和「集某」器等均由鑄客鑄造，可見兩者有較為嚴格的分工。黃錦前先生認為冶師隸屬於朝官大工尹，鑄客似乎專為王室服務，可能由王室官員領導而不隸屬於大工尹。不過也不排除鑄客與冶師並列，由大工尹統一管轄[4]。今按，關於冶師與鑄客的關係，李零先生的看法可能比較合理。冶師組器加酓悍器共11件，分別由盤埜、尃秦、紹坖三名冶師主理鑄造，不標出姓名容易造成責任人不明確[5]，從而不能「以考其誠」

---

① 參看湯余惠：《包山楚簡讀後記》。

② 郝本性：〈試論楚國器銘中所見的府和鑄造組織〉。

③ 李零：《楚燕客銅量銘文補正》。

④ 黃錦前：《楚系銅器銘文研究》第168頁，安徽大學博士學位論文，2009年6月。

⑤ 盤埜匕（集成3.976）有被刮磨的「冶尃秦」三字，係在盤埜器上誤刻，後被發現而更正，參郝本性：〈試論楚國器銘中所見的府和鑄造組織〉。

（《禮記　月令》）。鑄客組器共40件，這裡的鑄客不標示姓名，也許是因為鑄客是同一個人，無需標示姓名，也可以達到「考其誠」的效果。鑄客之下，應該還有冶師之類分別具體主理40件器物的鑄造。那麼鑄客的級別有可能高於冶師。不過從現有資料看冶師和鑄客為之鑄器的對象確實有別，他們不一定有直接的隸屬關係。

5. 秦客王子齊之歲

「秦客王子齊之歲」是大事紀年，「秦客王子‧齊」即秦國客使王子齊。但是較早階段，對「秦客王子齊」存在不同解釋，多數學者傾向於「秦客」是「客於秦」或「秦以……為客」的意思，「秦客王子齊」指楚國王子名齊者入質於秦，是楚人對王子‧齊入質於秦一事的粉飾或諱稱。《史記　楚世家》記載，楚頃襄王、考烈王未立國時，均曾以太子身分入秦為質。所謂王子齊，只能是這兩個王中的一個。殷滌非先生認為是考烈王[1]，考烈王名元，「元」、「齊」義通，一名一字。陳秉新先生認為是頃襄王，頃襄王名橫，「橫」、「齊」義相涵，一名一字[2]。主張「秦客」意即「客於秦」的學者中，李零先生的看法比較特殊，認為「王子齊」大概只是楚國普通的王子而不一定是太子，「秦客王子齊」應指王子‧齊入秦為使[3]。

20世紀80年代以前，除大府鎬銘外，「某客」類大事紀年材料已不很少見，如：

齊客張果問王於藏郢之歲（望山M1:1）

秦客公孫鞅問王於藏郢之歲（天星觀簡）

鄝客臧嘉問王於藏郢之歲（鄝客銅量）

① 殷滌非：〈壽縣楚器中的「大府鎬」〉，載《文物》，1980年第8期。

② 陳秉新：《壽縣楚器銘文考釋拾零》。

③ 李零：《論東周時期的楚國典型銅器群》。

而且這些材料的整理者或研究者都認為「某客」是某國客使之意。如天星觀簡整理者指出，「公孫鞅」即後來成為秦相的商鞅，他在這年出使楚國①。望山簡整理者考釋說，「齊客應是齊國使者，以他國使臣來聘之事紀年，與商鞅量銘在『十八年』下特別標出『齊口卿大夫眾來聘』同例。②」李零先生指出銅量銘「燕客」的意思是燕國客使③。這些看法顯然是正確的。兩相參照，今天看來，似乎比較容易得出「秦客王子齊」即秦國客使王子齊的看法。不過或許因為「秦客王子齊之歲」是大事紀年的簡省形式，沒有說明具體事件，文意不清晰，而且所謂「王子」容易使人與李三孤堆系楚王室之墓聯繫起來，形成此「王子」即「楚王子」的印象，一直到包山簡公佈，劉彬徽先生才提出「秦客王子齊」是秦國使臣、「秦客王子齊之歲」是秦客王子齊聘於楚之歲簡寫的說法④。劉先生提出這樣的說法，主要證據是包山簡中有以簡寫形式出現的「某客」類大事紀年，可以與之相比照。如包山197號簡「宋客盛公𦖩聘於楚之歲」， 132號簡省作「宋客盛公𦖩之歲」，文例與「秦客王子齊之歲」完全相同，130號簡甚至還省作「盛公𦖩之歲」。再如120號簡「周客監臣迈楚之歲⑤」， 124、129號簡均省作「甘（監）臣之歲」。因此，劉說值得信服⑥。

① 湖北省荊州地區博物館：〈江陵天星觀1號楚墓〉，載《考古學報》，1982年第1期。
② 湖北省文物研究所、北京大學中文系：《望山楚簡》，第86頁。據該書「序」，《望山竹簡釋文與考釋》初稿完成於1976年，定稿於1987年。類同說法又見於周世榮：《楚邦客銅量銘文試釋》。
③ 李零：《楚燕客銅量銘文補正》。
④ 劉彬徽：〈從包山楚簡紀時材料論及楚國紀年與楚曆〉，載湖北省荊沙鐵路考古隊：《包山楚墓》（上冊），文物出版社1991年版。
⑤ 「周」字釋讀參陳偉等：《楚地出土戰國簡冊〔十四種〕》，第53、57頁。
⑥ 稍後湯余惠先生發表有同樣觀點，載氏著：《戰國銘文選》，第21頁。

第三章 安徽壽縣鄂君啟節

　　1957年，安徽壽縣農民在護堤取土過程中，在壽縣城東邱家花園發現鄂君啟節[①]。當時文物部門徵集到一枚舟節，三枚車節，1960年又徵集到一枚舟節，是現存鄂君啟節共計五枚。

第一節　鄂君啟節銘文概況

　　鄂君啟節以青銅製造，形狀仿竹，上有錯金銘文。從文字內容和形狀看，節分為舟、車兩套，原來每套應各有五枚，可以拼合成一個圓筒形。現存兩枚舟節均長31公釐、9行164字（其中重文1，合文1），文字相同；三枚車節均長29.6公釐，9行148字（其中重文1，合文3），文字亦同[②]。鄂君啟節是楚懷王頒發給西鄂封君啟的水陸經商通行、免稅信物[③]。銘文詳細規定

---

① 劉和惠先生認為鄂君啟節係窖藏之物，參氏作：〈鄂君啟節剳記九則〉，載《楚文化研究論集》第7集，嶽麓書社2007年版。

② 參看殷滌非、羅長銘：〈壽縣出土的「鄂君啟金節」〉，載《文物參考資料》，1958年第4期；湯余惠：《戰國銘文選》，吉林大學出版社1993年版，第45頁，本文節銘字形采自此書所附摹本。

③ 早期學者多認為節銘「鄂」在今湖北鄂城一帶，日本學者船越昭生最早指出此「鄂」是河南南陽西鄂，其說經陳偉先生闡發，逐漸得到學界公認，參陳偉：〈《鄂君啟節》之「鄂」地探討〉，載《江漢考古》，1986年第2期。

了鄂君啟商隊舟、車的通行路線、運載限額和往返時限，規定水運馬牛羊出入關要向大府納稅，陸運則禁載金革黿箭，此外諸物憑節可以免稅經營，沿途所經驛傳不得提供食宿等等，是研究戰國楚商業經濟、水陸交通、封君權限、地理沿革的重要史料。銘文如下（除需要討論的字及有疑問之字外，均以通行字直接釋寫）：

舟節：

大司馬昭陽敗晉師於襄陵之歲，夏屎之月，乙亥之日，王尻於蔵郢之遊宮。大工尹脽以王命命集尹悼牂、裁尹逆、裁令阢，為鄂君啟之府躒鑄金節。屯三舟為一舿，五十舿，歲䍒返。自鄂市，逾油，上漢，就鄘，就芸陽。逾漢，就邡。逾夏，入鄳，逾江，就彭射，就松陽。入瀘江，就爰陵。上江，入湘，就㴲，就鄴陽。入瀙，就郡。入資、沅、澧、㵺。上江，就木關，就郢。見其金節則毋徵，毋舍傳食，不見其金節則徵。如載馬、牛、羊以出入關，則徵於大府，毋徵於關。

車節：

大司馬昭陽敗晉師於襄陵之歲，夏屎之月，乙亥之日，王尻於蔵郢之遊宮。大工尹脽以王命命集尹悼牂、裁尹逆、裁令阢，為鄂君啟之府躒鑄金節。車五十乘，歲䍒返。毋載金、革、黿、箭，如馬、如牛、如德，屯十以當一車。如檐徒，屯二十檐以當一車，以毀於五十乘之中。自鄂市，就陽丘，就方城，就象禾，就柳焚，就繁陽，就高丘，就下蔡，就居鄟，就郢。見其金節則毋徵，毋舍傳食，不見其金節則徵。

第二節 銘文釋讀舉例

鄂君啟節發現之初，就有殷滌非、羅長銘、郭沫若、商承祚、于省吾等先生對銘文字詞作通盤考證，又有譚其驤、黃盛璋等先生著重從歷史地理角度探討銘文所記交通路線，使得節文內涵基本明晰。這個階段最大研究成果當屬節製作年代的確定。節銘首句是大事紀年。殷滌非、羅長銘先生指出，《史記　楚世家》記載楚懷王「六年，楚使柱國昭陽，將兵而攻魏，破之於襄陵，得八邑」。《魏世家》言襄王「十二年，楚敗我襄陵」。據此可知銘文「敗晉師」即敗魏師。楚懷王六年當公元前323年，亦即鄂君啟節鑄造之年[①]。至於銘文言昭陽為大司馬，文獻為柱國，郭沫若先生認為前者是攻魏時的舊職，後者是破魏後的新職。《戰國策　齊策二》：「昭陽為楚伐魏，覆軍殺將，得八城，移兵而攻齊。陳軫為齊王使見昭陽，再拜賀戰勝，起而問楚之法：『覆軍殺將，其官爵何也？』昭陽曰：『官為上柱國，爵為上執圭。』」觀此可知昭陽之為上柱國是在「為楚伐魏、覆軍殺將」之後[②]。

20世紀80年代，裘錫圭先生把舊多釋為「往」的字（𣥍）改釋為「市」[③]、陳偉先生把舊釋「沽（湖）」的字（𣱛）改釋為「油」，讀為「淯」[④]；90年代李零等先生把舊多釋「庚」的字（𢆶）改釋為「就」，訓為到達[⑤]，凡此將節銘的釋讀推進一大步。近年來，

---

① 殷滌非、羅長銘：《壽縣出土的「鄂君啟金節」》。下引殷、羅之說均出自此文，不再出注。按：以此事紀年，則鄂君啟節鑄造之年當在前322年，參王紅星：〈包山簡牘所反映的楚國歷法問題——兼論楚歷沿革〉，載湖北省荊沙鐵路考古隊：《包山楚墓》（上冊）附錄20，文物出版社1991年版。

② 郭沫若：〈關於鄂君啟節的研究〉，《文物參考資料》，1958年第4期。下引郭說均出自此文，不再出注。

③ 裘錫圭：〈戰國文字中的「市」〉，載《考古學報》，1980年第3期。

④ 陳偉：〈《鄂君啟節》之「鄂」地探討〉。

⑤ 李零：〈古文字雜識（兩篇）〉，載《于省吾教授百年誕辰紀念文集》，吉林大學出版社1996年版。

新資料的不斷公佈，為節銘的進一步研究提供了契機，一方面舊有研究得到驗證，另一方面一些疑難字的釋讀得到修訂或突破，並促使學者進行新的思考①。下面我們著重就此進行回顧和分析。

1. 龠（就）　腨（賦）

節銘在記述交通路線時，用到四個動詞，分別是「上」（原銘作「让」）、「逾」、「入」（原銘作「內」）、「龠」，前三者後面所係都是水名，龠後所係是地名。20世紀90年代中期以前，關於龠主要有羅長銘、郭沫若先生釋「庚」，李學勤先生釋「鬲」，朱德熙、李家浩先生釋「商②」，李零先生釋「祇」等四種說法③，其中釋「庚」說影響最大。通過字形比較，可知這四種說法都不正確，續有學者指正。

這個階段的字形解釋雖然有問題，但是朱德熙、李家浩兩位先生根據楚簡資料中龠字的用法得出基本正確的認識。他們指出，望山卜筮祭禱簡有從「辵」、從「龠（商）」的字，文例為「自刑尸以△集歲之刑尸」，天星觀簡有類似文句，作「從七月以至來歲之七月，集歲尚自利順」，可見△與「至」同義，△從龠得聲，所以鄂君啟節龠也應該是「至」的意思。古「商」、「啻」兩字常常發生混淆，疑這裡的龠（商）實際上代表「帝」，讀為「適」，《方言一》：「適，往也。」此後李零先生根據包山簡中的同類資料，也指出龠（祇）表示到達義，將龠讀為「抵」。

1996年，李零先生提出新說，認為龠其實是「就」字，「就」由趨就之義引申而有到達之義。茲將其相關論述徵引如下：

---

① 參看陳偉：〈鄂君啟節——延綿30年的研讀〉，「中國簡帛學國際論壇2009」報告論文，武漢大學2009年7月。

② 朱德熙、李家浩：〈鄂君啟節考釋（八篇）〉，載《朱德熙文集》第5卷，商務印書館1999年版。原載《紀念陳寅恪先生誕辰百年學術論文集》，北京大學出版社1989年版。

③ 李零：〈包山楚簡研究（占卜類）〉，載《中國典籍與文化論叢》第1輯，中華書局1993年版。

上述銘文中的怪字（筆者注：包括鄂君啟節，下文所謂「本節開頭所列三例」亦然），其實是「就」字的一種簡寫。西周金文的「就」字有兩種寫法，一種作▓，象重亭之形，學者多隸定為臺；還有一種是加有辵旁。過去學者多把此字當成「京」字的異體。……不過，也有學者不這麼看，如高田忠周和朱先生都曾根據《說文》、《正始石經》、《汗簡》和《古文四聲韻》中的有關線索，指出此字應釋為「就①」，只不過沒有引起重視罷了。

1980年，史惠鼎在陝西長安縣出土，對人們重新認識這個字是重要推動。因為史惠鼎銘有「日就月將」一語，是見於《詩　周頌　敬之》和《禮記　孔子閒居》的古代成語。鼎銘「就」字從辵從臺，正與《正始石經》等書假借為「戚」字的「就」字相同。

古書中的「就」字有成就、趨就二義。《爾雅　釋詁》以成訓就，以終訓就。《廣雅　釋詁》也以就字與歸、往同訓，與即、因同訓，與長、久同訓。這裡除最後一條是假借之義，其他多與成就、趨就之義有關。西周金文中的「申就乃命」是再次下達此命的意思，而本節開頭所列三例中的「就」字是抵達或到的意思。這種含義正是從成就和趨就之義引申。②

李先生對字義的考證可謂周詳，將▓與從字形上聯繫起來也完全正確，但他將▓、字形上的關聯僅以「簡寫」一語一帶而過，則失於簡略。

1998年，何琳儀先生首次對的形體結構作出分析，認為可以分解成🔲（宮）、🔲（京）兩部分，🔲（宮）旁與🔲（京）旁借用筆劃，合而

---

① 原注：高田忠周說見《金文詁林》第七冊3523—3528頁引，朱德熙說見所撰〈釋臺〉，收入《朱德熙古文字論集》（中華書局1995年）1—2頁。
② 李零：〈古文字雜識（兩篇）〉。

成_角①。見解獨特且精到，令人信服。此後陸續公佈的楚簡資料裡出現多例_角（或作為偏旁），釋為「就」不僅文通意順，有的更有不同版本的文獻互證。如郭店《五行》21號簡「不悅不_角，不_角不親」，馬王堆帛書《五行》作「不悅不戚，不戚不親」，是假「就」為「戚」；上博藏《周易》47號簡「革言三_角」，今本《周易　革卦》作「革言三就」等等。釋「就」說就此成為定讞②。

在最近公佈的上博簡裡，「就」有另外一種用法，引起不少學者討論：

競平王就鄭壽，_角之於_尿廟（《鄭壽》1）

鄭子家喪，邊人來告，莊王就大夫而與之言曰（《子家》1）

《平王問鄭壽》整理者陳佩芬先生說：《玉篇》：「就，從也。」「競平王就鄭壽」即「鄭壽從平王③」。其後研究者的看法大致可以分為三種，其一認為「就」是使動用法，可訓為「召見」，即平王召鄭壽前來④；其二訓為造訪，即平王到鄭壽處拜訪⑤；其三把「就」讀為「肅」、「宿」或「速」，邀請之義⑥。不過「就」字古訓沒有用作「召見」的例子，讀為「肅」等，沒有直接證據，稍顯迂曲，我們

---

① 何琳儀：《戰國古文字典——戰國文字聲系（上）》，中華書局1998年版，第232頁。

② 可參看吳振武先生為《上海博物館藏戰國楚竹書（一—五）文字編》所作「序言」第3頁，李守奎等編著，作家出版社2007年版。

③ 陳佩芬：〈《平王問鄭壽》釋文考釋〉，載馬承源主編：《上海博物館藏戰國楚竹書（六）》，上海古籍出版社2007年版，第257頁。

④ 凡國棟：〈《上博六》楚平王逸篇初讀〉，簡帛網2007年7月9日。又蘇建洲先生把「就」讀為「召」，參氏作：〈《鄭子家喪》甲1「就」字釋讀再議〉，復旦網2010年5月1日。

⑤ 董冊：〈讀《上博六》雜記〉，簡帛網2007年7月10日；劉信芳：〈《上博藏六》試解之三〉，簡帛網2007年8月9日；周鳳五：〈上博六《莊王既成》、《申公臣靈王》、《平王問鄭壽》、《平王與王子木》新訂釋文注解語譯〉，「2007中國簡帛學國際論壇」論文，臺灣大學2007年11月。

⑥ 宋華強：〈《鄭子家喪》、《平王問鄭壽》「就」字試讀〉，簡帛網2009年7月15日。

認為上述第2種詮釋比較合理。是篇5—6號簡記載第二年平王複與鄭壽相見，鄭壽所云「君王踐處，辱於老夫」，應該是指「平王就鄭壽」這件事，「踐處」是鄭壽說平王來到自己的居所，「就鄭壽」是以他人的語氣說平王到鄭壽居所去，「就」與「踐處」含義相當。同樣用法的「就」，也見於傳世文獻。《禮記　祭義》「是故朝廷同爵則尚齒。七十杖於朝，君問則席；八十不俟朝，君問則就之，而弟達乎朝廷矣」，鄭注：「就之，就其家也。」孔疏：「若君有事問之，則就其室。」「就」的這種用法也應該是從趨就之義引申而來。學者或以為《鄭子家喪》中的「大夫」指眾大夫，莊王不可能親自去造訪每位大夫，因此「就」不能訓為造訪[1]。其實《鄭子家喪》本身是具有一定史實基礎的故事，對莊王言行有所美化，不能與純粹的史實等同起來[2]。

𦳒，舊多釋「賡」。郭沫若先生讀為「更」，訓為「改」。于省吾先生據《說文》以「賡」為「續」之古文，認為節銘「為鄂君啟之府賡鑄金節」是說為鄂君啟的府庫續造金節[3]。李裕民先生讀為「鎔」，「鎔鑄金節」意即鎔銅鑄金節[4]。陳偉先生認為古書中「庚」、「賡」、「更」有抵償義，「從這個意義上說，似應是鄂君啟對國家有所奉獻，作為一種報償，楚王才下令授予他這一免稅特權[5]」。知道𦳒其實是「就」字後，對𦳒字的解釋自然就需要重新考慮。

李零先生認為𦳒從「貝」從「就」，也許應當讀為「僦」。古書「僦」既可指雇用舟車載運，也可以指運費所值，節銘「『鄂君啟

①　巫雪如：〈楚簡考釋中的相關語法問題試探〉，簡帛網2009年6月14日。
②　參看葛亮：〈《上博七　鄭子家喪》補說〉，復旦網2009年1月5日；李天虹：〈竹書《鄭子家喪》所涉歷史事件綜析〉，載《出土文獻》第1輯，中西書局2010年版。
③　于省吾：〈「鄂君啟節」考釋〉，載《考古》，1963年第8期。下引于說出自此文時不再出注。
④　李裕民：〈古文字考釋四種〉，載《古文字研究》第7輯，中華書局1982年版。
⑤　陳偉：〈《鄂君啟節》與楚國的免稅問題〉，載《江漢考古》，1989年第3期。

61

之府僦』是指鄂君啟之府的運費。節銘所述舟、車擔徒的數量規定和換算方法，沿途驛站的招待規格，以及關稅的徵免等等，凡此均與運費的計算有關 ①」。王輝先生認為「就」、「造」音近，髓是貼「（造）」字異體。「貼」見於宋公欒戈、宋公得戈等 ②。「造鑄」或「鑄造」文獻習見。楚器或言「鑄」，或言「造」，節銘則「造」、「鑄」義近連用 ③。今按，戰國時期的商業稅分為關、市兩種。從節銘對交通路線及免稅方法的敘述看，現在還無法斷定鄂君啟節所免究竟是關稅還是市稅，亦或兼而有之 ④。按照李先生的說法，該節作為免稅憑證，似乎僅得免除通關稅費。按照王先生的說法，把節銘「為鄂君啟之府貼鑄金節」理解作「為鄂君啟之府造 鑄金節」，與節之免稅功能能夠更好地對應。兩說相較，似以王說見長。

2. 逾

上文提到，節銘「上」、「逾」、「入」之後所係都是水名。關於「上」和「入」，學者看法基本一致，「上」指溯流而上，「入」指轉入支流（或謂進入另一水道）。對於「逾」，卻存在較大分歧。

早期郭沫若、商承祚先生認為「逾」指穿越、渡過 ⑤，黃盛璋先生認為指更換一條水路 ⑥，日本學者船越昭生認為指順水而下 ⑦。因為船越先生沒有作詳細論證，且其文在中國國內流傳不廣，所以其說的影

① 李零：〈古文字雜識（兩篇）〉。
② 按，宋公欒戈、宋公得戈載於《集成》17.11133、17.11132，其中「貼」均用為鑄造義。
③ 王輝：〈釋爭、髍〉，載《古文字研究》第22輯，中華書局2000年版。
④ 參看陳偉：〈《鄂君啟節》與楚國的免稅問題〉。
⑤ 郭沫若先生說：「逾灘者言自漢水南岸渡至北岸。」商承祚先生說：「舟節凡所謂『逾』，是指穿越，如逾漢、逾江，是自此岸渡至彼岸。」（〈鄂君啟節考〉，載《商承祚文集》，中山大學出版社2004年版；原載《文物精華》第2集，文物出版社1963年版）。
⑥ 黃盛璋先生說，逾，「乃表示更換一條水路」，「既非沿流而下，亦非踰越水道」（〈關於鄂君啟節交通路線的復原問題〉，載《中華文史論叢》第5輯，中華書局1964年版）。又于省吾先生說「凡稱逾者，指越過此水而達於彼處言之」，似與黃說類同。
⑦ 船越昭生：〈鄂君啟節について〉，載《東方學報》第43冊，1972年。本文轉引自陳偉：〈《鄂君啟節》——延綿30年的研讀〉。

響遠不如以上兩說。

1982年，劉和惠先生提出他對「逾」字用義的看法：

　　揆其義有二：一是越過的意思，如「逾湖」，節文「自鄂市，逾湖」，並無更換一條水路之事；一是表示順流而下，如「逾漢」、「逾夏」、「逾江」。在節文中，「逾」與「辻」是對應的兩個字，凡溯流而上，俱用「辻」字表達；凡順流而下，均用「逾」字說明。[1]

認為「逾漢」等處的「逾」與「上」相對為文，指順流而下。不過他將相同文例中的「逾湖」之「逾」依然理解為逾越，顯得自相矛盾，這應該與「湖」字的誤識有關。

同年，孫劍鳴先生對黃盛璋先生的說法提出質疑：

　　《節銘》中「逾」字凡四見，曰「逾湖」、「逾漢」、「逾夏」、「逾江」，湖、漢、夏、江均是水，用「逾」字可以說是「更換一條水路」，但《節銘》中又一見「上漢」，兩見「上江」，對於江、漢二水何以忽用「逾」，忽用「上」？從航行路線看，便可見《節銘》用詞有嚴格的區分，並非隨意亂用。

並根據航線分析，指出凡言「上漢」、「上江」都是溯水而上，而「『逾』這一動詞，在《節銘》中只是用於沿流而下，並非只是表示更換一條水路的[2]」。對「逾」用義的理解與船越先生完全相同。

稍後，陳偉先生在已有研究基礎上，對節銘「上」、「內」、「逾」的用法作出更為詳細的解釋，指出舊說「逾」為渡越或轉換

① 劉和惠：〈鄂君啟節新探〉，載《考古與文物》，1982年第5期。
② 孫劍鳴：〈「鄂君啟節」續探〉，載《安徽省考古學會會刊》第6輯，1982年12月。

水路，與地望不能完全吻合，「舟節在舟船運行中，有逆水行舟的『让』，有轉入支流的『内』，有停靠口岸的『庚』，順水而下這一常見的航行現象卻不曾提及，也是說不過去的」，劉和惠先生的意見比之舊說大有改進，但亦有局限，舟節中的「逾」字都應解作順水而下。將舊釋「湖」之字改釋為「油」，讀為「淯」後，「淯水經過西鄂等地注入漢水，正相應於舟節『自鄂市，逾油』而入漢這段航程①」。

那麼，就鄂君啟節銘而言，把「逾」解為順流而下，文例、文義均可講通。可是當時學者均未能用其他文獻舉證「逾」的這種用法。陳偉先生把「逾」讀為「遙」，謂指順水行舟這種現象，比較牽強。六年後，陳先生終於在《國語　吳語》中找到證據。〈吳語〉記述越滅吳之役時說：「明日將舟戰於江，及昏，乃令左軍銜枚泝江五里以須，亦令右軍銜枚踰江五里以須。」陳先生指出，「踰」、「逾」一字，在這裡「踰」與「泝」相對而言，正指沿江而下②。此後，出土文獻中也不斷發現類同用法的「逾」，如楚卜筮祭禱簡「荊王、文王以逾至文君」（葛陵甲三5）、「五世王父以逾至親父」（秦M1：2）中的「逾③」；上博藏《莊王既成》4號簡中，與「載之專車以上」對舉的「四𦊻以逾」中的「逾」等等④。有了這些佐證，將節銘「逾」解作順流而下，就沒有任何疑問了。

3. 歲罷（一）返

郭店楚簡公佈之前，關於「罷」字，主要有釋「罷」、「態」、「贏」（嬴）、「翼」四種看法。關於「歲罷返」具體含義的解釋更不一致，我們把這些看法大體歸納為五類，茲擇要依類將諸家之說引錄

① 陳偉：〈《鄂君啟節》之「鄂」地探討〉。
② 陳偉：《楚東國地理研究》，武漢大學出版社1992年版，第224頁。
③ 引自晏昌貴：〈秦家嘴「卜筮祭禱」簡釋文輯校〉，載《湖北大學學報》，2005年第1期。
④ 參看陳偉：〈《鄂君啟節》──延綿30年的研讀〉。

如下：

　①　往返有效期為一年。「返」，或謂指舟返，或謂指節返：

　郭沫若：「歲返」者是限制舟行往返的時間。「」字從羽能聲，當是「態」之異文，在此讀為「能」，言舟之往返有效期間為一年。

　于省吾：即「贏」字，其不從貝乃省體。……「贏」與「嬴」古籍每通用。……「盈」為「贏」與「嬴」的後起字。……《廣雅　釋詁》訓「贏」為「余」，典籍中多訓「盈」為「滿」，「余」與「滿」義相因。「歲贏返」即「歲盈返」，言歲滿而返，可見此節的通行有效期間以一年為限。

　李零：（「歲嬴返」）意思是滿一年要交還此節，即所謂「皆有期以反節」（《周禮　地官　掌節》），這是舟節的使用時限[1]。

　湯余惠：舟節規定，鄂君啟舟行經商的時間，一次不得超過一年，即必須在一年內返國，並上繳金節[2]。

　羅長銘：言在一年之內，能持此節由郢返鄂，有過期無效的意思[3]。

　②　商旅一年往返一次：

　商承祚：以讀「能」為是……「歲能返」的意思，以這條長達千里的路線，在一年內是有足夠往返的時間，嚴格規定鄂君啟一年只准做一趟買賣，不能做兩次[4]。

　劉先枚：即「歲貨返」，據全文即每年載貨往返一次，即限於在一年之內，載貨返回。……「」字從羽，而以能為聲符，可能是

①　李零：〈楚國銅器銘文編年匯釋〉，載《古文字研究》第13輯，中華書局1986年版。
②　湯余惠：《戰國銘文選》，第46頁。
③　羅長銘〈鄂君啟節新探〉，載《羅長銘集》，黃山書社1994年版。
④　商承祚：〈寫在鄂君啟節考後〉，載《商承祚文集》，中山大學出版社2004年版。原文完成於1965年10月。

「翼」的異體字[1]。

③一年返節一次：

劉和惠：「歲贏返」指的不是舟、車，而是「金節」。……滿一年而返節，並不等於有效期間為一年，而是規定了一年必須返節一次，其目的是檢驗鄂君啟是否按照規定行事，以及是否向大府完納規定的稅額，等等[2]。

④商旅年內可數次往返：

陳偉：五十舿和五十乘是一年中允許免稅的限額。鄂君商旅無論水陸，每年往來的次數，每次動用的運載工具及其數量，皆可自便[3]。

⑤商旅年內分批返回：

朱德熙、李家浩：從字形上看，分析為從「羽」從「能」聲是不錯的。……（翍）很可能是「翼」字的另一種異體寫法。從節銘文義看，「歲翼返」似當讀為「歲代返」。……意思是說：一年之內分批輪流返回[4]。

不論讀為「歲能返」、「歲盈返」還是「歲代返」等，文句都不是很順暢。眾說紛紜的局面一直延續到20世紀90年代後期郭店楚簡公佈。在郭店簡《五行》篇裡，有詩句「淑人君子，其儀翍也」（簡16）句，馬王堆帛書本《五行》與「翍」相當之字作「一」；該詩句見於今本《詩　曹風　鳲鳩》，與「翍」相當之字，亦作「一」，可證郭店簡的「翍」當讀作「一」。郭店簡《太一生水》有「翍缺翍盈，以紀為萬物經」句（簡7），如果把「翍」讀為「一」，文義也非常通順。在這些例證基礎上，郭店簡整理者指出，鄂君啟節「歲翍返」，「亦當讀

①　劉先枚：〈釋翍〉，載《江漢考古》，1985年第3期。
②　劉和惠：《鄂君啟節新探》。
③　陳偉：〈《鄂君啟節》與楚國的免稅問題〉。
④　朱德熙、李家浩：《鄂君啟節考釋（八篇）》。

作『歲一返』，意即年內往返一次①」。「歲一返」讀來較舊說更為通順豁朗，毫無滯礙②，紛爭四十年的「⿱羽能」之讀法上的爭議就此平息。儘管「歲一返」的具體內涵尚有待斟酌③，但結合全文看，應該可以肯定節銘規定鄂君啟商旅一年只能憑節免稅行商一次。回過頭來看此前學者的研究，儘管對「⿱羽能」的讀法都是錯誤的，但還是有學者，如商承祚、劉先枚兩位先生，對文義的理解基本正確。

知道「⿱羽能」應該讀為「一」後，圍繞「⿱羽能」為什麼可以讀為「一」再起爭議。學者多由「⿱羽能」所從兩個偏旁的古音出發予以解釋，或以「⿱羽能」兩個偏旁都是聲符，或疑從「羽」聲（匣母魚部），或認為從「能」聲（泥母蒸部），與「一」（影母質部）可以相通④。李零先生懷疑「⿱羽能」是楚文字繁體的「一」，情況與同一時期秦文字「一」有「一」、「壹」兩體類似，屬地方特色⑤。鄭偉先生認為「⿱羽能」用為「一」係出自楚方言⑥。鄭剛先生懷疑「⿱羽能」是「熊」的會意字，其楚方言的讀音能夠讀作「一⑦」。張世超先生則認為「⿱羽能」象熊奔逸狀，當為「逸」（喻母質部）字異體，假借為「一⑧」。

因為「一」與「能」、「羽」的古音都不是很接近，所以論者雖

---

① 荊門市博物館：《郭店楚墓竹簡》，文物出版社1998年版，第126頁注11、152頁注17。

② 望山、包山卜筮祭禱簡中都有「⿱羽能禱」一詞，葛陵簡既有「⿱羽能禱」，也有「弌禱」。「弌」是「一」字異體，一般認為「⿱羽能禱」即「弌（一）禱」。參看晏昌貴：〈天星觀「卜筮祭禱」簡釋文輯校〉，載《楚地簡帛思想研究（二）》，湖北教育出版社2005年版。

③ 周鳳五先生認為「歲一返」意謂「一年返節一次」，參氏作：〈讀郭店竹簡《成之聞之》劄記〉，載《古文字與古文獻》（試刊號），楚文化研究會等備處1999年10月。

④ 參看顏世鉉：〈郭店楚簡散論（一）〉，載《郭店楚簡國際學術研討會論文集》，湖北人民出版社2000年版；何琳儀：〈郭店竹簡選釋〉，載《簡帛研究二〇〇一》，廣西教育出版社2001年版；王志平：〈「⿱羽能」字的讀音及相關問題〉，載《古文字研究》第27輯，中華書局2008年版。

⑤ 李零：《郭店楚簡校讀記》（增訂本），北京大學出版社2002年版，第42頁。

⑥ 鄭偉：〈古代楚方言「⿱羽能」字的來源〉，載《中國語文》，2007年第4期。

⑦ 鄭剛：《楚簡道家文獻辨證》，汕頭大學出版社2004年版，第117—118頁。

⑧ 張世超：〈釋「逸」〉，載《中國文字研究》第6輯，廣西教育出版社2005年版。張先生還認為「⿱羽能」在楚文字中表「逸」，用為「一」；又可表「熊」，用為「能」，屬於古文字中「一形多用」的用字方法。

眾，上述第一類說法總是讓人心存疑惑。不過郭店簡中似乎有「龏」、「一」與「能」通用的例證。其《成之聞之》18號簡有「貴而龏讓，則民欲其貴之上也」句，整理者將「龏」讀為「一」，裘錫圭先生懷疑應該讀為「能」[1]。比較而言，「貴而能讓」語意似乎更為通暢，因此裘說為大多數學者所認同。類似句子在後來公佈的上博藏《君子為禮》中也有出現，作「貴而龏讓，斯人欲其長貴也」（簡9），其整理者直接將「龏」釋讀為「能」[2]。又《六德》17號簡有「能與之齊，終身弗改之矣」一句，可以與《禮記 郊特牲》「壹與之齊，終身不改」對讀，簡文「能」適與《郊特牲》「壹」相當。那麼，似乎「龏」確實從「能」聲，古音「能」、「一」可以相通。然而這樣的例子也不是無懈可擊，如單育辰先生就懷疑「貴而龏讓」的「龏」還是應該讀為「一」，在句中是起加強語氣作用的虛詞，相同用法的「龏」見於上博藏《季庚子問孔子》，其1號簡「肥從有司之後，龏不知民務之焉在」的「龏」就是讀為「一」，起加強語氣的作用[3]。楚簡「能」多見，唯兩處「貴而能讓」的「能」均寫作「龏」，其他「能」則不見寫作「龏」者，因此單先生的看法也有道理。《六德》中相當於「壹」的「能」，陳偉先生曾指出一種可能性，即其上脫寫「羽」旁[4]。至於上述其他說法，也都有待更多證據證明。

總起來看，現在我們可以確定「龏」用為「一」，但是為什麼「龏」

---

① 荊門市博物館：《郭店楚墓竹簡》，第169頁注20。我們曾懷疑這裡的「龏」讀為「揖」（〈郭店楚簡文字雜釋〉，載《郭店楚簡國際學術研討會論文集》第95頁），但是古音上的證據不足。何琳儀先生疑讀為「抑」，「抑讓」猶「退讓」，參氏作：《郭店竹簡選釋》。

② 〈君子為禮〉原文係「龏」，似乎是李守奎先生最早指出的，參氏作〈上博簡殘字叢考〉，載《古文字研究》第27輯；據鄭偉《古代楚方言「龏」字的來源》，郭永秉博士有相同看法。關於「斯人欲其長貴也」的釋讀參看萬婧：《上博五〈季康子問於孔子〉、〈君子為禮〉、〈弟子問〉等三篇集釋》第43頁，武漢大學碩士學位論文，2007年5月。

③ 單育辰：《楚地戰國簡帛與傳世文獻對讀之研究》第42頁，吉林大學博士學位論文，2010年4月。

④ 陳偉：〈郭店楚簡別釋〉，載《江漢考古》，1998年第4期。

可以用為「一」，或者說如何理解「罷」的形體結構，尚沒有公認的結論。

順便指出，在上博簡裡，還有另外一種寫法的「一」字，如：

　　　《柬大王》5[①]　　　《凡甲》17[②]

在戰國中山王器銘文中有該字異體，作：

　　中山王醫壺（《金文編》5頁）

這種「一」字的形體結構也還需要進一步研究[③]。

4. 　　（檐）

此前　字見於戰國楚銅龍節，有釋「桮」、「栖」等說[④]。1925年，日本學者高田忠周在其所撰《古籀篇》中，將　釋為「檐」，云：「檐即檐字省文，齊侯甗鱠字所從詹形作，此又省厂也。……

---

① 參看劉洪濤：〈讀《上海博物館藏戰國竹書（四）》劄記〉，簡帛網2006年11月8日。

② 參看復旦讀書會（執筆：鄔可晶）：〈《上博（七）　凡物流形》重編釋文〉，復旦網2008年12月31日。又載《出土文獻與古文字研究》第3輯，復旦大學出版社2010年版；沈培：〈略說《上博（七）》新見的「一」字〉，復旦網2008年12月31日；沈培：〈《上博（七）》校讀拾補〉，「古道照顏色——先秦兩漢古籍國際學術研討會」論文，香港中文大學中文系、中國文化研究所中國古籍研究中心，2009年1月。

③ 學者多將此字隸定為「鼀」（如上兩注中的劉洪濤和復旦讀書會文；又朱德熙、裘錫圭：〈平山中山王墓銅器銘文的初步研究〉，載《文物》，1979年第1期；張政烺：〈中山王醫壺及鼎銘考釋〉，載《古文字研究》第1輯，中華書局1979年版）。張世超先生以為中山器銘文左旁象動物奔逸狀，當為「逸」字異體，參氏作〈釋「逸」〉。上博七《凡物流形》甲、乙本「鳴」字五見，其中一例作，與「鳥」相當的左旁與用作「一」的形體相同，楊澤生先生據而將釋為「虮（乙）」，認為古乙、一音同可通，「鳴」字從乙屬同義偏旁互換，參氏作〈上博簡《凡物流形》中的「一」字試解〉，復旦網2009年2月15日。今按《凡物流行》其他四例「鳴」所從都是標準的「鳥」字，如（乙1）、（甲13下），「鳥」形本與有相近之處，似不能排除將「鳥」旁訛寫為的可能。

④ 參看張振林：〈「桮徙」與「一桮飲之」新詮〉，載《文物》，1963年第3期。

第三章　安徽壽縣鄂君啟節

八下從言無疑。①」《古籀篇》發表於日本，中國國內不易見到，所以高田忠周的說法很長時間內不為中國學者所知②。

鄂君啟節公佈後，郭沫若、李學勤等先生依然把此字釋為「棓」。其實釋「棓」的錯誤比較明顯，棓的右旁「八」下所從是古「言」字，而「音」和「否」古同字，與「言」無關，正如于省吾先生所說，「釋棓之誤，在於以今楷定古文」。

1963年，于省吾、張振林兩位先生根據國差鐱（亦即高田忠周所云齊侯罍）銘，對棓字得出與高田忠周同樣的結論③。于先生對字形的論證更為詳細，影響較大，茲引述如下：

曾即詹的初文，曾字孳乳從「厂」作「層」，金文「國差鐱」的「鐱」字從「層」可證，小篆孳乳從「厃」作「詹」。漢印「儋耳」之「儋」從層，猶存古文。《說文》以詹字為從「言」從「八」從「厃」，段玉裁謂從厃聲，徐灝謂從厂聲，均屬臆說。曾係從八言聲的形聲字，《說文》訓八「象分別相背之形」，曾有分擔之意，故從八。……棓為檐的初文，古籍「擔荷」字本作「檐」或「儋」，擔為後起的俗體字。《漢書 貨殖傳》稱「漿千儋」，顏注謂「儋，人儋之也」，《楚辭 哀時命》稱「負檐荷以丈尺兮」，王注謂「荷曰檐」。節文是說檐荷的人徒，屯集二十檐以當一車。……這不僅可以知道古稱肩挑者為「檐徒」和今日量物以擔為計的來源之遠，同時也可以看出古代勞動人民從事笨重體力勞動的擔負和車載的比重。

---

① 高田忠周：《古籀篇》卷85.8，《金文文獻集成》第34冊，線裝書局據日本說文樓1925年影印本影印，2005年版，第122頁。
② 李家浩先生最早注意到高田忠周的說法，參氏作：〈傳賃龍節銘文考釋〉，載《考古學報》，1998年第1期。
③ 張振林：《「棓徒」與「一棓飯之」新詮》。

儘管字形結構的分析還需要斟酌①，但有可靠字證，且文義貫通，釋「檐」說很快得到古文字學界認同，後來又陸續得到更多資料的驗證，如包山147號簡「二儋之食」的「儋」字作（此處為字形），郭店《緇衣》16號簡「民具爾瞻」的「瞻」字作（字形），所從「詹」旁寫法均與節銘「檐」相同。

　　上博《緇衣》9號簡「民具爾瞻」的「瞻」，原簡作（字形），上部從「广」，與小篆相同；下部所從，或以為是「畐②」，或以為是「酉③」，恐怕還是應該看作「言」旁的變體或訛寫④，同篇「言」字或作（字形）、（字形）（簡16），同類寫法還見於郭店《語叢一》，如（字形）（簡32「善」從），可茲參證。這樣字可以釋為「詹」，讀為「瞻」。

　　上博藏《君子為禮》7號簡有一句話：

　　肩毋廢，毋（字形）

　　劉釗先生認為（字形）是「詹」字異體，讀為「檐」。把國差𦉜「𦉜」字所從旁的「言」改為「口」，就會變得與（字形）完全相同。「造成這種異體寫法的原因，一種可能是因『言』旁與『口』旁作為偏旁可以通用，一種可能『口』旁即是『言』旁之省」。《管子　七法》尹知章注：「檐，舉也。」「『肩毋廢，毋檐』，是說肩膀不要下垂也不要上舉」，這與《新書　行容》「『肩不上下』的說法正合⑤」。

①　參看馮勝君：《郭店簡與上博簡對比研究》，線裝書局2007年版，第125—127頁。
②　馬承源主編：《上海博物館藏戰國楚竹書（一）》，上海古籍出版社2001年版，第183頁。鄒濬智謂字從「詹」省聲，從「畐」，或即「𤮝」字異體，見季旭升主編，陳霖慶、鄭玉姍、鄒濬智合撰：《上海博物館藏戰國楚竹書（一）讀本》萬卷樓圖書股份有限公司2004年版，第104頁鄒濬智按語。
③　李零：《上博楚簡三篇校讀記》，萬卷樓圖書有限公司2002年版，第53頁。
④　參看虞萬里：〈上博簡、郭店簡《緇衣》與傳本合校補證（上）〉，載《史林》，2002年第2期；馮勝君：《郭店簡與上博簡對比研究》，第123頁。
⑤　劉釗：〈《上博五　君子為禮》釋字一則〉，簡帛網2007年7月23日。

上博藏《平王問鄭壽》7號簡云：

溫恭淑惠，民胥██望①

　　陳劍先生認為，將字形和文義結合起來考慮，██只能釋讀為「瞻」，其說甚是。對於字形，他分析說有兩種可能，其一右旁是「甚」字寫訛，「甚」、「瞻」讀音相差不遠，「██」可視為「贍（瞻）」字異體；其二██即「贍（瞻）」字訛體。又指出與██之右旁相同的字形見於郭店《忠信之道》3號簡，作██，但用義不明②。劉釗先生認為██很可能也是「詹」，而無疑就是「贍（瞻）」，所從「詹」旁寫法，與國差𦉜「𦉜」字所從相比，是將其「厂」旁寫到了「██」字的「厸」和「██」的中間；與《君子為禮》██相比，是將其「厂」旁寫在了「██」與「口」的中間③。

　　包山265號簡有器物名稱「瓶██」，第2字右旁原整理者釋為「同」，或釋為「冋」④。如果把它跟「詹」聯繫起來，將字釋為「𦉜」，在文義上也可以講通。「𦉜」同「㼡」，《廣雅　釋器》：「㼡，瓶也。」

　　順便提及，楚帛書有「日月皆亂，星辰不██」句，上博《周易》49號簡有██字，██、██應該釋為何字尚無定論。今本、帛書本《周易》與██相當之字均作「薰」。██、██都跟《君子為禮》██字所從

---

① 「溫」、「惠」的考釋參何有祖：〈讀《上博六》劄記〉，簡帛網2007年7月9日。「胥」字考釋參郭永秉：〈戰國竹書剩義（三則）〉，載氏著：《古文字與古文獻論集》，上海古籍出版社2011年版。
② 陳劍：〈讀《上博（六）》短劄五則〉，簡帛網2007年7月20日。
③ 劉釗：〈《上博五　君子為禮》釋字一則〉。
④ 參看李家浩：〈包山266號簡所記木器研究〉，載《著名中年語言學家自選集　李家浩卷》，安徽教育出版社2002年版。原載於《國學研究》第2卷，北京大學出版社1994年版。

「厂」旁之內的形體非常接近，三者不知是否有關[①]。

5. 金革（—）箭

在楚文字中多見，一般釋為「」。早期學者多認為「金革箭」是軍需品，因此節銘規定不許載運[②]。金、革、箭很容易理解，「」的用法卻不好解釋。郭沫若先生將「」看做與「箭」不同的一類物品，說：《管子　地員》「五位之土……皆宜竹箭求」，尹知章注云「求亦竹類也」，「『求』或『』究係何物，苦難確定。以此銘求之，金與革既異類，則與箭亦必異類，故尹知章以為『亦竹類』，並不足信。疑是做弓桿之材料」。于省吾先生則把「」與「箭」看做同一類物品，認為「」應讀作「簹」，字也作籲或籨，訓為「竹」，「《管子》的『求』，當即《中山經》『求山多簹』的『求簹』，蓋當時的求山以多簹著稱，則移植於他處，因而名之為『求簹』或『求』，也即胡麻、邛竹之比。《竹譜》謂簹竹『江南山谷所饒』，則楚境實多產之。《西山經》和《廣雅》均以『箭簹』為言，可為節文『簹箭』連稱之證」。

于先生的說法在學者中產生較大影響[③]。一直到2004年，馮勝君先生根據楚簡資料，就此提出新說。他認為，「」與「簹」的韻部相隔較遠，恐不能通假；迄今所見楚簡文字，「」無論是獨體還是偏

---

① 參看李靜：《周易集釋》第111—112頁，武漢大學碩士學位論文，2007年5月；張新俊：《上博楚簡文字研究》第135—138頁，吉林大學博士學位論文，2005年4月；蘇建洲：〈《上博楚簡（五）》考釋五則〉，載《中國文字》新32期，〔臺北〕藝文印書館2006年版。

② 如殷滌非、羅長銘先生說：「，借為萌。金革萌箭是製造武器的原料，禁止運往東方，恐其資敵。」郭沫若先生說：「『毋載金革箭』：禁止私行運輸武器。」

③ 如陳世輝、湯余惠先生曾指出，「金，指青銅。革，皮革。箭，或說即竹箭。以上三類屬軍用物資，禁止販運」（〈古文字學概要〉，吉林大學出版社1988年版，第237—238頁）。後來湯先生改變了這種看法，謂「」義「不詳」（氏著《戰國銘文選》，第49頁）。陳抗先生認為「毋載金革箭」，意為「不得運載金屬、皮革、竹、箭竹」（劉翔等編著：《商周古文字讀本》，語文出版社1989年版，第181頁）。

旁，常常用作「龜^①」，尚無明確的用作本字的例子，因此節銘「黽」也應該讀為「龜」。至於金、革、龜、箭被禁止私運，乃因它們當時都是貴重之物：

《周禮　天官　內府》：「凡四方之幣獻之金玉、齒革、兵器，凡良貨賄入焉。」疏引《覲禮》：「一馬卓上，九馬隨之，龜、金、竹、箭，分為三享。」《儀禮　覲禮》：「四^②享，皆束帛加璧，庭實唯國所有。」鄭注：「初享或用馬，或用虎豹之皮。其次享，三牲魚臘，籩豆之實，龜也，金也，丹、漆、絲、纊、竹、箭也，其餘無常貨。」從上引文獻可知，諸侯在覲見天子的時候，要用革、金、龜、箭等物品為贄，如果把鄂君啟車節銘文中的「黽」讀為「龜」，則「金革龜箭」恰好都是諸侯朝見天子時最常用的貢品，這也證明我們把「黽」讀為「龜」是合理的。「金革龜箭」是當時諸侯國君經常要用到的珍貴禮品，所以禁止自由買賣。^③

對於楚文字「黽」用為「龜」的現象，學者多以形誤來解釋。據馮書，吳振武先生認為用為「龜」的「黽」或「黽」旁也可能應該直接釋為「龜^④」。就現有資料看，古文字「黽」、「龜」形體本來比較接近，楚文字中所謂「黽」常常用作「龜」，東周文字中又沒有其他可以確認的「龜」字寫法，因此吳先生的看法很值得重視^⑤。

那麼，根據目前所見楚簡的用字習慣，把節銘所謂「黽」讀為「龜」顯然較舊說更為可信，而且文義也通。不過文獻往往「竹」、

---

① 除馮先生指出的望山、葛陵、上博《曹沫之陳》中的例子外，上博《柬大王泊旱》1、2號簡中的「黽」也是用作「龜」。

② 原注：「四」依鄭注當作「三」。

③ 馮勝君：《郭店簡與上博簡對比研究》，第181—184頁。

④ 馮勝君：《郭店簡與上博簡對比研究》，第183頁。

⑤ 此亦可參看張新俊：《上博楚簡文字研究》，第38—39頁。

「箭」連言，似乎舊說也不能就此徹底否定。

6. 屯三舟為一舿，五十舿，歲一返

節銘舿字的釋讀是一個老大難問題。舿的右旁夸（下文以「夅」代之）在戰國文字中常見：作為獨體字，多見於三晉貨幣銘文（如夅、夅、夅）；作為偏旁，多見於楚文字（如夅、夅、夅、夅）[1]。圍繞舿字釋讀產生的分歧，大都源於對「夅」構形的認識不同。

羅長銘先生最早將舿釋為「舿」，20世紀90年代之前，沒有學者提出異議。關於「舿」的用法，大體可以歸納為兩類意見。其一，讀為「舸」，訓為大船。于省吾先生以「舿」為「舸」之古文，「夸」、「可」古音相近，「夸」本從「于」聲，古從「于」與從「可」聲之字多有「大」義，是「舿」、「舸」二字音義並通。《方言》卷九：「南楚江湘，凡船大者謂之舸。」「舸為大船，所以說『屯集三舟以當一舸』，則『五十舸』抵一百五十舟，是以此數為之限度」。其二，集合量詞。商承祚先生把「舿」與唐宋以後的「網運」制度聯繫起來，歷代每網所含船數各有不同，網制由「舿」發展而來，舿、網名異實同[2]。羅長銘先生讀為「舫」，指出《說文》作「方」，云：「並舟也。」《玉篇》、《廣韻》作「舫」，云：「並兩船。」「以銘文『屯三舟為一舿』證之，則方舟不限於並兩船，亦得並三船[3]」。李零先生認為：「『舿』，是個集合數量，不是船的名稱。集三舟為一『舿』，『五十舿』是一百五十條船，這是舟節的限定運載額。[4]」相較而言，第一種看法得到更多學者認同，影響較大。

① 參看陳劍：〈試說戰國文字中寫法特殊的「夋」和從「夋」諸字〉，載《出土文獻與古文字研究》第3輯，復旦大學出版社2010年版。
② 商承祚：《鄂君啟節考》。
③ 羅長銘：《鄂君啟節新探》。
④ 李零：《楚國銅器銘文編年匯釋》。

1993年，吳振武先生對釋「舿（舸）」說提出質疑。他說：

　　如果把△字釋成當「大船」講的「舸」的話，那麼「屯三舟為
一舸」只能理解為「集（或皆）三舟相當於一舸」。可是，鄂君啟
節在表示這種數量折合關係時，並不用「屯……為……」的句式，
而是用「屯……以當……」的句式。……從這一點看，把△字解釋
成「舸」的說法是很值得懷疑的。另外，跟車節銘文相同位置上出
現的「車五十乘，歲罷返」一語比較，△字也確實不像是某種船的名
稱。……雖然商承祚先生把△字和後世「網運」制度聯繫在一起的
看法不能說是確切的，但這個意見和李零先生把△字看成是一個集
合量詞的意見一樣，已經暗示出△字應該當「船隊」講。事實上，
從銘文上下文看，△字正是「船隊」的意思。再要找出一個比「船
隊」更恰當的說法來，恐怕是很困難的。

　　接下來，吳先生指出，三晉貨幣銘文中作夺、▨等形，舊多釋
「夸」的字，應該分析為從「大」、「豕」省聲，可以隸定為「夻」
或「豢」，讀為「重」。僅看形體，把節銘「夻」說成「夸」似無可厚
非，但它完全有可能也是「豢」，那麼字應該隸定成「艅」，很可能是
中古以後文獻中當「船隊」講的「艅」的古寫。「塚」、「宗」古音
不同，但後世變得非常接近。節銘「屯三舟為一艅，五十艅」，「意思
是說：全都是三條船組成一隊，共五十隊[1]」。
　　同年，何琳儀先生對「夻」之為「夸」作出新的解釋，認為「夻」從
「大」從「丂」，「夸」、「丂」均屬溪母，「于」、「丂」形近易
混，從「大」從「丂」的「夸」（即「夻」），是從「大」從「于」

①　吳振武：〈《鄂君啟節》「舿」字解〉，載《第二屆國際中國古文字學研討會論文集》，香
　　港中文大學中文系1993年10月。引文中的「△」代表節銘舿。

之「夸」的形變兼音變。六國文字「夸」均從「丂」①。

近年，釋「舿」說依然流行，不過伴隨相關資料的增多，對字形、字義出現了進一步的論證或新的理解。

陳偉先生贊同于省吾先生讀「舸」之說，並通過與郭店、上博簡中從「丂」之字的比較（如，《老乙》14「巧」；，《周易》18「考」；，《內禮》7「巧」；，《內禮》9「孝」），進一步說明「夲」可分析為從大、丂聲，「夲」也許就是「夸」的通行寫法②。

董珊先生將上博藏《莊王既成》3至4號簡「載之專車以上乎，殹四以逾乎？」的從整理者說釋為「舿」，但讀為「航」③，同時提出節銘「舿」也應該讀為「航」，他說：

「屯三舟為一舿，五十舿歲一返」，此「舿」應當讀為「航」。《說文》：「舫，方舟也。從方，亢聲。《禮》：天子造舟，諸侯維舟，大夫方舟，士特舟。（小徐本「大夫方舟」作「大夫舫舟」。）（臣鉉等曰：今俗別作航，非是。）」其所謂「《禮》」，見《春秋公羊傳》宣公十二年何休《解詁》引以及《爾雅 釋水》，李巡注：「並兩船曰方舟也。」又《說文》「方，並船也。象兩舟省總頭形。」《方言》卷九：「舟，自關而西謂之舟，自關而東或謂之舟，或謂之航。」郭璞《音義》：「航，行伍。」可見，「航」既為兩

① 何琳儀：〈句吳王劍補釋——兼釋塚、主、开、丂〉，載《第二屆國際中國古文字學研討會論文集》。
② 陳偉：〈《鄂君啟節》——延綿30年的研讀〉。
③ 劉洪濤先生贊同讀為「航」，但將字釋為「䑶」，參氏作：〈釋上博竹書《莊王既成》的「航」字〉，簡帛網2007年7月20日。李守奎先生認為字的右旁與「希」相同，可能是「奎」的形訛，但更可能是「奎」有與「希」相近的讀音，參氏作：〈楚文字考釋獻疑〉，載張光裕、黃德寬主編：《古文字學論稿》，安徽大學出版社2008年版。宋華強先生認為字應分析為從「舟」、「希」聲，讀為「船」，參氏作：〈釋《上博六 莊王既成》的「船」〉，簡帛網2011年1月6日。

船相並之稱，再轉為量詞，指三舟為一組，是容易理解的詞義引申。冉鉦鍼銘（00428）：「自作鉦鍼，以□其船其航，□□□大川，以□其陰其陽」。其「航」字原作𦨶，從「亢」聲。冉鉦鍼銘文有韻，主要是魚、陽合韻，「航」字押韻的情況也可以證明釋讀不誤。可見「航」字也是早已有之，並非俗別字。①

此外，也有學者對𦨶字提出新釋。

李守奎先生明確指出將「夻」釋為從「于」的「夸」字形證據不足，楚文字「于」無論是獨體字還是偏旁，無一例外作，「夻」的下部釋「丂」、釋「主」皆有可能，但釋「于」的可能性最小，「夻」應隸定為「奎」，節銘「𣎴」字可從吳說讀為「牄②」。

受讀𦨶為「航」說啟發，陳劍先生將包括三晉貨幣銘文等資料在內的「夻」全部改釋為「亢」。他認為，比較原始的「夻」字寫法中（主要是貨幣銘文），其上半部分如、、、、，正是「亢」字：

在「夻」較原始的字形中，實際上就包含有「亢」字。這個成問題而形體又並不複雜的「夻」旁，字形上除了一般的分析為「大」跟「于」或「主」兩部分，還能另外再找到拆分辦法，恐怕不是偶然的。這也大大堅定了我們的信心。當然，「夻」後來的變化，則反映出在書寫者心目中確實已經被拆分為「大」和「主」上下兩個部分了，「亢」形已經遭到破壞。

---

① 董珊：〈讀《上博六》雜記〉。陳劍先生指出裘錫圭先生在為施謝捷先生《吳越文字彙編》所作《序》中，已指冉鉦鍼「這個字也許是『航』字」（《試說戰國文字中寫法特殊的「亢」和從「亢」諸字》）。《吳越文字彙編》由江蘇教育出版社於1998年8月出版。

② 李守奎：《楚文字考釋獻疑》。他認為吳振武先生所說三晉貨幣銘文中的「豪」，與楚文字「夻」可能是來源不同的兩個字，因為「豪」的下部豎筆一律向左彎曲，而楚文字「夻」下部較直，頂上多有一橫。

至於形下面多出的筆劃，可能最初是在橫筆下加一斜筆或豎筆，而後逐漸演變成與「主」形相同。因此在字形上傾向於認為，「『夲』就是六國文字中添加飾筆而形成的特殊寫法的『亢』字①」。

　　今按，單純從字形看，「夲」確實不會是從「大」、「于」聲的「夸」字，其下部與「丂」、「主」形體一致，與「冢」的關係似乎也有討論空間②，如果把它釋為「亢」，字形發展脈絡的推定也有待進一步證明③。那麼夲究竟相當於現在的哪個字，還是無法確定。從文義看，吳振武先生對讀「舸」之說的質疑很有道理，夲很可能是「船隊」之意，不過「艐」字出現較晚，把夲與「艐」聯繫在一起，中間存在缺環。董珊先生最早把夲讀為「航」，謂「屯三舟為一航」指「三舟為一組」，對文義的理解與吳先生大體相同，但「航」字見於同屬戰國時期的冉鉦鍼銘，從這點看，讀「航」比讀「艐」更讓人信服。回過頭來看字形，如果把夲釋為「航」，與文義完全貼合；如果把夲字釋為「舿」（這樣只能將「夲」理解為從大、丂聲），「舿」是溪母魚部字，「航」是匣母陽部字，兩字古音非常接近，「舿」讀為「航」也沒有問題。需要指出，早年羅長銘先生把「舿」

---

① 陳劍：《試說戰國文字中寫法特殊的「亢」和從「亢」諸字》。
② 西周金文「塚」作、（《金文編》，第651頁），何琳儀先生分析為從「冢」（或豭），「主」聲，字形上的證據不是非常充分。戰國文字「冢」多從「主」聲，如包山簡中的「冢」或作（簡202）、（簡225）。如果「主」和「冢」借筆，就會形成、（《戰國文字編》，第620頁）這種寫法的「冢」字。戰國文字中「冢子」合文或作，「冢」字省去「冢」旁，陳劍先生所說的比較原始的「夲」字寫法的下部，如，或許就是這種省體「冢」字的變體；又作，「冢」字省去「冢」旁，同時與所附加聲符「主」借筆，比較原始的「夲」字寫法的下部，如，或許是這類「塚」字的變體。我們不贊成李守奎先生把楚文字「夲」和貨幣銘文的看作兩個字，但他說的下部和楚文字「夲」的下部有一定區別，是有啟發性的。
③ 按照陳劍先生對「夲」字形體的討論，其發展脈絡或許可以與「亨」字類比。古文字「亨」本作、（《金文編》，第377—379頁），睡虎地秦簡和馬王堆帛書或作、，在字形下方添加長斜筆或豎筆；又作、，斜筆上再添加橫筆，參陳振裕、劉信芳著：《睡虎地秦簡文字編》，湖北人民出版社1993年版，第28頁；張守中撰集：《睡虎地秦簡文字編》，文物出版社1994年版，第80頁；陳松長編著：《馬王堆簡帛文字編》，文物出版社2001年版，第216—217頁。

讀為「舫」，「舫」、「航」本義相同，羅先生已經指出節銘「舿（舫）」意即「並三船」，雖然沒有就此進一步申說，推測他對文義的理解，應該與讀「航」的說法相近。

那麼，就現有資料及成果看，舿讀為「航」的可能性最大，但字形的解釋尚需進一步斟酌。

最後說明，不論把「夲」看成「夸」、「豪」、「奎」或「亢」，學者們分別根據自己的理解對相關辭例的含義作有討論，這裡就不一一說明了。

第四章　河南淅川下寺楚鄔氏墓銅器

　　淅川縣位於河南省西南部，下寺在縣城南約50公里，屬於丹江庫區。1977年，受庫水沖刷影響，下寺墓地被發現。1978至1979年，河南省文博部門在下寺墓地清理、發掘春秋中晚期大、中型楚墓9座，小型楚墓15座[①]。大、中型墓除4號墓、11號墓外，其餘7座（1、2、3、7、8、10、36）都出土了有銘銅器。

第一節　墓葬概況與出土的有銘銅器

　　1號墓有銘銅器共18件[②]，其中鄔子佣器6件（飤䀇鼎2、瑚2、尊缶2）[③]、孟滕姬浴缶2件、江叔☒尊鬲1件，另外有鈕鐘9件，作器者人名均被刮去。

　　2號墓有銘銅器共56件，其中鄔子佣器16件（緐鼎2、䀇鼎4、浴鼎

①　本節所述淅川楚墓概況除注明者外，均依據發掘報告，即河南省文物研究所、河南丹江庫區考古發掘隊、淅川縣博物館：《淅川下寺春秋楚墓》，文物出版社1991年版。

②　該墓還有2件升鼎原有銘文，但被鏟去，參《淅川下寺春秋楚墓》，第60頁。

③　鄔，原器銘又作鄦、鄝，諸形聲符音通，為一字之異體。參李零：〈再論淅川下寺楚墓──讀《淅川下寺楚墓》〉，載《文物》，1996年第1期；李家浩：《楚國𥫱氏銅器銘文研究》，此文係據作者2002年6月在吉林大學所作演講錄音整理，蒙馮勝君先生惠賜。

1、簋1[①]、浴缶2、尊缶2、盥盤1、盥匜1、戈1、矛1）、王子午器9件（升鼎7、戟2）、王孫誥器28件（甬鐘26、戟2），另外有薦鬲2件，作器者名均被刮去；鑒1件，銘殘。

3號墓有銘銅器共11件，其中倗子倗器5件（飤鼎1、㠱鼎1、浴缶2、尊缶1[②]）、鄬中姬丹器2件（盥盤1、會匜1），另外有瑚4件，作器者名均被鏟去。

7號墓有銘銅器3件，其中中妃衛旅瑚2件、東姬會匜1件。

8號墓有銘銅器共8件，其中楚叔之孫以鄧器4件（綕鼎1、會匜1、戟2）、畢孫何次器3件（簿瑚1、飤瑚2）、叔嬭番妃螣瑚1件。

10號墓有銘銅器17件，作器人都是䚨，其中䚨鎛8件、䚨鐘9件。

36號墓出土蓼子疫戈1件[③]。

凡有銘銅器114件。

關於各墓年代和墓主，結合考古研究和各墓出土器銘，整理者認為：7、8號墓時代為春秋中期後段，可能是夫妻異穴合葬墓，以鄧當為8號墓墓主。10號墓屬春秋晚期後段，出土䚨器提到䚨曾與楚成王結盟，而成王所處時代為春秋中期前段，所以䚨不會是10號墓墓主。1、2、3號墓都出有倗子倗器，其中2號墓位於整個墓地的中心，地位重要。該墓王子午升鼎蓋銘作「倗之繜鼑」，器銘又有「令尹子庚」之名，因此倗、王子午、令尹子庚當為一人，也就是2號墓墓主。王子午即文獻所載「公子午」。《左傳》襄公十二年（楚共王三十年，前561年）「秦嬴歸於楚，楚司馬子庚聘於秦，為夫人寗，禮也」，杜預注：「子庚，莊王子午也。」襄公十五年（楚康王二年，前558年）：

---

① 還有1件殘簋，形制或同，參《淅川下寺春秋楚墓》，第130頁。

② 還有1件殘缶，尚未修復，參《淅川下寺春秋楚墓》，第226頁。

③ 「疫」舊釋為「妝」，此釋參陳劍：〈說「安」字〉，載《語言學論叢》第31輯，商務印書館2005年版；郭國權：《河南淅川縣下寺春秋楚墓青銅器銘文集釋》第19頁，吉林大學碩士學位論文，2008年5月。

「楚公子午為令尹。」子庚死於楚康王八年（前552年），此年很可能就是2號墓的絕對年代[①]。王孫誥器和王子午器出土於同一座墓中，王子午和王孫誥很可能是父子關係。1、3號墓分列2號墓南北兩側，墓主分別是孟滕姬、鄬中姬丹，她們都是子庚夫人，與子庚異穴合葬。

墓葬資料公佈後，在整理者研究基礎上，學者展開進一步討論，關於2號墓墓主身分及子佣、王子午、王孫誥之間的關係，成為學者討論的焦點。

李零先生認為，2號墓墓主應該是子佣。「」，銘文或作「鄬」，「鄬」、「蒍」都從「為」得聲，「馮」和「朋」聲字在古書中有通用之例，子佣即文獻中的蒍（亦作「蒍」）子馮。蒍子馮在王子午（子庚）死後次年出任令尹，三年後卒於任，是2號墓年代大約為楚康王十二年（前548年）[②]。墓中出土的王子午和王孫誥器可能是他們送給蒍子馮的。下寺楚墓，可能是蒍氏族墓[③]。陳偉先生則認為王子午、王孫誥器出現在蒍子馮墓中，可能是其家族在政治鬥爭中失敗而被蒍子馮取室、分室所致[④]。

張亞初先生認為，王孫是對王子而言，王子午、王孫誥應該是父子關係。子佣應該不是蒍子馮。在古人看來，禮器是不能隨便送人的，而且2號墓出土王子午、王孫誥父子禮、樂、兵器數量較大，都以饋贈和賵賻來解釋很難令人信服。王子午、王孫誥和子佣，應是祖孫三代。王子午是共王的弟弟，「對共王的兒子康王、靈王、平王講，都可稱為楚叔，即楚王叔。楚叔是對共王而言的。楚叔之孫就是王子

① 整理者說最早見於發掘簡報（河南省丹江庫區文物發掘隊：〈河南省淅川縣下寺春秋楚墓〉，載《文物》，1980年第10期），後在發掘報告中有進一步申述。
② 李零：〈「楚叔之孫佣」究竟是誰——河南淅川下寺二號墓之墓主和年代問題的討論〉，載《中原文物》，1981年第4期。此文附記提到李家浩先生有類似看法。
③ 李零：《楚國典型銅器墓的年代與楚器的分類研究》第6、9頁，中國社會科學院研究生院碩士學位論文，1982年6月；李零：〈論東周時期的楚國典型銅器群〉，載《古文字研究》第19輯，中華書局1992年版。
④ 陳偉：〈淅川下寺二號楚墓墓主及相關問題〉，載《江漢考古》，1983年第1期。

第四章 河南淅川下寺楚鄬氏墓銅器

午之孫。王子午與王孫誥是父子，所以楚叔之孫當然也就是王孫誥之子」，這樣「王子午、王孫誥的成套青銅禮、樂器出現在其子孫楚叔之孫佣的墓中，也就不難解釋了 ①」。

李家浩先生在上述研究基礎上，提出比較新穎的看法。他贊同佣子佣即蒍子馮，土子午、王孫誥、佣子佣是祖孫三代。「誥」、「敖」古音相通，王孫誥應即《左傳》杜注所說蒍子馮的父親蒍敖。蒍敖在楚莊王十七年前後擔任過宰的職務，王孫誥鐘銘所說「敬事楚王」、「以樂楚王」的楚王，大概是楚莊王（前613—591年在位）。王子午鼎中諸家釋為「庚」的字，實際上是「康」字，銘文「令尹子康殹民之所亟」應斷讀為「令尹子康殹，民之所亟」，「康殹」是王子午的字，此王子午與文獻中的公子午不是同一個人，兩人名同字不同。鼎銘中的王子午不見於文獻記載。先秦時期人名有「從祖與從孫、從父與從子可以同名」的制度，鼎銘的王子午很可能是楚成王的兒子，和楚莊王的兒子公子午是從祖與從孫的關係，所以楚國有兩個王子午並不奇怪 ②。

綜合來看，各家都認為佣子佣是2號墓墓主，殆無可疑。從銅器出土情況和人名稱謂看，王子午、王孫誥和佣子佣很像是祖孫三代；從音讀看，認為佣子佣即蒍子馮也很有道理，不過這兩種觀點難以同時並存。其一，李家浩先生所說「康」字，原器作，字形上更接近於「庚」，釋為「康」不很可信。其二，鼎銘中的王子午和令尹子庚是同一個人；文獻中楚莊王之子公子午字子庚，也做過令尹，這種巧合似乎很難說鼎銘王子午和文獻公子午不是同一個人，而文獻中的公子午不可能是蒍子馮的祖父。如果認為佣子佣是蒍子馮，就需要解釋王子午、王孫誥父子的器物為什麼大量出現在蒍子馮的墓中，已有的贈送、

---

① 張亞初：〈淅川下寺二號墓的墓主、年代與一號墓編鐘的名稱問題〉，載《文物》，1985年第4期。
② 李家浩：《楚國蒍氏銅器銘文研究》。

劫掠說證據都不夠充分。

　　淅川下寺春秋楚墓銅器銘文是繼壽縣朱家集戰國楚王墓銅器銘文之後，楚國銅器銘文的第二次大規模發現，其內容與楚王族有關，並涉及到滕、江、蔡、蓼等國，對於研究春秋中晚期楚國的歷史文化、楚與周邊侯國的關係具有重要價值，更為春秋時期楚文字字形及楚文字鑄刻研究提供了豐富資料，加深了人們對楚文字的認識。

第二節　銅器銘文概況

一、銘文文例和基本內容

　　除樂器外，淅川楚墓銅器銘文文例大都比較接近，字數少的在10字以內，只記器主名（或在人名前記身分）和器名，如：

　　楚叔之孫佣之飤鑐　（M1佣鑐鼎）
　　佣之尊缶（M1佣尊缶）
　　佪子佣之尊缶（M2佪子佣尊缶）
　　佣之盥盤（M2佣盥盤）
　　王子午之行戟（M2王子午戟）
　　佣之缶（M3佣浴缶）
　　以鄧之用戟；以鄧之戟（M8以鄧戟）

　　字數較多的在20至40字之間，依次記錄製造器物的時間、作器人或器主、器名和吉語，如：

　　隹正月初吉丁亥，孟滕姬擇其吉金，自作浴缶，永保用之。（M1孟滕姬浴缶）

隹王正月初吉丁亥，蔡侯作媵鄘中姬丹會匜，用祈眉壽，萬年無疆，子子孫孫永保用之。（M3鄘中姬丹會匜）

　　隹王正月初吉乙亥，宣王之孫，雖子之子東姬，自作會匜，其眉壽萬年無期，子子孫孫永寶用之（M7東姬會匜）。

　　隹正月初吉丁亥，楚叔之孫以鄧擇其吉金，鑄其𢀰鼎，永寶用之。（M8以鄧鼎）

　　隹正月初吉乙亥，畢孫何次擇其吉金，自作鐕瑚，其眉壽萬年無疆，子子孫孫永保用之。（M8何次鐕瑚）

　　隹正月初吉丁亥，上郡公擇其吉金，鑄叔嬭番妃媵瑚，其眉壽萬年無期，子子孫孫永寶用之。（M8叔嬭番妃媵瑚）

　　還有几件器銘，是在這類銘文的基礎上省略作器時間，如1號墓江叔🔲鬲、2號墓薦鬲、3號墓佣浴𦥑鼎等。2號墓王子午鼎銘，則在這類銘文的基礎上，加入更多祈福、自夸的話，達80餘字，成為樂器之外最長的銘文：

　　隹正月初吉丁亥，王子午擇其吉金，自作🔲彝𥂁鼎，用享以孝於我皇祖文考，用祈眉壽。溫恭舒遲 ①，畏忌翼翼，敬厥盟祀，永受其福。余不畏不差，惠於政德，淑於威儀，闌闌獸獸。令尹子庚，殹民之所極。萬年無期，子孫是制。

　　其中間自「溫恭舒遲」至「淑於威儀」一段文字，也見於王孫誥鐘。

　　跟上述銘文相比，1號墓佣戈銘文文例比較特殊：

---

① 溫，原銘作🔲、🔲，即盈之初文，從皕（南）聲，王孫誥鐘作🔲。參劉釗：〈釋慍〉，載《容庚先生百年誕辰紀念文集》，廣東人民出版社1998年版。

新命楚王樊[1]，雁受天命。佣用燮不廷，陽利□□，戲□唯□□。

「樊」或是新即位的楚王之名[2]。

淅川楚墓共出土帶銘樂器4套，每套均形制相同，大小相次。

1號墓出土鈕鐘9枚，其中8枚分別兩兩合鑄一篇銘文，另外一枚僅鑄銘文前半段，或者缺失一鐘。每篇銘文相同，46字：

佳王正月初吉庚申，□□□□自作永命，其眉壽無疆，敬事天王，至於父兄，以樂君子。江漢之陰陽，百歲之外，以之大行。

鈕鐘器主名已被刮去，學界通稱「敬事天王鐘」。「天王」一詞最早見於《春秋》經傳，指周天子[3]。

2號墓出土王孫誥鐘26枚，大鐘每鐘鑄一篇銘文，小鐘2、3或4個合鑄一篇銘文，每篇銘文相同，100餘字，內容主要是褒揚鐘的音色及自夸、宴樂、祈福之類的話：

佳正月初吉丁亥，王孫誥擇其吉金，自作龢鐘，終翰且揚，元鳴孔煌，有嚴穆穆，敬事楚王。余不畏不差，惠於政德，淑於威儀，溫恭舒遲。畏忌翼翼。肅哲臧哉，聞於四國，恭厥盟祀，永受其福，武於戎攻，謀猷丕飭。闌闌龢鐘，用宴以喜，以樂楚王、諸侯、嘉賓及我父兄、諸士。趄趄趄趄，萬年無期，永保鼓之。

① 「樊」字釋讀參看程燕：〈釋樊〉，簡帛網2011年1月6日。
② 參看《淅川下寺春秋楚墓》，第375頁；李零：〈再論淅川下寺楚墓——讀《淅川下寺楚墓》〉。
③ 參看李零：《楚國典型銅器墓的年代與楚器的分類研究》，第7頁；〈論東周時期的楚國典型銅器群〉。

10號墓出土龘鎛一套8枚，龘鐘一套9枚。鎛或者1枚鑄一篇銘文（M10:73、74、75），或者2枚合鑄一篇（M10:76—77、M10:78—79），另外80號鎛僅鑄銘文上半段，應該還有1鎛鑄銘文下半段，惜未發現。是8枚鎛鐘共存五篇半銘文。五篇銘文大體相同，可以細分為兩組，第一組是73、74號鎛銘，行款比較特殊，舞部鑄有銘文，除73號的「匕」，74號作「扎」外，兩者銘文完全相同，茲以保存狀況較好的74號鎛為例，錄其銘文如下：

　　龘擇吉金，鑄其訊鐘，音贏少熾揚 [1]，穌平均煌，霝色若華，扎諸馨磬，至諸長竿，會平鎗鎗，歌樂以喜。凡及君子父兄，永保鼓之，眉壽無疆。余呂王之孫，楚成王之盟僕，男子之樊，余不弒在天之下，余臣兒難得。[2]

　　其他各鎛舞部均未鑄刻銘文，銘文完全相同，但與73、74號存在細微差別，可劃歸第二組。在內容上，如第一組的「歌樂以喜」、「永保鼓之」，第二組作「歌樂自喜」、「千歲鼓之」；第一組「音贏少戠旘」、「余呂王之孫」，第二組在「音」前多「其」字、「余」前多「龘」字。除此之外，兩組還存在異體字，如第一組的訊、戠、旘、煌，第二組分別作反、則、湯、誽；第一組的匕（扎），第二組均作「歧」。儘管差別不大，但似乎也說明兩組器銘是依據不同底本而鑄。龘鐘中有3枚合鑄一篇銘文，其他鐘銘多不能連讀或不能卒篇，其行文跟鎛銘第二組類同。

---

① 熾，從馮勝君先生讀，參氏作：〈龘鐘銘文解釋〉，載《吉林大學古籍整理研究所建所十五周年紀念文集》，吉林大學出版社1998年版。

② 色、樊從李家浩先生讀。平，它器或作尹，李家浩先生據傳抄古文釋為「奏」，認為這裡的「平」是「奏」的訛寫，「會奏」讀為「合奏」，其說當是。參氏作：〈龘鐘銘文考釋〉，載《著名中年語言學家自選集　李家浩卷》，安徽教育出版社2002年版。

還需要提出的是，114件有銘銅器中，有55件記載了作器時間，作器時間比較一致，都是「正月初吉」，日子大都是「丁亥」。學者多以為非紀實之詞[①]。

二、銘文的鑄刻與現狀

淅川出土銅器銘文都是鑄刻，字形大都比較狹長，筆劃屈曲，具美術化傾向。銘文有行款不一的情形，如東姬會匜，銘文共7行，後4行的字形、字距明顯大於前3行。

一些器物的作器者人名其至通篇銘文都被刮去，如1號墓的9件鈕鐘、2號墓的2件薦鬲，3號墓的4件瑚，作器者名均被刮去；1號墓的2件升鼎，可能原有8行銘文，但全部被刮磨去除[②]。整理者指出這些器物可能原來並非墓主所有，李零先生說這類器物可能是籍沒之器[③]。這種現象也見於其他地方出土的有銘銅器，如安徽壽縣蔡昭侯墓出土的成組蔡侯鐘、鎛，上面的蔡侯名均被刮去。李學勤先生認為它們本是蔡平侯器，蔡昭侯與平侯有殺父之仇，因而刮掉了平侯之名[④]。另外10號墓的1件䱷鐘（M10:83）原有5字，正面鉦部的兩字被鏟去，現只存背部「之孫楚」三字[⑤]。

銘文中也存在脫漏、錯訛之字。脫漏的例子如編號為M8:3的何次飲瑚蓋脫漏「吉」字，編號為M1:24的鈕鐘脫漏「歲」字，編號為M2:4、M2:5的王孫誥鐘分別脫漏「龢」、「肅」兩字，「臧」一字。又編號為M10：76的䱷鎛，鉦部銘文作「䱷擇吉金，鑄其音贏」，與

---

① 參看伍仕謙：〈王子午鼎、王孫齊鐘銘文考釋〉，載《古文字研究》第9輯，中華書局1984年版。

② 整理者指出，1號墓的瑚蓋（M3:16）被刮去的頭兩字似是「王子」，升鼎（M1:55）有一「王」字尚可辨認，參《淅川下寺春秋楚墓》，第222頁、第60頁。

③ 李零：〈再論淅川下寺楚墓——讀《淅川下寺楚墓》〉。

④ 李學勤：〈由蔡侯墓青銅器看「初吉」和「吉日」〉，載《中國社會科學院研究生院學報》，1998年第5期。

⑤ 來國龍先生對春秋銅器銘文的磨毀現象做過專門探討，參氏作：〈記憶的磨滅：春秋時期銅器上有意磨毀及改刻的銘文〉，「二十年來新見古代中國青銅器國際學術研討會：首陽齋藏器及其他」論文，芝加哥大學顧立雅中國古文字學中心、芝加哥藝術學院，2010年11月。

其他鎛鐘銘文相比，知「鑄」、「其」之間漏鑄「其反鐘」三字，應該是涉「其」字而訛脫。錯訛的例子如編號為M3:14的佚名瑚，底部銘文有█字，從字形看是「之」，從文義看當是「乍（作）」，整理者認為係「作」字之訛，其說是。同件瑚的蓋銘相當之字作█、編號為M3:15的瑚蓋相當之字作█，都是「作」的標準寫法。M3：15器底銘文「作」作█，把前兩例「作」右部兩橫筆中上面的橫筆變成向上的曲筆。同樣寫法的「作」也見於其他銘文，如壽縣朱家集所出酓前鈕鼎（《集成》4.2479），作█（從「又」）。由這類寫法的「作」，可推測M3:14瑚銘「作」的訛變軌跡。再如2號墓的倗盥匜，自銘為「盤」，整理者認為是「匜」的誤寫。

除外，銘文中還有形體比較特殊的字。如█器銘「君」字或作█（M10：74），也許是因鑄造原因而產生的字形訛變。古文字「年」本從「人」或「千」聲，王孫誥鐘「年」字作█（M2:21），在「千」的豎筆末端加一短橫，使字形演變為從「壬」。

編號為M1:72的孟滕姬浴缶蓋銘「其吉金」三字形體較小，字距較密，筆劃纖細；「保用」兩字與其上下的「永」、「之」間距較大，整理者認為這五字可能是鑄後又補刻的[①]。更確切地說，它們大概是在鑄造者發現銘文錯訛後，把錯字刮磨掉然後再補刻的。

第三節　銘文釋讀舉例

淅川下寺銅器銘文中的疑難字不多，王子午鼎銘中的█（█）可算是其中有代表性的一個。此字以往在其他銅器銘文中多次出現，有「猷」、「斋」、「鬲」、「酬」、「歷」等多種釋讀，其中以吳

---

① 從拓本看，「自」字和「其吉金」三字情形相同。

振武先生釋「歷」說影響最大。吳先生認為「」即「瀝」字，讀作「歷」，陳列之意。因這種成組的銅器在陳列時是成行成列的，故字從「辵①」。不過李零先生認為，此字不僅見於鼎、簋，也見於瑚、浴缶、方壺，後者往往只出一對，釋為列次之義仍有可疑②。因此此字的釋讀目前還沒有得到徹底解決。這裡我們重點談談鄹器銘文中的「匕」和「及」字。

1. 匕諸鬻鬻

匕，原器銘多作（M10:76），可以隸定為「貱」；又作（M10:73），早期學者均隸定作從「十」，或以為當釋為「夅」，《說文》：「夅，相次也。③」或以為「貱」是正字，字即「批」，訓為「击④」；或以為字同「比」，訓為次、雜次⑤。郭店簡發表後，為此字的考釋打開了新思路。

郭店簡有字作（《唐虞》28）、（《忠信》2）、（《語三》16），左旁顯然從「才」，當隸定作「朼」。「朼」在文中可以肯定的用法是通為「必」。「匕」、「比」古通用，「比」（幫母脂部）與「必」（幫母質部）古音相近，在傳世文獻中有通假之例；「閉」、「閟」與「必」音同，郭店簡《老子乙》、《語叢四》中都有「閟」用為「閉」的例子，因此「朼」很可能是從「閟」省聲，「匕」亦聲，係雙聲符字。郭店簡「朼」又作、（《語二》47、29），大概也用為「必」。兩相比照，可知鄹器銘應該與郭店簡的「朼」是同一個字⑥。古

① 吳振武：〈釋鬻〉，載《文物研究》第6輯，黃山書社1990年版。
② 李零：〈再論淅川下寺楚墓——讀《淅川下寺楚墓》〉。
③ 董珊：《東周題銘校議（五種）》第10頁，吉林大學碩士學位論文，1997年5月。
④ 張亞初：〈金文新釋〉，載《第二屆國際中國古文字學研討會論文集》，香港中文大學1993年10月。
⑤ 馮勝君：《鄹鐘銘文解釋》。
⑥ 參看李天虹：〈郭店楚簡文字雜釋〉，載《郭店楚簡國際學術研討會論文集》，湖北人民出版社2000年版；又可參劉釗：〈讀郭店楚簡字詞劄記〉，載《郭店楚簡國際學術研討會論文集》。

文字「才」、「十」形體本來比較接近，█的左旁當是「才」的變體。戲器銘有「余不惢才（在）天之下」一句，「才」字原銘或作█（M10:79）、█（M10:69），是標準「才」字；又作█（M10：73）、█（M10：75）①，形體與█字左旁及「十」字無別。

今字書不見「朳」字。何琳儀先生贊同將戲器銘█釋為「早」，認為郭店簡「朳」也應該釋為「早」，字本從「十」，受「才」演變之類化而誤從「才②」。「早」（幫母幽部）與「比」、「必」韻部相隔較遠，是說恐怕不很可信。

2. 凡及君子父兄

及，原器銘多寫作從「人」從「又」，是「及」字的通常寫法。但78號鎛鐘作█，寫法與「人」無別；76號作█，形體也與「人」接近，均不見「又」旁。李家浩先生認為78號鎛鐘的「人」是「及」字之誤③，李守奎先生認為銘文漏刻「又」旁④。

今按，《說文》古文「及」或作ᒧ，形體跟戲器銘█、█有相近之處，或即是「人」形的訛變⑤，那麼戲器銘和《說文》古文都把「及」寫作了「人」形。不同材料都把「及」寫作「人」形，或者不是訛誤這麼簡單。類同現象也見於其他楚文字資料。如郭店《性自命出》17號簡云「聖人比其類而論會之，觀其之後而逆順之」，裘錫圭先生指出「之後」當是「先後」之誤⑥。此後公佈的《性自命出》的另一版本上博藏《性情論》中，與「之後」對應之處正作「先後」，可證裘先生「之後」本是「先後」的說法正確。無獨有偶，曾侯乙墓

---

① 李家浩先生將此字釋為「甲」，參氏作：《戲鐘銘文考釋》。

② 何琳儀：〈郭店竹簡選釋〉，載《簡帛研究二〇〇一》，廣西教育出版社2001年版。

③ 李家浩：《戲鐘銘文考釋》。

④ 李守奎：《楚文字編》，華東師範大學出版社2003年版，第181頁。

⑤ 76號鐘和《說文》古文「及」的寫法，也有可能是為了把「及」跟「人」區分開，而特意把「人」形稍作改變。

⑥ 荊門市博物館：《郭店楚墓竹簡》，文物出版社1998年版，第182頁注9。

漆箱銘有「之匜」之語，與同器銘「後匜」相對應，所謂「之」顯然也是用作「先^①」；上博藏《君人者何必安哉》（甲本）5號簡「先王」之「先」，原簡亦寫作「之^②」，這兩例用作「先」的「之」，大多數學者也認為是訛寫。還可留意的是，「及」寫作「人」，是在「及」字基礎上省略了「又」旁；「先」寫作「之」，是在「先」字基礎上省略了「人」旁。這種現象究竟應該如何解釋，非常值得進一步思考^③。

---

① 參看張新俊：《上博楚簡文字研究》第98頁，吉林大學博士學位論文，2005年4月。張先生認為漆箱銘「之」是「先」字誤書。張先生此說蒙劉洪濤同學惠為提示。

② 復旦讀書會：〈《上博七 君人者何必安哉》校讀〉，復旦網2008年12月31日。又載《出土文獻與古文字研究》第3輯，復旦大學出版社2010年版。

③ 這裡關於「及」字的討論曾於2010年下半年在武漢大學簡帛研究中心開設的「古文字學通論」課程上講讀過。後來讀到張新俊先生的〈釋上博簡《凡物流形》中的「及」〉（簡帛網2011年4月14日），知張先生有大體相同的看法，讀者可以參看。另外張先生把《凡物流行》10號簡的「人」也讀為「及」，如果是說成立，楚文字「及」寫作「人」形又多一例證。

第五章 附：湖北隨縣曾侯乙墓銅器

　　曾侯乙墓位於湖北省隨縣縣城（今隨州市市區）西北約2公里的擂鼓墩、一個名叫「東團坡」的小山崗上，原編號為擂鼓墩1號墓。1977年9月，曾侯乙墓被當地駐軍偶然發現，並於次年5月至6月進行正式挖掘。該墓大體保存完好，出土了以編鐘、竹簡為代表的隨葬物品15000餘件，成為令世人矚目的重大發現 ①。

　　曾侯乙墓為岩坑豎穴墓，平面呈不規則多邊形，總面積220平方公尺。墓坑原深約13公尺，坑內木槨分為北、東、中、西四室。東室放置主棺、陪葬棺，另有兵器、樂器、漆器和金器；中室主要放置編鐘等禮樂器；西室主要放置陪葬棺；北室主要放置兵器、車馬器，竹簡也出土於北室。

　　墓主男性。墓中所出青銅禮樂器、用器上大都有「曾侯乙作持用終」或「曾侯乙作持」的銘文。不少兵器上也有「曾侯乙」之

---

① 　參看隨縣擂鼓墩一號墓考古發掘隊：〈湖北隨縣曾侯乙墓發掘簡報〉，載《文物》，1979年第7期；裘錫圭：〈談談隨縣曾侯乙墓的文字資料〉，載《文物》，1979年第7期（本章引用裘錫圭先生說凡出自此文者，文中不再出注）；黃翔鵬：〈先秦音樂文化的光輝創造——曾侯乙墓的古樂器〉，載《文物》，1979年第7期；湖北省博物館：《曾侯乙墓》，文物出版社1989年版。需要特別說明，本章寫作參考了蕭聖中先生所作〈曾侯乙編鐘的文字與書法藝術——編鐘銘刻文字的綜合考察〉稿本（收入鄒衡、譚維四主編《中國曾侯乙編鐘》，待刊），2006年1月。該稿本蒙蕭先生惠賜並允參考。

名。與編鐘同出的楚王酓章鎛，是楚惠王為曾侯乙宗彝所作。上述
資料相加，共計有208處出現「曾侯乙」三字，充分說明曾侯乙就是
墓主。

宋代湖北安陸曾出土兩件銘文與酓章鎛相同的銅鐘，鐘、鎛紀
年都是「唯王五十又六祀」，楚國只有惠王在位超過56年，而且名
「章」，因知此紀年是楚惠王熊章五十六年 ①，即公元前433年。這是
曾侯乙下葬年代的上限。據骨架測定，曾侯乙去世時的年齡是42至45
歲。即便惠王做鐘之年曾侯乙尚在人世，按常理推測，曾侯乙也應該
不會很年輕。這樣從楚惠王五十六年鑄鐘到曾侯乙下葬，相隔時間應
該不長。因此大體可以說曾侯乙墓是公元前5世紀晚期的一座墓葬，時
當戰國初期。

曾侯乙墓文字資料相當豐富。墓中出土240枚有字簡；65枚編鐘全
部鑄有銘文，32枚編磬几乎都刻有銘文；青銅禮器、用器及兵器中的
戈頭也大都鑄有銘文；還有有刻文或漆書的漆衣箱等等。所有文字加
在一起，總字數達12000多，蔚為壯觀。

曾侯乙墓文字資料在曾國歷史、喪葬制度、名物制度、音樂史、
天文學史以及古文字研究等方面都具有重要研究價值。從文字內容和
形體結構看，曾在戰國初期不僅在政治上完全淪為楚國附庸，字形也
與楚國有很多共同特點，因此學界通常把曾侯乙墓文字納入楚系文字
範疇。我們這裡主要談談該墓出土銅器銘文的情況，竹簡文字情況容
後敘述。

---

① 宋薛尚功引趙明誠說，參看薛尚功：《歷代鐘鼎彝器款識法帖》，中華書局1986年版，第
27頁。

第一節　銅器銘文概況

帶銘文的銅器主要是樂器、禮器、用器和兵器。

墓中出土禮器及用器共134件，大半鑄有「曾侯乙作持用終」的銘文，字體往往帶有美術意味。戰國文字「作」通常寫作「乍」或「复」，曾侯乙墓銅器銘文「作」則多數寫作「詐」，少數寫作「乍」。「詐」鮮見於其他資料，可與之類比的似乎只有中山王𬀩鼎銘的「作」，其字作「詐」（《金文編》146頁），從「言」。有的銘文少刻筆劃。其常見銘文「曾侯乙作持」的「持」，絕大多數寫作「時」，但有兩處（鼎鉤C.155、蓋豆C.194）缺刻聲符「寺」的「之」旁，寫作「右」形（如蓋豆銘文作𰀀），比較特殊[1]。關於銘文的鑄刻，還有值得注意的地方。如尊盤（C38）之盤的內底，原鑄有「曾侯遫之□□」的六字銘文，後來「遫」和最後兩字被刮去，改刻「乙作持用終」五字，原「之」字被利用來作「持」字聲符，「遫」沒有刮磨乾淨，字形依然可辨。這說明該盤本為曾侯遫所有，後來成為曾侯乙之器[2]。淺盤豆（C196.2）銘文「終」字下有陽文「曾」，字形之週邊以方形線框，透露了銘文鑄刻方式上的某些資訊[3]。

帶銘的兵器主要是戈和戟，共計88件有銘戈（戟）頭，少數文字為鳥書，部分錯金。銘文有「曾侯乙之走戈」、「曾侯乙之用戈」、「曾侯乙之寢戈」、「曾侯乙之用戟」、「曾侯郕之用戈」、「曾侯郕之行戟」、「曾侯遫之行戟」、「曾侯遫之用戟」等等。曾侯郕和曾侯遫，可能是曾侯乙的先人。值得注意的是，編號為N.209的三戈戟，

---

① 需要指出，鼎鉤的「乍」字、蓋豆的「曾」字都缺少筆劃，參看湖北省博物館《曾侯乙墓》（上），第191頁、第193頁圖95.1、第213頁及同頁圖112.3。

② 參看《曾侯乙墓》（上），第229─231頁。

③ 參看《曾侯乙墓》（上），第211頁、213頁圖112.2；張昌平：〈商周青銅器銘文的若干製作方式──以曾國青銅器材料為基礎〉，載《文物》，2010年第8期。

第五章　附：湖北隨縣曾侯乙墓銅器

最後1件戟頭的內後部陰刻裝飾有龍鳥形的「曾」字，形體較大，佈滿內後部的中間位置，可能具有圖徽性質^①。另外，兵器中還有3件同銘殳，文曰：「曾侯郎之用殳」。

青銅樂器中，65枚編鐘都鑄有銘文，絕大多數錯金，其中45件甬鐘銘文字形狹長屈曲，美術性強，19件鈕鐘銘文形體比較古樸。編鐘之一即楚王酓章鎛^②。另外64枚都屬於曾侯乙，每枚均鑄有與樂律有關的銘文，列舉了兩周之際曾國跟楚、晉、周、齊、申等國在律名、階名、變化音名上的對應關係。全部甬鐘還鑄有「曾侯乙作持」五字銘文。從樂律角度看，曾侯乙編鐘一套原應有65枚，楚王酓章鎛是取代其中的1枚甬鐘而臨時編入的，表明了曾國對楚王的尊重。此外，編鐘木質鐘架和絕大多數掛鐘銅構件上都有與編鐘相關的四、五字的簡短刻文。

除編鐘外，絕大多數石編磬也刻有與樂律有關的銘文（只有1件素面），共700餘字（其中墨書12個），具體內容為編號、標音及樂律關係。

曾侯乙墓編鐘銘文有2800餘字，加上其附件及編磬銘文，共計4400多字，如此豐富、系統的樂律資料，充分反映了公元前5世紀我國在樂律學上所達到的高度水準。

除上述器類外，該墓出土車馬器中還有1件帶銘銅車軎（N.157），鑄銘文三字：「君廣𫝎^③」。

---

① 參看《曾侯乙墓》（上），第264、第268頁，第269頁圖159、第270頁圖160；《曾侯乙墓》（下），圖版90.3；李天虹：〈曾字圖徽考〉，載《江漢考古》，1991年第4期。
② 參看李零：〈宋代出土的楚王酓章鐘〉，載《江漢考古》，1984年第1期。
③ 𫝎字釋讀參李天虹：〈曾侯乙墓出土車軎𫝎字補正〉，載《江漢考古》，1991年第1期。

第二節　銅器銘文的釋讀

　　春秋戰國之際，我國文字處於劇烈變化時期，曾侯乙墓屬於戰國初期，墓中出土的大量文字資料，對古漢語、古文字研究來說自然具有重要價值。

　　首先，一些本有疑問的戰國文字，由此得到確認。如裘錫圭先生指出，根據銘文和簡文中作、、等形的「戟」，可以確定此前發現的作、、等形的戰國文字也是「戟」；律銘「坪皇」之「坪」，鐘銘作，磬銘作，可證楚帛書、秦王卑命鐘等材料中的、都是「坪①」。這些看法大都得到了後來所公佈古文字資料的驗證。

　　銘文中的一些律名，見於《呂氏春秋》、《周禮》、《國語》等古書，兩者可以互證。如《國語　周語下》伶州鳩答周敬王問律的一段文字，提到「厲」、「宣」、「嬴亂」等律名。通過比照，結合古音韻和其他古文字資料，裘錫圭先生指出，這三個律名分別與鐘銘的律名「剌」、「亙（又作宣、洹等）」、「嬴孠」相當。「孠」是《說文》「嗣」字古文，「嗣」、「孠」音近古通，古書「孠」常常訛作「亂」，《周語》「嬴亂」之「亂」，應該也是「孠」的訛字。

　　銘文中有的字，與《說文》古文寫法相同或相近，兩者亦可互證，對當時真偽與學術價值尚存一定爭議的《說文》古文，是有力的支持。如鐘銘「嗣」作「孠」，與古文形體完全相同。其實從「子」的「嗣」字商代就已經出現。1959年出土於殷墟、通稱戍嗣子鼎的銘文有字，從「嗣」從「子」，可能就是「嗣」字異體，學者大都以為是「嗣子」合文②。再如五音之一的「徵」，鐘磬銘文作、等

①　此說又可參看裘錫圭、李家浩：〈談曾侯乙墓鐘磬銘文中的几個字〉，載湖北省博物館等編：《曾侯乙編鐘研究》，湖北人民出版社1992年版。

②　參看李天虹：〈說文古文新證〉，載《江漢考古》，1995年第2期。

形，與《說文》「徵」字古文的█左半一致。後來發現的包山簡、郭店簡「徵」作█、█等形，右旁寫法也跟銘文及古文左半相近。律名「姑洗」之「姑」，銘文寫法繁多，有割、蔺、蔺、蔺、蔺、割等形。整理者指出，《說文》認為「害」、「害（憲）」都從「丯」聲，大概「割」是「割」字異體，「蔺」、「蔺」、「蔺」都是「蔺」字異體。銘文證明，「害」、「古」古音相近可通，金文「害」字或作█，可能就是從「古」聲的①。今按，《說文》「古」字古文作█，《汗簡》古文作█，其字從「古」，但「古」旁之外的形體比較怪，一直沒有合理的解釋，或者跟「害」字有關。

下面重點談談鐘磬銘文中整理者讀為「衍」的字。所謂「衍」字銘文寫作█、█、█形，整理者認為左旁（或左上部）應該是「書」之異體，「書」又加注「辛」聲；或從「各（臽）」，也是加注的音符，字的讀音應該與「遣」相近，在銘文裡讀為音近的「衍」，有延伸、擴大、超過之意。這類字形在之後公佈的楚簡文字中多次出現，異體繁多，帶給學者新的啟示。這些所謂異體，如從「水」者、不從「水」者及從「辵（止）」者，很可能本來不是一個字，但是他們的音符相同，用法常常相通，為方便行文，下文統稱這類字時，一律用△形表示。

在楚簡裡，△的寫法大體可以分為以下三類：

█包96　　　█《老甲》21　　　█《語四》19　　　█《周易》33

█包137　　　█反《性》62

█《語四》21　　　█《性情》27

第一類最繁的寫法可以隸定為「潛」，或省「水」旁作「蔺」，上

---

① 參看《曾侯乙墓》（上），第554頁注釋4。關於「害」字讀音問題，還可以參看大西克也：〈論古文字資料中的「害」字及其讀音問題〉，載《古文字研究》第24輯，中華書局2002年版。

楚國銅器與竹簡文字研究

引銘文第三例屬於此類。第二類從形體上看從「言」，但「言」係由「音」形省變而來①，可以隸定為「歆」，或從「水」，銘文第二例大體可劃歸此類。第三類從「辵」或「止」，大體可以隸定為「適」。銘文第一例可以單獨立為第四類，隸定為「渲」。

　　受裘先生等對曾侯乙鐘銘考釋的影響，學者多將楚簡△釋為「遣」或「衍」。在簡本《老子甲》和《周易》中，△分別與今本的「逝」、「噬」相當，「逝」、「噬」都是禪母月部字，古音相同，說明△的讀音跟「逝」、「噬」相通。《語叢四》21號簡云「若四時一𧨜一來」，陳劍先生認為古書「逝」與「來」對言多見，𧨜應該讀為「逝」②，也比較可信。陳先生又進一步指出𧨜也許就可以看作「逝」字異體，而「遣」、「衍」跟「逝」、「噬」的古音有密切關係，有相通之理。孟蓬生先生認為「𧪤」所從的「臼」可以看成「齒」，「𧪤」就是當「咬」講的「噬」字異體，「渲」也許是「澨」字異體。《語叢四》19號簡云「善事其上者，若齒之事舌，而終弗𧪤」，把「𧪤」讀為「噬」，文從字順③。饒宗頤先生則將△釋為「折」，《語叢四》19號簡是說，齒與舌相輔，而舌不為齒所損折。鐘銘的「折」，是樂律上「變音」之一種④。

　　綜合起來看，學者對△字釋讀的分歧比較大，不過大都能夠自圓其說。

---

① 指出這一點的學者很多，參看陳劍：〈郭店簡補釋三篇〉，載《古墓新知——紀念郭店楚簡出土十周年論文專輯》，國際炎黃文化出版社2003年版。
② 參看陳劍：〈郭店簡補釋三篇〉。《楚辭·九歌·少司命》：「荷衣兮蕙帶，儵而來兮忽而逝。」《管子·內業》：「靈氣在心，一來一逝。」
③ 孟蓬生：〈郭店楚簡字詞考釋〉，載《古文字研究》第24輯。
④ 饒宗頤：〈談鐘律及楚簡「渲」、「𧪤」為「折」字說〉，載《饒宗頤新出土文獻論證》，上海古籍出版社2005年版。

下編　楚國竹簡文字

　　現代楚簡的出土，始於20世紀50年代。迄今發現約30批，已刊佈與未刊佈簡各占半數左右。其時代以戰國中晚期為主，內容主要有喪葬和卜筮祭禱記錄、行政和司法文書、日書及歷史文化典籍。近年，隨著資料的不斷公佈和討論的逐步深入，楚簡研究對古文字學、先秦史、文獻史、思想史等諸多學科的發展產生深遠影響，已成為具有廣泛國際影響的學術領域。

　　早期發現的楚簡，保存狀況不是很好，數量不大，內容相對單一，主要是遣冊和卜筮祭禱記錄；材料公佈也不及時，直接參與研究工作的學者較少，受關注程度不高[①]。20世紀80年代末至90年代初，曾侯乙墓竹簡、包山楚簡相繼公佈。曾侯乙簡是迄今為止所見最大一批喪葬類文書，包山簡除去喪葬、卜筮祭禱文書外，還有數量豐富的行政司法文書，而且兩批資料的保存也相當完好，使得楚簡研究漸入高潮，楚文字研究逐步走向系統化。1998年，郭店楚簡公佈。2001年以來，上海博物館藏楚簡陸續公佈。與之前出土的楚簡不同，這兩批

[①]　在楚簡研究的早期，中山大學古文字研究室楚簡整理小組有突出貢獻，其對20世紀五六十年代發現的五里牌、仰天湖、楊家灣、信陽、望山等地出土楚簡的整理成果，曾以油印本的形式在部分學者間流傳（《戰國楚簡研究》1—6期，1977年印），參陳英傑：〈張振林先生的簡牘學研究——張振林先生學術述略之二〉，載《簡帛》第6輯，上海古籍出版社2011年版。

資料都是書籍，性質多屬子類，其中少數有傳世本，大多數是佚書，甫一公佈，就引起學界強烈反響，吸引古文字學、先秦史、思想史等多領域學者投身其中。這些書籍中蘊含的文字資訊非常豐富，而且即便是佚書，其中不少內容也可以在傳世文獻裡找到可資比對的文句，為文字釋讀提供了前所未有的便利條件，不少此前遺留或新發現的疑難字由此得到確識，極大豐富、加深了學界對楚系文字的認知，同時推動了甲骨文、金文及其他戰國文字的研究。2008年入藏清華大學的楚簡，是又一批戰國書籍，與郭店簡、上博簡相比，它的內容頗有不同，大都是與歷史有關的書籍，其對古史研究的意義不可估量，對楚文字研究也必將產生極大促進。2010年底，清華藏簡第壹冊公佈，其學術影響正在顯現。可以說，郭店簡的發現，引領楚文字研究進入學術前沿，上博簡、清華簡則使這一態勢得到很好的延續[1]。李學勤先生說過，「楚文字研究實際帶動著整個古文字研究的發展[2]」，而楚簡文字研究，實際帶動著楚文字研究的發展。

---

[1] 限於時間，我們未將清華藏簡第壹冊和上博藏簡第八冊的資料納入寫作範圍，僅作簡單介紹或對個別資料有所引用。
[2] 李學勤：〈楚文字研究的歷史和意義〉，載《簡帛》第5輯，上海古籍出版社2010年版。

第一章 湖南長沙諸簡

　　湖南省長沙市是楚國南部重鎮，楚墓葬、遺址眾多。新中國成立伊始，經濟建設成為重中之重，以文物保護為目的的考古發掘工作隨之在長沙市郊展開，由此揭開新中國楚簡發現的序幕。

　　20世紀50年代，長沙市郊的考古發掘工作大體可以分為三個階段。

　　第一階段，1951年，中國科學院考古研究所長沙工作隊在長沙近郊首次進行考古工作，共發掘楚墓73座，其中五里牌406號墓出土竹簡。這批墓葬資料發表在1957年出版的《長沙發掘報告》一書中[①]。第二階段，1952年，湖南省文物管理委員會長沙市近郊古墓葬搶救工作隊等在長沙近郊發掘楚墓145座。第三階段，1953至1957年，湖南省文物管理委員會文物清理工作隊（後併入湖南省博物館）在長沙市郊進行考古工作，每年都發掘數以百計的楚墓，其中兩座出土竹簡，即1953年發掘的仰天湖25號墓（發掘報告編號M167）和1954年發掘的楊家灣6號墓（發掘報告編號M569）。後兩階段的墓葬資料，發表在2000年出版的《長沙楚墓》中[②]。

---

① 中國科學院考古研究所：《長沙發掘報告》，科學出版社1957年版。
② 湖南省博物館等：《長沙楚墓》，文物出版社2000年版。

長沙諸簡是新中國成立後最早發現的戰國楚簡，開現代楚簡發現、整理與研究之先河，在楚簡整理與研究的歷史上具有重要而獨特的地位。

第一節　五里牌楚簡

　　五里牌406號墓平面長方形，帶墓道，葬具為二槨二棺。曾經被盜。

　　竹簡共38枚。竹簡附近散落有竹笥殘片，推測原來放置於竹笥之中。竹簡保存狀況較差，全部殘斷。出土時最長的13.2公釐，最短的僅2公釐，寬約0.7公釐[1]。

　　簡文書寫於竹黃面，每簡均頂格書寫，有的字跡漫漶不清。內容係遣冊。據現存文字，所記均為器物，有鼎、匜、勺、壺、杯、車、戈、弩、弓等等。似乎大都是一簡記錄一種器物，文字大都簡短，每種器物記錄完畢，換簡提行書寫。這批資料的一個顯著特點是往往每簡先記器物的名稱和數目，然後留白一段簡，再接抄器物所在位置。從現存文字看，七簡記器物「在医賊」，三簡記「在長层」。商承祚先生讀「医賊」為「胠篋」，認為指墓葬的邊箱，「在医賊」是說器物放置在邊箱中[2]。曾憲通先生認為「長层」應指槨室尾部的腳箱，詳參下文。

---

① 發掘報告發表了全部竹簡的摹本和21枚簡的照片，並部分簡要考釋。1995年，商承祚《戰國楚竹簡彙編》（齊魯書社1995年）出版，發表了18枚簡的照片、摹本和考釋。18枚簡係由原38枚簡拼綴而成。

② 商承祚：《戰國楚竹簡彙編》，第128頁。

第二節　仰天湖楚簡

　　仰天湖25號墓平面長方形，帶墓道，葬具為二槨二棺。曾經被盜。墓主應是大夫一級的貴族。墓葬時代為戰國晚期。

　　竹簡出土於北邊箱，共43枚，出土時已經散亂。其中完整簡19枚，長20.2—21.6公釐、寬0.9—1.1公釐。編繩兩道①。

　　簡文書寫於竹黃面，每簡均頂格書寫，字大而清晰。內容係遣冊。大都是一簡記一種物品，少數是把一類物品記在同一枚簡上。每種（類）記載完畢，換簡提行書寫。這批簡的一個顯著特點，是一段簡文的末尾往往有作「句」或「已」的記號，郭若愚先生以為是下葬時核對隨葬品所記，可能與「讀賵」有關，「句」表示器物未曾入葬，「已」表示已經入葬②。從現存文字看，簡文所記服飾較多，另外有器物、席子等。簡文還記錄有賵贈者的官職或姓名，如許陽公、中君、何馬等，類似情形在曾侯乙墓竹簡中更為多見。

　　有一枚簡所記為紀年，可能是遣冊的第一枚簡③，文曰「楚孝般之年」，是大事紀年的簡化形式，孝般當係人名。

---

①　《文物參考資料》1954年第3期（〈長沙仰天湖戰國墓發現大批竹簡及彩繪木俑、雕刻花板〉）最早發佈竹簡出土消息並40枚竹簡照片，無編號，另外3枚因殘損嚴重，未發表圖片。《考古學報》1957年第2期（湖南省文物管理委員會：〈長沙仰天湖第25號木槨墓〉）公佈考古資料並40枚竹簡照片，簡照較前清晰，同時沿用史樹青《長沙仰天湖出土楚簡研究》（群聯出版社1955年版）一書的簡號。1955年，史書發表全部43枚竹簡照片、摹本與考釋，並按照《文物參考資料》所載竹簡次序為之編號。1986年，郭若愚〈長沙仰天湖戰國竹簡文字的摹寫和考釋〉（《上海博物館集刊》第3期，上海古籍出版社1986年版）發表，載39枚簡照及摹本。是書發表的簡照與《文物參考資料》相同，只是把後者的28、37號簡綴合，因而簡號變為39個。之後，《戰國楚竹簡彙編》載41枚簡照並43枚簡的摹本與考釋。《長沙楚墓》最後出，發表39枚簡照，並綜合已有研究成果作出簡釋。《摹寫和考釋》、《彙編》及《長沙楚墓》都分別對竹簡進行了編號。
②　郭若愚：《長沙仰天湖戰國竹簡文字的摹寫和考釋》，第22頁。
③　參看湖北省文物考古研究所、北京大學中文系：《望山楚簡》，中華書局1995年版，第114頁注釋4。

第三節　楊家灣楚簡

楊家灣6號墓平面長方形，帶墓道，葬具為一槨一棺，墓主為一年輕女性。墓葬未被盜掘。墓葬時代為戰國晚期。

竹簡與木梳、木篦、小漆盒等一起放在一個大漆奩中，保存完整，但是編次已經散亂。簡共72枚，能看出文字的有50枚。長13.5—13.7公釐、寬0.6公釐。編繩兩道①。

簡文基本一面書寫，兩面均書寫文字的僅有一枚。其中4枚簡各書兩個字，其餘各簡僅書一個字。簡文墨色較淡，大都模糊，難以辨識。能夠識讀的字有階、衣、女、夜等②。簡文性質待考。

第四節　簡文釋讀舉例

長沙諸簡是新中國最早發現的楚簡，其時沒有同類資料可以參照，也沒有楚簡整理研究方面的經驗可以借鑒，所以整理者所進行的是一項開創性的工作，加之竹簡保存狀況不好，其艱辛、困難程度可想而知。不少常識字，當初都不認識。不過諸如「又」之用為「有」、「絵」之為「錦」、「箈」之為「席」等等③，都是在竹簡發現後不久即被學者所識讀。今天看似容易，但在楚簡整理與研究剛剛起步、篳路藍縷之時取得這樣的認識，殊為不易，彰顯了前輩學人

---

① 《戰國楚竹簡彙編》公佈有37枚簡的照片、摹本與考釋。《長沙楚墓》發表41枚簡照（其中6枚似乎無字）並部分釋文。

② 「夜」的考釋參陳偉等著：《楚地出土戰國簡冊〔十四種〕》，經濟科學出版社2009年版，第476頁。

③ 參看葉恭綽為《長沙仰天湖出土楚簡研究》所作「序」；饒宗頤：〈戰國楚簡箋證〉，載《金匱論古綜合刊》第1期，香港亞洲石印局1957年版；林沄：〈釋　〉，載《中國文字研究》（香港）第8輯，1986年，收入《林沄學術文集》，中國大百科全書出版社1998年版，第8—9頁。

的智慧。

　　20世紀50年代之後，續有學者對長沙諸簡進行研究，使簡文釋讀不斷取得進展。這裡試舉兩例說明。

1. 在長屃（五里牌簡）

　　可能因為筆劃不很清晰的緣故，簡文「屃」舊未能隸定，屬不識字。1991年公佈的包山楚簡中也有「屃」字，其整理者隸定準確，但以為是「尾」字[①]。之後研究者相繼指出，包山簡此字當讀為「沙[②]」。大家看法如此一致，主要原因有二。其一，其實「屃」此前已見於金文，用為「彤沙」之「沙」，與「沙」互見。早在1932年，郭沫若先生即指出，「『屃』蓋即沙綏字之本字也，其字從尾沙省聲。[③]」其二，包山文書簡「屃」字辭例為「長屃」，用為地名，無疑即「長沙」。何琳儀先生並指出，長沙是戰國楚名城。《史記　越王勾踐世家》：「複讎、龐、長沙，楚之粟也。」[④]最早根據包山簡將五里牌此字也隸定為「屃」的是曾憲通先生[⑤]。曾先生認為，「在長屃」顯然是與「在医隟」相對而言，都是標明隨葬品在槨室中放置的處所。「長屃」應讀為包山簡「箱遝之器所以行」的「箱遝」，「在長屃」

---

① 湖北省荊沙鐵路考古隊：《包山楚簡》，文物出版社1991年版，第20—21頁簡59、61、78等。

② 林澐：〈讀包山楚簡劄記七則〉，載《江漢考古》，1992年第4期；黃錫全：〈《包山楚簡》部分釋文校釋〉，見《湖北出土商周文字輯證》附錄四，武漢大學出版社1992年版；湯余惠：〈包山楚簡讀後記〉，載《考古與文物》，1993年第2期；何琳儀：〈包山竹簡選釋〉，載《江漢考古》，1993年第4期；劉釗：〈包山楚簡文字考釋〉，載《東方文化》，1998年1、2期合刊；收入氏著《出土簡帛文字叢考》，臺灣古籍出版有限公司2004年版。該文曾在1992年南京大學召開的「中國古文字研究會第九屆學術討論會」上發表，刊出時有局部修改。

③ 郭沫若：〈金文余釋之余〉，見《郭沫若全集　考古編》第5卷，科學出版社2002年版，第483頁。

④ 何琳儀：《包山竹簡選釋》。

⑤ 曾憲通：〈楚文字雜識〉，「中國古文字研究會第九屆學術討論會」論文，南京大學1992年11月，收入《楚文字釋叢》，氏著《古文字與出土文獻叢考》，中山大學出版社2005年版；曾憲通：〈論齊國「遱盅之璽」及其相關問題〉，載《華學》第1輯，中山大學出版社1995年版。

第一章　湖南長沙諸簡

是說該簡所記器物，放置於槨室尾部的腳箱，從而與放置於邊箱（即「医陬」）相區別。今按，遣冊「屍」和「医陬」諸字的具體讀法，現在還沒有一致意見。從現有資料看，楚墓出土遣冊對器物分類時，有記器物所在位置的，也有記器物性質、用途的。因為與「在」連讀，「長屍」、「医陬」更可能是指器物所在位置。仰天湖12號簡，記載某些器物放置在「一匣之中」，而「長屍」、「医陬」似乎不可能是器物名。所以認為它們指墓室某處位置的看法很有道理，迄今似乎也未見有學者提出異議。可惜該墓盜擾嚴重，無法將簡文記載與實物的出土位置一一作比，從而以證其說。儘管「屍」在這裡究竟讀為哪個字尚不能確定，但既知其讀音與「沙」相通，也就為該字的最終破讀奠定了基礎。

2. 皆臧（藏）於一箅（匣）之中（仰天湖12號簡，採史書編號）

仰天湖12號簡共7個字，末字「中」之後有一比較粗的橫墨畫。1955年出版的史書考釋出「皆」、「一」、「之」三字，同時將「臧」字隸定，云或謂「贓」字。1956年，李學勤先生將「臧」讀為「藏」，又釋出「中」字①。1957年，饒宗頤先生釋出「箅」字，謂當是「匣」或「柙」字。《莊子 刻意》「干越之劍者，柙而藏之」，《列子 湯問》「柙」作「柙」，即「匣」字②。這些都是正確意見。把它們綜合起來，簡文文義呼之欲出。可是李先生誤釋「于」和「匣」，饒先生誤釋「于」和「中」，而且三位先生均誤以文末的粗橫畫為「一」字，所以其時簡文含義依然沒有得到正解。

在沒有看到饒文的情況下，1972年，朱德熙、裘錫圭先生著《戰國文字研究（六種）》一文③，其中一種即對此簡的專門研究。

首先，兩位先生說明文末的墨畫是句末標記，釋「一」非是。這

---

① 李學勤：〈談近年新發現的几種戰國文字資料〉，載《文物參考資料》，1956年第1期。
② 饒宗頤：《戰國楚簡箋證》。
③ 朱德熙、裘錫圭：〈戰國文字研究（六種）〉，載《考古學報》，1972年第1期。

種指正今天看來似乎比較簡單，但是在當年，稱得上頗有見地之說。

接下來，他們肯定了李先生對「藏」、「中」二字的釋讀，指出以「藏」為儲藏字本出於假借。《漢書》中藏、贓二字皆假「臧」為之。簡文以「臧」為「藏」，與戰國文字「府」從「貝」作同意，實可看作儲藏之「藏」的本字。近年出土的楚簡文字證明了這一點，如郭店《老子甲》36號簡、《太一生水》6號簡，「藏」字均作「臧」。關於「中」，他們以古璽文字證之，現在我們也知道，類似寫法的「（中）」在楚簡中常見。

「于」字大量見於近年出土的楚簡資料，已是常識字。可是仰天湖簡的「于」字，一直到《六種》發表，才得到正確釋讀。

匣，原簡作，學者或釋「鉀」，或釋「笛」，均與字形不符。饒先生雖然釋為「箪（匣）」，但是未就字形進行申說。朱、裘二先生指出，金文用作人名的「甲」字往往加週邊，記日辰的「甲」，偶爾也有這樣寫的。簡文此字下部也是加週邊的「甲」字，三體石經古文「甲」、《說文》古文「柙」均與之同源。柙、匣二字古通，簡文「箪」字釋作「柙」或「匣」均可。

綜上，這段文字可以通讀作「皆藏於一匣之中」，應該是一段文字的末句，前面的文字當是列舉藏於匣中的各種器物的名稱的。

至此，出土約20年後，經學者不斷努力，這枚簡文的釋讀最終得到了解決。

第二章 河南信陽長台關楚簡

　　河南信陽長台關1號墓位於信陽市北20公里處，1956年春，偶然被打井農民發現，1957年3月至5月正式發掘，出土一批竹簡[①]。

　　1號墓平面長方形，帶墓道。槨室分為前室、主室、左側室、右側室、後室、左後室、右後室等七室。葬具為二槨三棺。墓葬時代為戰國中期[②]。從墓葬形制和隨葬物品看，墓主人身分在大夫以上。

　　該墓出土各類隨葬物品900餘件。前室主要放置禮樂器，左側室放置車馬器、兵器，右側室置禮器和餐具，後室置木俑和鎮墓獸，左後室置盥洗、起居用器，右後室置食器、雜物等。還值得指出的是，左後室出土有一個木質文具箱，內盛銅削、銹、鋸、錐、刻刀、夾刻刀和毛筆等文具，為簡冊制度的研究提供了實物資料。竹簡出土於前室

---

① 《文物參考資料》1957年第9期發表發掘簡訊和88枚竹書簡照、29枚遣冊簡照（河南省文化局文物工作隊第一隊：〈我國考古史上的空前發現　信陽長台關發掘一座戰國大墓〉）。1986年，發掘報告《信陽楚墓》出版，發表全部119枚竹書簡照和29枚遣冊簡照，並有劉雨先生所做釋文與考釋，竹簡編號基本與簡訊相同（河南省文物研究所編著，文物出版社1986年版）。1995年，商承祚《戰國楚竹簡彙編》發表107枚竹書簡照、30枚遣冊簡照並摹本及釋文與考釋，簡號與簡訊不同（齊魯書社1995年版）。

② 參看中山大學古文字研究室楚簡整理小組：〈江陵邵固墓若干問題的探討〉，載《中山大學學報》，1977年第2期；彭浩：〈楚墓葬制初論〉，載《中國考古學會第二次年會論文集》，文物出版社1982年版；李學勤：〈長台關竹簡中的《墨子》佚篇〉，見《簡帛佚籍與學術史》，江西教育出版社2001年版；原載《徐中舒先生九十壽辰紀念文集》，巴蜀書社1990年版。

和左後室。前室竹簡是書籍，左後室竹簡是遣冊。

第一節 竹書

由於曾經擾亂，這部分竹簡全部殘斷，共計119枚。殘存最長的簡為33公釐，寬約0.7—0.8公釐，推測完整簡長約45公釐。竹簡有上、中、下三道編繩，有的編痕處尚存絲線。

簡文均墨書於竹黃面，留有天頭和地腳。大部分字跡比較清晰。簡上殘存字數最多的有18字，少者僅1、2字，一般在6、7字之間。由於殘損嚴重，竹書僅能連綴出一些文句片段，無法復原[①]。

李學勤先生最早指出，出土於前室的竹簡是一部書籍[②]。1、2號簡文云：「周公祗然作色曰：「易（狄），夫賤人格上則刑戮至」，「〔周公曰〕：『易（狄），夫賤人剛愎而及於刑者』」，類似文句見於《太平御覽》所引《墨子》佚文，其云：「《墨子》曰：周公見申徒狄曰：『賤人強氣則罰至。』」另外殘存的簡文還有「教書參歲，教言三歲，教射與馭」（簡3）、「母教之七歲」（簡38）等文句以及「先王」、「三代」、「君子」、「尚賢」等詞語。

關於竹書的學派性質，學界存在不同看法。資料發表之初，根據書中「先王」、「周公」等語，李學勤先生提出該書應屬儒家佚籍[③]。

---

① 2002年，在整理者基礎上，李零先生對竹書釋文作有校讀，可以參看，載氏作〈長台關楚簡《申徒狄》研究〉，見《簡帛古書與學術源流》，三聯書店2004年版；原載《揖芬集——張政烺先生九十華誕紀念文集》，社會科學文獻出版社2002年版。

② 李學勤：〈信陽楚墓中發現最早的戰國竹書〉，載《光明日報》，1957年11月27日；收入《李學勤早期文集》，河北教育出版社2008年版。李零先生主張題篇為《申徒狄》，參氏作〈長台關楚簡《申徒狄》研究〉，第191頁。

③ 李學勤：〈信陽楚墓中發現最早的戰國竹書〉。

20世紀70年代，中山大學古文字研究室楚簡整理小組發現1、2號簡文可以與《太平御覽》引《墨子》佚文對讀，李先生因而對舊說產生懷疑，認為竹書很可能是《墨子》佚篇[1]。此後主張是儒籍或《墨子》佚文的學者都有，迄今尚未有定論[2]。

信陽竹書是新中國最早發現的戰國書籍，在簡帛學史上占有特殊地位。

第二節　遺冊

遺冊未經擾動，保存比較完整，總計28枚[3]。整簡一般長68.5—68.9公釐、寬0.5—0.9公釐。編繩兩道，簡上尚殘存絲線。

簡文墨書於竹黃面。一段文字書寫完畢，換簡提行書寫。簡的首尾尤其是首部多有折裂，字跡模糊不清，餘者保存較好。有的簡面有用刀刮削的痕跡，尚有殘筆可辨。

遺冊出土時已經散亂，資料公佈後，一些學者做過簡序調整的工作，其中李家浩先生將18號、3號兩枚記樂器的簡連讀[4]，劉國勝先生根據文意、文例將10號、15號、13號三枚簡連讀[5]，值得信從。

遺冊是按照機構或職官名稱來記錄隨葬品的，共有七項，分別

① 李學勤：〈長台關竹簡中的《墨子》佚篇〉。
② 參看楊澤生：〈長台關竹書的學派性質新探〉，載《文史》，2001年第4輯；收入氏著：《戰國竹書研究》，中山大學出版社2009年版。
③ 簡訊和報告均有29個簡號。其中16號簡由三段組成。《戰國楚竹簡彙編》有30個編號，是將16號簡上段析出單獨編號。劉國勝先生認為，根據形制，16號簡上、中兩段屬於簽牌一類資料，應從遺冊中剔除；下段無字且不能與其他遺冊簡綴接，暫可不納入遺冊編號。其說可從。參氏著《楚喪葬簡牘集釋》，第12頁，武漢大學博士學位論文，2005年3月修改稿，2003年5月答辯。
④ 李家浩：〈信陽楚簡「樂人之器」研究〉，載《簡帛研究》第3輯，廣西教育出版社1998年版。
⑤ 劉國勝：〈信陽長台關楚簡《遣策》編聯二題〉，載《江漢考古》，2001年第3期。

是「□□〔之〕器」（簡1）、「□人之器」（簡8）、「□室之器」
（簡9）、「集胝之器」（簡12）、「樂人〔之〕器」（簡18）、
「集粘之器」（簡24）、「□粘之〔器〕」（簡29）。「集某」類機
構或職官見於朱家集楚器銘等，應與飲食、器物管理等有關。因為簡
的編聯存在疑問，已經無法確知各項所包含的全部器物。據與「……
器」共存和編聯可靠的簡文以及與出土物相對照，可知「□□〔之〕
器」包括陶缶、鈁、鑒、盤、疊和木器等，陶器主要是酒具；「□人
之器」有席、几、盤、匜等，似乎主要是家居、盥洗用器；「□室之
器」有各種洗浴用巾、鑒、篦等，主記梳洗用具；「集胝之器」有醬
瓶、縶囊、木琦、木豆，都是食器、餐具；「樂人〔之〕器」記鐘、
磬、笙、竽、鼓、瑟、翠等樂器、舞具；「□粘之〔器〕」包括簞、
甒、梁、米、米囊、橛等，主要是糧食和炊食器；「集粘之器」所記
主要是青銅器，但是器名具體所指都不很確定，其功用可以參考「□
粘之〔器〕」。

第三節　簡文釋讀舉例

　　信陽楚簡在長沙諸簡之後出土，其時學者對於楚簡文字的認知
依然處在比較初始階段。20世紀70年代，信陽簡文字考釋取得較大進
展。代表性的論著姑試舉三例。其一是中山大學古文字研究室楚簡整
理小組未正式發表的《戰國楚簡研究》油印本，其對簡文「賤」、
「溥」、「齒篦」的考釋，認為「晶歲」應讀為「參歲」，「絫僮」指
木俑等，都是正確意見①。其二是朱德熙、裘錫圭先生所著《信陽楚簡

---

① 參陳偉等著：《楚地出土戰國簡冊〔十四種〕》，經濟科學出版社2009年版，第378、379、
　387、392頁。

考釋五篇》①，該文對「鸞刀」、「縢囊」、各種「帶」和「筭」的考釋等，稱得上文字、名物考證的典範。其三，李家浩先生《釋弁》一文②，考釋出侯馬盟書和楚系文字中的「弁」及從「弁」之字。「弁」作為獨體字或偏旁在楚文字中比較常見，該文對「弁」字的正確釋讀，解決了一系列疑難字，直至近年，還常常為學者所引用③。

20世紀80年代，李家浩先生發表《信陽楚簡「浍」字及從「关」之字》，對遣冊中的疑難字作出進一步考證④。該文主要根據傳抄古文，指出信陽簡字的右旁，即古文「会」；的右旁，即「卷」字聲符，與「完」音通，因此兩字當分別釋寫為「浍」、「洝」。遣冊「浍盤」、「洝盤」，應該分別讀為「沬盤」、「浣盤」，指洗臉用的盤、洗手用的盤；「浍帕」、「洝帕」（即「沬帕」）、「浣帕」分別指洗臉帕、洗手帕。簡文又有「寢筭」，當讀為「寢莞」，是寢臥用的莞席。《詩 小雅 斯干》「上莞下簟，乃安斯寢」，鄭玄箋：「莞，小蒲之席也。」

20世紀90年代初，竹書釋讀取得突破。上文提到，申徒狄的「狄」，竹書作「易」。「易」，原文作，寫法比較特殊，舊誤釋為「烏」或「于」，並與下文「夫」連讀。李家浩先生通過與竹書及古璽文（《璽匯》0944）「賜」所從「易」旁對比，認為當釋為「易」。「易」、「狄」音近，可以通用，故「易」就是申徒狄⑤。

① 朱德熙、裘錫圭：〈信陽楚簡考釋（五篇）〉，載《考古學報》，1973年第1期；收入《朱德熙文集》第5卷，商務印書館1999年版。
② 李家浩：〈釋「弁」〉，載《古文字研究》第1輯，中華書局1979年版。
③ 參荊門市博物館：《郭店楚墓竹簡》，文物出版社1998年版，第113頁注釋4；張桂光：〈《郭店楚墓竹簡》釋注續商榷〉，載《簡帛研究二〇〇一》（上冊），廣西師範大學出版社2001年版；陳偉：《郭店竹書別釋》，湖北教育出版社2002年版，第15—17頁。
④ 李家浩：〈信陽楚簡「浍」字及從「关」之字〉，載《中國語言學報》第1期，商務印書館1982年版；收入《著名中年語言學家自選集 李家浩卷》，安徽教育出版社2002年版。
⑤ 李家浩：〈從曾姬無卹壺銘文談楚滅曾的年代〉，載《文史》第33輯，中華書局1990年版。

類同寫法的「易」後來見於上博簡①，如《季桓子見孔子》8號簡「易」字作█，與這裡的「易」是相同寫法。郭店簡「易」字或作█、█（《尊》37、5）、上博簡或作█（《彭祖》2），█也許就是在這類「易」字的基礎上省變而來。

20世紀90年代後期，郭店簡公佈，之後上博簡陸續公佈，以此為契機，不少缺釋、誤釋或認識不充分的字得到糾正或補釋。如李零先生釋「虞（吾）」、「冥②」，李家浩、黃德寬、徐在國先生將舊釋為「緯」的字改釋為「緄③」，劉國勝先生釋「琂（璧）」、「█（尊）」、「夼（寸）④」，以及諸多先生對「瑟」字的考證等等。下面我們重點談談關於遣冊簡「夼（寸）」、「瑟」二字的釋讀。

1. 夼（簡10、15）

「夼」，簡文原作█，用為計量佩玉的長度單位，舊不識。簡文又有字作█（簡11，原字殘，此補足筆劃），舊亦不識。郭店簡《尊德義》有「█」字，從「夼」從「酉」。裘錫圭先生按語說：從文義看，該字似是「尊」之異體⑤。其說是。通過與《尊德義》「尊」字對比，李家浩、劉國勝先生認為█也應當釋為「尊」⑥。劉先生並指出簡文「尊」可視為形聲字，上部「夼」係聲符。簡文█即「夼」字。「尊」與「寸」古音相近可通，秦孝公十八年商鞅方升銘中，「尊」即用為「寸」。傳世文獻中對玉器長度的計量多製以尺、寸。如是，簡文

① 參看李天虹：〈郭店竹簡《性自命出》研究〉，湖北教育出版社2002年版，第257頁。

② 李零：〈長台關楚簡《申徒狄》研究〉。

③ 李家浩：〈楚墓竹簡中的「昆」字及從「昆」之字〉，見《著名中年語言學家自選集　李家浩卷》；原載《中國文字》新25期，〔臺北〕藝文印書館1999年版；黃德寬、徐在國：〈郭店楚簡文字續考〉，載《江漢考古》，1999年第2期。

④ 劉國勝：〈信陽長台關楚簡《遣策》編聯二題〉。陳偉等著：《楚地出土戰國簡冊〔十四種〕》第387頁按語指出，上博《景公瘧》1號簡「璧」字正如此作。

⑤ 荊門市博物館：《郭店楚墓竹簡》，第174頁注釋1。

⑥ 李家浩：〈包山266號簡所記木器研究〉「補正」，見《著名中年語言學家自選集　李家浩卷》；原載《國學研究》第2卷，北京大學出版社1994年版，收入文集時做有補正；劉國勝：〈信陽長台關楚簡《遣策》編聯二題〉。

「弁」可讀為尺寸之「寸」。後來公佈的上博簡證明劉先生此說正確，如《鄭子家喪》甲、乙本5號簡有「梨木三弁」句、《凡物流行》甲本9號簡有「足將至千里，必從弁始」句，「弁」、「弁」在句中顯然都是用為「寸」。2010年出土的荊門嚴倉楚簡，尺寸之「寸」則全部作「弁」。

2. 瑟（簡3）

前面提到，信陽遣冊記有「樂人之器」，其一即「瑟」，原文作■；包山遣冊簡也記有「瑟」，原文作■，劉信芳先生最早釋為「瑟」，認為下從「必」聲，上部從「夰」，來源不明①。大約同時，劉國勝、李家浩先生也把上述兩字釋為「瑟」，並指出望山遣冊49、50等號簡有「元」，「元」同「开」，則「元」也是「瑟」。劉先生還指出曾侯乙墓61號漆衣箱的■也應當釋為「瑟②」。三位先生對「瑟」字的考釋，主要是從字形出發，再結合墓葬出土實物而得出的，文義上的證據不很充分。郭店簡正式發表後，使我們知道，學者對「瑟」字的考釋不僅正確，還為郭店簡文的釋讀提供了幫助。《性自命出》23—26號簡有一段文字，記聲、樂、舞對人內心的影響，其中有「聽琴夰之聲」一句，裘錫圭先生將第二、三兩字釋讀為「琴瑟」，據其按語，即參考了上引劉先生文③。上博簡裡也有「瑟」字，如《性情論》與《性自命出》相當之字作■，《孔子詩論》14號簡「琴瑟」之「瑟」作■，寫法與上述「瑟」字類同。

「瑟」字甲骨文裡已經出現，作夰、夰形（《新甲骨文編》699頁），是個象形字，據徐寶貴先生研究，「夰」、「元」、■、夰等應

---

① 劉信芳：〈楚簡文字考釋五則〉，載《于省吾教授百年誕辰紀念文集》，吉林大學出版社1996年版。

② 李家浩：〈信陽楚簡「樂人之器」研究〉；劉國勝：〈曾侯乙墓E61號漆箱書文字研究——附「瑟」考〉，均載《第三屆國際中國古文字學研討會論文集》，香港中文大學中國文化研究所、中國語言及文學系1997年10月。

③ 荊門市博物館：《郭店楚墓竹簡》，第182頁注釋22。

當都是由甲骨文「瑟」訛變而來 ①。

上博藏《君人者何必安哉》甲本3號簡有「竽」之語，整理者將第二字隸定為「冗」，讀為「管」。趙平安先生認為應當是「瑟」字變體，可能由橫置的兩個「元」訛變而來。竽、管雖然都是樂器，但古書罕見連用；而竽、瑟是配合使用的關係，古書中常連用，見於《韓非子　解老》、《楚辭　九歌　東皇太一》、《韓非子　外儲說左上》等 ②。其說得到不少學者贊同。需要指出，郭店簡《六德》有字，學者或釋為「瑟」，或釋為「麗」。如果確實應當釋為「瑟」，其兩偏旁橫置，似乎為釋為「瑟」說增添了證據。但是新蔡乙三21號簡「驪」字或作，所從「麗」旁也是橫置的兩個「元」。可見「刕」這類字形未必盡可以釋為「瑟」。近聞白于藍先生就把釋為「麗」，讀為「篗 ③」。《說文》古文「麗」作，篆文作，可能是白先生立論的證據之一。白說的弱點是文義上似乎不如釋「瑟」來得直接。又楚璽印有（《璽匯》0279）字，文曰「童亭璽」。從字形看把釋為「瑟」沒有問題 ④。不過劉信芳等先生把「童」，釋讀為「鐘麗（離）」，從文義看值得信服 ⑤。所以，楚文字中「瑟」、「麗」或存在形體混訛的現象，「刕」、「开」究竟應該釋為「瑟」還是「麗」，辭例、文義當是關鍵 ⑥。

附帶說明，楚簡當中的「琴」，作（《性》24）、（《性情》15）、（《詩論》14）等形，均從「瑟」或「瑟」省，「金」聲。

---

① 徐寶貴：〈殷商文字研究兩篇〉，載《出土文獻與古文字研究》第1輯，復旦大學出版社2006年版。

② 趙平安：〈上博簡釋字四篇〉，載《簡帛》第4輯，上海古籍出版社2009年版。

③ 參看復旦網論壇http://www.gwz.fudan.edu.cn/ShowPost.asp?ThreadID=4747。

④ 劉國勝先生（〈曾侯乙墓E61號漆箱書文字研究——附「瑟」考〉）即如是釋。

⑤ 劉信芳、闕緒杭、周群：〈安徽鳳陽縣卞莊一號墓出土鑄鐘銘文初探〉，載《考古與文物》，2009年第3期。

⑥ 參看朱曉雪：《包山楚墓文書簡、卜筮祭禱簡集釋及相關問題研究》第253頁，吉林大學博士學位論文，2011年4月。

第三章　湖北江陵望山楚簡

　　望山墓地位於湖北省荆州市荆州區馬山鎮裁縫村（原區劃為江陵縣裁縫鄉），東南距楚故都紀南城約7公里。1965年冬至次年春，為配合漳河水庫工程建設，湖北省文物考古研究所（原湖北省文化局文物工作隊）在望山墓地發掘四座戰國楚墓，其中1、2號楚墓各出土一批竹簡[①]。

　　望山1號墓平面長方形，有封土，帶墓道，葬具為一槨二棺。槨室分為頭箱、邊箱和棺室三部分。墓主是楚王族悼固，身分可能為下大夫。據骨架測定，悼固死亡時年齡約25—30歲。墓葬時代在戰國中期。該墓未被盜掘，出土器物約700件，包括著名的越王勾踐劍。頭箱出土一漆木文具盒，内盛鐯、磨石、刻刀等文具。另外邊箱和内棺各出土一件銅削。竹簡出自邊箱東部，内容主要是卜筮祭禱記錄。

　　望山2號墓與1號墓相距100餘公尺，形制與1號墓相同。葬具為一槨三棺，槨室也由頭箱、邊箱和棺室組成。墓内人骨架保存較好，為

---

①　竹簡概況和整理情況參看湖北省文物考古研究所、北京大學中文系：《望山楚簡》，中華書局1995年版；湖北省文物考古研究所：《江陵望山沙塚楚墓》，文物出版社1996年版；商承祚：《戰國楚竹簡彙編》，齊魯書社1995年版，第79—119、181—264頁。2003—2004年武漢大學「楚簡綜合整理與研究」課題組對現存湖北省博物館的1、2號墓竹簡做有紅外線拍攝，釋字上取得進展，參陳偉等著：《楚地出土戰國簡冊〔十四種〕》，經濟科學出版社2009年版，第270—300頁。

女性，年齡超過50歲，應為悼氏家族成員。墓葬時代也在戰國中期，但晚於1號墓。該墓早年被盜，出土器物600餘件。竹簡出土於邊箱東部，內容是遣冊。

第一節　1號墓卜筮祭禱記錄

1號墓竹簡保存狀況較差，全部殘斷。整理後編號205枚，都是卜筮祭禱記錄，另外有兩枚簽牌 ①。現存簡最長的52.1公釐，一般長15公釐左右，寬約1公釐。不少契口處殘存有編繩，整理者推測完整簡有上、中、下三道編繩。簡文墨書於竹黃面，不留天頭。文字大部分清晰，少數漫漶不清。每簡字距疏密不一，簡文筆法有別，可能由多人書寫而成。由於殘斷過甚，簡冊已經無法恢復原貌。

卜筮祭禱簡在楚簡中比較多見，而望山簡是首次發現。這類資料的主要內容是為墓主人所患疾病及仕途的前景等進行卜筮和祭禱。望山現存簡文記載的所有卜筮活動都是為悼固舉行的，說明悼固就是墓主。卜筮內容主要分為三個方面：一是占問疾病吉凶，二是占問出入侍王，三是占問爵位之事，後兩者都與仕途有關。祭禱記錄的主要是驅除禍祟、祭祀鬼神的活動。

從占問情況看，悼固生前患有「足骨疾」、「胸肋疾」、「不能食」、「心悗」等疾病，其死亡應與這些疾病有直接關係。祭禱的形式有三種，即迎禱、邅禱和賽禱。賽禱是為回報鬼神的福佑而進行的，迎禱、邅禱含義不明。祭禱的對象包括神祇和墓主先祖。神祇大都見於包山簡，詳參後文。先祖有兩種，其一是被稱作「楚先」的老

---

① 整理者把這兩枚簽牌也納入卜筮簡中（編號分別為146、201）。根據形制，武漢大學「楚簡綜合整理與研究」課題組指出它們實際上是簽牌，參陳偉等著《楚地出土戰國簡冊〔十四種〕》，第286頁。

童、祝融和鬻熊。其二是悼固的五世先祖[1]，依次為簡王（原作「柬大王」）、聲王（原作「聖王」或「聖逗王」，悼固高祖）、悼王（原作「想王」，悼固曾祖）、東宅公（悼固祖父）、王孫喿（「喿」或作「巢」，悼固之父）。根據這一家系，竹簡整理者認為把墓葬年代定在楚懷王前期最為合適[2]。

卜筮祭禱簡往往記錄有舉行這類活動的時間，包括年、月、日。望山簡所記卜筮發生在兩年的三個月份之內，即「齊客張果問王於葴郢之歲」的「獻馬之月」、「邾客困芻問王於葴郢之歲」的「荊层（刑夷）之月」和「爨月」。獻馬、刑夷、爨月都是楚國特有的月名，此前鄂君啟節還見有楚月名「夏层」。由於文獻無徵，很長時間內對這些月名的具體所指並不清楚。1975年出土的湖北雲夢睡虎地秦簡中有一份秦楚月名對照表，曾憲通先生據之對楚月名進行研究，才使人們對楚月名的用法有了比較清晰的認識[3]。茲移錄秦楚月名對照表如下：

十月楚冬夕，十一月楚屈夕，十二月楚援夕，正月楚刑夷，二月楚夏层，三月楚紡月，四月楚七月，五月楚八月，六月楚九月，七月楚十月，八月楚爨月，九月楚獻馬。[4]

---

① 祭禱五世先人的資料亦見於包山、葛陵、秦家咀等楚簡，陳偉先生認為「連續禱祠五代先人，大概是戰國中期楚國貴族中的流行作法」，「表明楚人的親屬制度與《禮記》等書所載相符，是將自高祖父之父以下的五世看作比較密切的血緣集團」，參看氏作〈楚人禱祠記錄中的人鬼系統以及相關問題〉，載《古文字與古代史》第1輯，〔臺北〕「中央研究院」歷史語言研究所2007年，又載簡帛網2008年2月7日。
② 參看湖北省文物考古研究所、北京大學中文系：《望山楚簡》，「附錄」第136頁。
③ 參看曾憲通：〈楚月名初探〉，載《中山大學學報》，1980年第1期；收入《曾憲通學術文集》，汕頭大學出版社2002年版。
④ 睡虎地秦墓竹簡整理小組：《睡虎地秦墓竹簡》，文物出版社1990年版，第190—191頁。

第三章　湖北江陵望山楚簡

第二節 2號墓遣冊

2號墓竹簡出土於邊箱東部，全部殘斷。整理後編號66枚，內容為遣冊。其中5枚簡基本完整，長63.7—64.1公釐。現存簡一般長4—10公釐，寬約0.6—0.67公釐。整簡有上、下兩道編繩，契口上尚殘存有編繩。簡文墨書於竹黃面，不留天頭。字跡大部分比較清楚。每簡字距較密，書寫工整，似乎也出自多人之手。因為保存不好，整理者依據簡文內容排定簡序，依次為車馬器、漆木器、銅器、服飾器、寢具及竹器、木俑、陶器等。1號簡簡文云「☑周之歲八月辛口之日，車與器之典」，係遣冊首簡。其前半句是大事紀年，應是該墓的絕對年代；後半句或以為是篇題 ①。63、64號兩枚殘簡記載有奉陽公、長王孫，可能是賻贈者。

第三節 簡文釋讀概況

望山簡最早的整理者是羅福頤先生和中山大學中文系古文字研究室②。「文革」之後，朱德熙、裘錫圭、李家浩三位先生重新對這兩批竹簡進行整理。儘管其時楚文字研究仍處於比較艱難的階段，但望山簡文字的整理工作，今天看來非常成功，失誤較少。以《望山楚簡》為例。墓主「悼固」之「悼」，原作「愳」。整理者指出，「邵」、「悼」古音極近，簡文悼王之「悼」作「愳」，「愳」當即「悼」字異體。簡文屢記為愳固祭禱於楚先王，可見愳固是楚

---

① 林清源：《簡牘帛書標題格式研究》，〔臺北〕藝文印書館2004年版，第204頁。
② 羅福頤先生對部分簡文的摹本發表在《文物》1966年第5期，圖23—24。中山大學古文字研究室的成果曾以油印本的形式在部分學者間有流傳，參陳英傑：〈張振林先生的簡牘學研究——張振林先生學術述略之二〉，載《簡帛》第6輯，上海古籍出版社2011年版。

公族，「**悊**固」顯然是悼氏而非昭氏。鄂君啟節銘大司馬昭陽之「昭」作「卲」，與「**悊**」有別。後來包山簡出土，其載大司馬悼滑之「悼」亦作「**悊**」，楚昭王之「昭」、大司馬昭陽之「昭」均作「卲」，證明整理者對簡文「**悊**」、「卲」的區分正確。卜筮簡多言「**速**瘥」、「遲瘥」，天星觀簡或以「遲**速**」連言，整理者因疑「**速**」與「遲」是一對反義詞，「**速**」字之義當為「速」，也可能「**朿**」就是「束」的繁體。郭店《尊德義》28—29號簡有「德之流，**速**乎置郵而傳命」句，文見於《孟子 公孫丑上》，與「**速**」相應之字正作「速」，可證「**速**」確實應該讀為「速①」。遣冊49號簡記有「九亡童」，還分別敘述了「亡童」所著服裝。整理者指出，《吳越春秋 夫差內傳第五》：「梧桐心空，不為用器，但為盲僮，與死人俱葬也。」所云「盲僮」即簡文「亡童」。該墓出土木俑16件，頭上有假髮，身著絹衣，「九亡童」當在其中。「亡童」亦稱「明童」，馬王堆三號漢墓遣冊記有「男子明童」、「女子明童」；信陽遣冊28號簡作「**朙**僮」，「**朙**」即「明」的分化字。其說可信。

其後，尤其是近年，隨著新資料的公佈，望山簡文字的考釋也取得一些進展。如1號墓簡文數言「小有◇於躬身」。◇，原簡作**圖**（簡73）、**圖**（簡74）等形，整理者釋為「優」，讀為「憂」，從文意看可行，但是字形上存在問題，簡文右上部不是「憂」字所從的「百」，而是「簟」字初文「丙」，實際上字應隸定為「**愿**」或「**愿**」，從「宿」為聲。1997年李運富先生即指出這一點，不過可能受整理者的意見影響，他認為字蓋「憂」字異構②。2001年，陳劍先生指出字應該讀為「慽」，李守奎先生贊同陳說，並進一步論證說，「宿」、

① 參看荊門市博物館：《郭店楚墓竹簡》，文物出版社1998年版，第175頁注釋15。
② 李運富：《楚國簡帛文字構形系統研究》，嶽麓書社1997年版，第124頁。

「慽」古音極近，字當是「慽」之異體。《說文》心部：「慽，憂也。」① 現在這種釋讀已經得到多數學者贊同。又如卜筮類9號簡云：「鄧逑以小簪為悼固貞：既痤，以△心，不內食，尚毋為大蚤。」△在簡文中共4見，作孚等形，或從「心」。整理者認為「心」旁之外的形體從「元」從「子」或從「冗」從「字」，可能是「孩」字異體，在簡文中讀為「駭」。1999年，李零先生首先提出「孚」可能是「娩」的古寫。郭店簡《緇衣》也有此字，作孚（簡24），通為「免②」。隨後，李家浩先生指出釋「娩」的說法可信。從「心」的「孚」是「悗」字異體，通「悶③」。但是兩位先生沒有對△的形體源流做出說明，其說不免令人質疑。2001年，趙平安先生撰文，把「孚」與甲骨文中表示分娩義的▨（《合集》154）字聯繫起來，認為「孚」形由▨演變而來，▨是「娩」的象形表意字④，從形體上給出了合理解釋。現在「孚」之為「娩」，從「心」之「孚」為「悗」，已經得到學界認同。簡文「蚤」，整理者注：「漢隸『蚤』字亦多從『又』。疑『蚤』當讀為『慅』，憂也。」前引郭店簡《尊德義》「置郵」之「郵」，簡文亦作「蚤」，但是字係從「又」聲，與「郵」音通。據此陳劍先生認為，望山簡「蚤」也是從「又」聲，應讀為「尤」。「又」、「尤」古音相近，「尤」與「郵」古書中通用的例子極多。同類用法的「尤」古書常見，舊注多訓為「過」。「尚毋為大尤」，與《周易》數見的「無尤」相合；「為大尤」的說法又見於《左傳》襄公二十二

---

① 李守奎：〈《九店楚簡》相宅篇殘簡補釋〉，載《新出土文獻與古代文明研究》，上海大學出版社2004年版。

② 李零：〈讀《楚系簡帛文字編》〉，載《出土文獻研究》第5集，科學出版社1999年版，第146頁；李零：〈郭店楚簡校讀記〉，載《道家文化研究》第17輯，三聯書店1999年版；李零：《郭店楚簡校讀記》（增訂本），北京大學出版社2002年版，第65頁。

③ 湖北省文物考古研究所、北京大學中文系：《九店楚簡》，中華書局2000年版，第146—147頁。

④ 趙平安：〈從楚簡「娩」的釋讀談到甲骨文的「娩㛃」〉，載《簡帛研究二〇〇一》（上冊），廣西師範大學出版社2001年版。

年[1]。與整理者說相較，陳說為長。新蔡葛陵簡有從「尤」之字，作「憨」（甲三10）、「蚘」（甲三143）、「忧」（甲三198）、「訧」（零204）、「忧」（零472）等形，辭例多為「不為△」或「毋為△」，其整理者均讀為「忧」，學者或從陳說出發改讀為「尤[2]」。

---

① 陳劍：〈據楚簡文字說「離騷」〉，載《新出土文獻與古代文明研究》。
② 參看袁金平：《新蔡葛陵楚簡字詞研究》第30—35頁，安徽大學博士學位論文，2007年4月。

第四章 湖北江陵九店楚簡

　　九店墓地西南距紀南城1.2—1.5公里，1981年至1989年，為配合磚瓦廠生產取土，湖北省文物考古研究所江陵工作站（原屬湖北省博物館）在該墓地發掘東周墓葬596座，其中56、621號楚墓各出土一批竹簡[①]。

　　56號墓平面長方形，土坑豎穴，葬具為一棺。墓室東壁有一頭龕，北壁有一側龕。墓葬時代為戰國晚期早段，墓主身分為庶人。隨葬物品放置於龕內，共30餘件。其中頭龕主要放置陶禮器和漆生活用器，側龕內放置各類兵器及木梳、箆等。竹簡也置於側龕，出土時呈卷束狀，內裹有削刀和墨水匣，盒內盛有墨塊。

　　621號墓也是長方形土坑豎穴墓，規模大於56號墓。葬具係一槨一棺。時代約當戰國中期晚段，略早於56號墓。墓主身分為士。隨葬物

---

① 1995年科學出版社出版湖北省文物考古研究所編著《江陵九店東周墓》，發表56、621兩座墓葬竹簡的圖版及李家浩、彭浩兩位先生所作釋文；2000年中華書局出版湖北省文物考古研究所、北京大學中文系編《九店楚簡》，發表56、621兩座墓葬竹簡的圖版及李家浩先生所作釋文與考釋，釋文、簡序與《江陵九店東周墓》均有不同。本文引述整理者說出自《九店楚簡》。2004年，武漢大學「楚簡綜合整理與研究」項目課題組對現存湖北省博物館的56號、621號墓竹簡作有紅外線拍攝，在釋字上取得進展，參陳偉等著《楚地出土戰國簡冊〔十四種〕》，經濟科學出版社2009年版，第301—337頁。據《江陵九店東周墓》（第340頁），411號墓出土竹簡2枚，一枚完整，長68.8、寬0.6公釐；一枚殘。字跡不清。這批資料迄今尚未見任何其他報導。

品放置在棺、槨之間的縫隙裡，共50餘件。竹簡出土於東側，與兵器放置在一起。

第一節　56號墓竹簡

該墓出土竹簡205枚，其中有字簡146枚，含完整和較完整的簡35枚，保存狀況較差。整簡長46.6—48.2公釐、寬0.6—0.8公釐。編繩三道。簡文墨書於竹黃面，頂端起書，未留天頭。總字數約2700個，大多可辨。

根據簡文內容，整理者將竹簡分為十五組。組（一）包括12枚簡，內容記的是舊、梅等的數量，似乎涉及到數量單位之間的換算。數量單位有擔、秅、來、赤、簹、韶等。整理者指出，這組簡所記之物可能跟農作物有關。邴尚白先生則認為是有關釀酒方法的記錄，或可能是以釀酒之米、麴比例為題的算術書①。其性質有待進一步研究。組（二）至（一四）是《日書》，（一五）均為殘簡，絕大多數也屬於《日書》。

《日書》是一種以時日占斷吉凶禍福的數術書籍，古代稱操此占斷之術的人為「日者」，《史記》有《日者列傳》專記日者的活動。據《漢書　藝文志》，數術之學在戰國秦漢時期盛極一時，可惜相關書籍佚失殆盡。近年，隨著考古工作的開展，《日書》相繼出土。但是迄今為止出土的《日書》以秦漢時期為主，九店《日書》是目前僅見的戰國數術文獻，其中不少篇章內容見於雲夢睡虎地秦簡《日書》、隨縣孔家坡漢簡《日書》等，在楚與秦漢《日書》的比較研究、楚國社會以及天文歷法的研究等方面具有重要價值。

---

① 邴尚白：〈九店五十六號楚墓一至十二簡試探〉，載《中國文學研究》第16期，2002年6月。此轉引自《楚地出土戰國簡冊〔十四種〕》，第302頁。

第二節　621號墓竹簡

　　該墓出土竹簡127枚，其中有字簡88枚。竹簡保存狀況不好，全部殘斷，多數簡文漫漶不清。殘存簡最長的22.2公釐，寬0.6—0.7公釐。簡上尚可見編繩痕跡。由於殘斷嚴重，已不能聯綴成文。整理者認為有的殘文與烹飪有關，當係古佚書。34號簡文可釋為「季=（季子）女訓」，「訓」字後留白，沒有文字，疑即篇題。古書有以《女訓》為篇名者，簡文「女訓」大概是「季子」所作，故稱「季子女訓」。蕭毅先生懷疑34號簡文可釋為「事=安訓」，不一定是篇名[①]。《十四種》認為「事=安訓」似當讀作「事事安順[②]」。

第三節　簡文釋讀舉例

　　1995年出版的九店墓地發掘報告，僅發表竹簡釋文，未附考釋。其後學者在簡文釋讀上提出不少很好的意見。2000年出版的《九店楚簡》，釋文有較大改進，考釋非常詳細，可商之處不多。上文提到蕭毅先生對整理者所釋「季子女訓」的質疑，似乎頗有道理。所謂「女」字原簡作 ，字形已不清晰，但確如蕭先生所說，似乎在「女」形旁邊多出一筆，很像「安」字，郭店簡《老子丙》「安」字作 （簡3），可資對比。

　　簡文所記數量單位很有特點，可惜大都難以確知其具體內涵。其中關於「䡆」字的討論比較多見。整理者李家浩先生指出，該字見於古璽印，或從「廣」。長沙楚銅量自名為「䡆」，不少學者認為「䡆」、

①　蕭毅：〈九店竹書探研〉，載《楚地簡帛思想研究（三）》，湖北教育出版社2007年版。
②　陳偉等著：《楚地出土戰國簡冊〔十四種〕》，第337頁。

「劋」是同一個字。銅量「劋」為圓筒形，有鋬，像今天的量杯，容量是2300毫升。郭店簡發表後，李先生又提出，郭店簡《五行》用為「喻」的字作，其整理者隸定為「窬」，以為是「俞」的錯字。其實也有可能不是「俞」的錯字。「劋」的左旁與「龍」字左旁相同，「龍」、「俞」古音相近，大概是有意把「俞」字所從「舟」旁改寫作與「俞」音近的「龍」字左旁，使其成從「龍」省聲。那麼「窬」當是「俞」的異體，「劋」是「窬」的省體。作為量名的「俞」讀為什麼字，待考①。

　　包山簡中有一字作（簡116），整理者隸定為「刞」（筆者按：與《說文》「刞」非一字，為免混淆，下文均釋寫為「刞」）；又有異體作（簡146），辭例為「金三鎰刞鎰」、「金一鎰刞鎰」，其他簡文與之相對應的辭例有「十鎰一鎰四兩」（簡111）、「一百鎰二鎰四兩」（簡115），可見「刞」義與數量有關。黃錫全先生認為，信陽遣冊16號簡「重八鎰刞鎰一銖」的「刞」字，根據文義顯然與「刞」是一字。戰國中山王壺「簡策」之「簡」作（《金文編》303頁），曾姬無卹壺「蒿間」之「間」作，所以「刞」應該是「簡」之省文，而「刞」即「間」字省文。「間鎰」就是鎰之中間，也就是中鎰、半鎰②。不過楚簡「間」字比較多見，往往與曾姬無卹壺寫法相同，如包山152號簡作，上博藏《容成氏》9號簡作；或省「門」旁作（《老甲》23），均從「夕」不從「肉」，信陽簡字形又有殘泐，認可釋「間」的學者似乎不多，但是「刞」有「半」義的說法得到大多數學者贊同。如白于藍、劉信芳、董珊等先生先後提出，「刞」係

---

① 李家浩：〈戰國官印考釋三篇〉，載《出土文獻研究》第6輯，上海古籍出版社2004年版。

② 黃錫全：〈試說楚國黃金貨幣稱量單位「半鎰」〉，載《江漢考古》，2000年第1期。譚步雲先生曾提出類似看法，參氏作：《先秦楚語詞匯研究》第90頁，中山大學博士學位論文，1998年5月。

「胖」、「別」或「判」的表意字，「<ruby>肉</ruby>鎰」即「半鎰①」。

　　似乎是李守奎先生最早在其博士學位論文《楚文字編》中將「剮」與「<ruby>肉</ruby>」聯繫起來，認為後者是前者的省體②。李學勤先生贊同此說，認為「剮」可以簡寫為「<ruby>刞</ruby>」，甚至「<ruby>肉</ruby>」；又認為「剮」可分解為「月（肉）」、「辛」、「刀」三部分，字以「<ruby>刞</ruby>」為聲，而「<ruby>刞</ruby>」是「辨」的省簡，古音與「半」相通，因此「剮」可以讀為「半」，「半」為二分之一，九店簡中的「<ruby>篿</ruby>」讀作「參」，是三分之一，都是量制單位③。董珊先生贊同字以「<ruby>刞</ruby>」為聲的看法，不過認為「<ruby>肉</ruby>」本是名詞「胖」或動詞「判」的表意字，「胖」、「判」都是為表示「分半」意而後起的形聲字。「<ruby>肉</ruby>」不是「剮」的省寫，反之「剮」是在「<ruby>肉</ruby>」的基礎上添加「辛」旁而來，添加「辛」旁是為了以「<ruby>刞</ruby>」為聲符，使表意字形聲化④。也有學者認為「剮」與「<ruby>肉</ruby>」不一定是同一個字⑤，還有學者將兩字明確分開，如李守奎先生後來改變看法，在正式出版的《楚文字編》中將「剮」釋寫為「<ruby>龍</ruby>」，云「從龍省聲」，與「<ruby>肉</ruby>」分置⑥。

　　總之，「<ruby>肉</ruby>鎰」之「<ruby>肉</ruby>」義為「半」，已經得到普遍認同。「剮」的形體結構究竟應該如何解釋，與「<ruby>肉</ruby>」的關係如何，還需要作進一步討論。

①　白于藍：〈包山楚簡補釋〉，《中國文字》新27期，〔臺北〕藝文印書館2001年版；劉信芳：《包山楚簡解詁》，〔臺北〕藝文印書館2003年版，第106頁；董珊：〈楚簡簿記與楚國量制研究〉，載《考古學報》，2010年第2期。
②　李守奎：《楚文字編》，第201頁；又可看《楚文字編歸字說明》第35頁，吉林大學博士學位論文，1997年10月。
③　李學勤：〈楚簡所見黃金貨幣及其計量〉，載《中國錢幣論文集》第4輯，中國金融出版社2002年版；收入氏著：《中國古代文明研究》，華東師範大學出版社2005年版。
④　董珊：《楚簡簿記與楚國量制研究》。
⑤　參看李天虹：〈戰國文字「窬」、「剮」續議〉，載《出土文獻研究》第7輯，上海古籍出版社2005年版。
⑥　李守奎：《楚文字編》，華東師範大學出版社2003年版，第270、271頁。

第五章 湖南常德夕陽坡楚簡

　　1983年冬天，湖南省常德市夕陽坡2號楚墓出土竹簡兩枚[1]。該墓保存較好，槨室分為棺室、頭箱、邊箱三部分，墓葬時代約當戰國中晚期。

　　1號簡簡首略有殘損，長67.5公釐；2號簡完整，長68公釐，兩簡均寬1.1公釐，共計54字。簡文內容與楚王有關，其中有「悼哲王」之名，似是記楚悼王之子楚肅王（公元前380—370年在位）之事。簡文起始為大事紀年，作「越湧君贏將其眾以歸楚之歲」，越湧君其人待考[2]。

---

①　參看楊啟乾：〈常德市德山夕陽坡二號楚墓竹簡初探〉，載《楚史與楚文化研究》，《求索》雜誌社1987年；劉彬徽：〈常德夕陽坡楚簡考釋〉，見氏著：《早期文明與楚文化研究》，嶽麓書社2001年版，第215—218頁；陳偉等著：《楚地出土戰國簡冊〔十四種〕》，經濟科學出版社2009年版，第477—478頁；湖南省常德市文物局等：《沅水下游楚墓》，文物出版社2010年7月。

②　參看何琳儀：〈舒方新證〉，載《古籍研究》，2000年第1期；李學勤：〈越湧君贏將其眾以歸楚之歲考〉，載《古文字研究》第25輯，中華書局2004年版。

第六章 湖北荊門包山楚簡

　　包山墓地位於湖北省荊門市十里鋪鎮王場村，南距紀南城16公里。1986年11月至次年1月，為配合荊沙鐵路建設工程，湖北省荊沙鐵路考古隊在此進行發掘，其中2號墓出土一批楚簡[①]。

　　2號墓平面長方形，有封土，帶墓道，十四級臺階。葬具為二槨三棺。外槨分為東、南、西、北、中五室，放置木棺和隨葬物品。墓主是楚國左尹昭佗。據人骨架測定，昭佗死亡時年齡在35—40歲之間。墓葬時代為戰國中期偏晚。該墓有盜洞，但未至槨室，保存較好，出土各類器物約2000件。東室主要隨葬禮器和食器，南室放兵器和車馬器，西室放起居生活用器，北室為日常用具。北室還出土一支毛筆，葦質，置於竹筆筒內。另外東、南、西、北四室均放置有竹簡。

---

① 　參看湖北省荊沙鐵路考古隊：《包山楚墓》，文物出版社1991年版。湖北省荊沙鐵路考古隊：《包山楚簡》，文物出版社1991年版。《包山楚簡》所公佈簡牘資料與《包山楚墓》大體相同，不過沒有收入簽牌和木牌。2004年，武漢大學「楚簡綜合整理與研究」課題組對現存湖北省博物館的部分竹簡做有紅外線拍攝，釋字上取得進展，並對簡序也略有調整，參陳偉等著：《楚地出土戰國簡冊〔十四種〕》，經濟科學出版社2009年版，第1—137頁。本章寫作又多參考朱曉雪：《包山楚墓文書簡、卜筮祭禱簡集釋及相關問題研究》，吉林大學博士學位論文，2011年4月。

第一節　竹簡的出土、形制與格式

竹簡共448枚，其中有字簡278枚 [①]。東室8枚，南室13枚，都是遣冊。南室東部的馬甲之中有一枚竹牘，正反面均書文字，可能屬於賵書 [②]。西室135枚，放置於兩處，其中129枚位於南端，除一枚簡背有字外，其他均為無字簡；6枚位於北端底部，屬遣冊。西室一竹笥中放置有「五祀」木牌 [③]。北室竹簡也分兩束放置，54枚為卜筮祭禱記錄，196枚為司法文書。此外，還有原置於竹簡、竹笥、陶罐、衣物上的簽牌30枚 [④]。

竹簡出土時，編繩均已腐爛，因為未經擾動，原放置位置並沒有大的變動，給簡序的復原提供了較好基礎。文書和卜筮祭禱簡，製作比較精細，部分遣冊簡相對粗糙。遣冊簡最長的達72.3—72.6公釐，寬0.8—1公釐，另一部分長65公釐左右。文書簡長度大多數在62—69.5公釐之間，少數較短，只有55公釐左右（即所謂「貸金」簡），寬0.6—0.85公釐。卜筮祭禱簡大部分長67.1—69.5公釐、寬0.7—0.85公釐。文書和卜筮祭禱簡有兩道編繩，遣冊簡多數有三道編繩，少數兩道。竹牘長約48.5公釐，寬1.8公釐。

少數竹簡的背面有刀劃出的斜線，或筆劃出的墨線，整理者指出，有的簡可據此依次編聯，有的則互不相關。

簡文主要書寫於竹黃面，書於竹青面的很少。文字清晰，保存較好。除部分遣冊簡（簡265—277）外，均不留天頭和地腳。文字風格、字距疏密不一，應由多人書寫而成。

---

① 本段對各室出土竹簡的計數多參考《楚地出土戰國簡冊〔十四種〕》第1頁。
② 陳偉先生認為277號簡和竹牘實為賵書，內容與遣冊「正車」簡（簡271、276、269、270）略同。參氏著《包山楚簡初探》，武漢大學出版社1996年版，第187—192頁。
③ 湖北省荊沙鐵路考古隊：《包山楚墓》（下冊），圖版47。
④ 湖北省荊沙鐵路考古隊：《包山楚墓》（下冊），圖版46—47、210。

第二節　簡文的分類與內容

　　簡文內容主要有三種，分別是文書（196枚）、卜筮祭禱記錄（54枚）和喪葬記錄（27枚）[1]。

　　整理者將喪葬簡分為四組。第一組出自東室，記載食品與食器，相應器物均見於東室。所記食品大致可分為肉、魚、瓜果、蔬菜、菹菜、糧食六類。簡文云「食室之金器」、「食室之飤」，是稱東室為「食室」。第二組出自南室，所記青銅禮器和漆木器均見於東室。簡文云「大卯之金器」、「大卯之木器」，或疑「卯」當讀為「庖[2]」。第三組也出自南室，所記車馬器、兵器均放置於南室。第四組出自西室，所記物品主要見於西室和北室，主要是衣物、起居類等生活用品。其中259號簡云「相徙之器所以行」，「相徙」應該如何解釋尚無定論，從「所以行」看，這組簡文所記物品或與出行有關[3]。

　　卜筮祭禱簡分為卜筮和祭禱兩類。所貞問的內容有兩種，一種是貞問「出入侍王」，時限為歲貞；另一種是貞問疾病，由這種簡文可知墓主有腹心疾、少氣、上氣、不甘食等病症。祭禱的形式有三種，即詔禱、舉禱和賽禱。祭禱對象可分為鬼神和先人兩大類。鬼神涉及土行、山川、星辰等，神名有大、后土、地主、行、大門、大水、二

---

① 《十四種》（第118頁）認為，260、264號簡均由兩段殘簡綴合而成，從斷口上下的字形看，恐不當拼合，應分別看待，這樣喪葬記錄的簡數就是29枚。另外，278號簡簡文（「糸腏尹之人藍張紺多命以要賥」）書寫於簡背，是西室南端129枚簡中唯一有字的簡，整理者排在遣冊簡的末尾，劉國勝先生認為當與西室南端其他無字簡自成一體，其性質與「告地書」相近，參氏作：〈包山二七八號簡釋文及其歸屬問題〉，載《中國文字學學術研討會論文集》，〔臺北〕萬卷樓圖書有限公司2002年版。

② 卯，原文作𠂤，整理者釋為「兆」。《十四種》（第127-128頁）認為，字與120號簡等處的「卯」字相近，恐當釋為「卯」，「大卯」疑讀為「大牢」。李家浩先生疑讀為「大庖」。

③ 「出行」說是整理者提出的。蒙劉國勝先生告知，黃鳳春先生對這裡的「行」有另外一種看法，大意是：「行」有「葬」、「隨葬」意。《禮記　檀弓下》：「始死，脯醢之奠。將行，遣而行之。既葬而食之。」鄭玄注：「將行，將葬也。」《穀梁傳》莊公元年：「生服之，死行之，禮也。」此說頗有新意，姑錄備考。

天子、峗山、高丘、下丘等。先人有兩種，其一是「楚先」老童、祝融和鬻熊。其二主要是昭𰯼的五世先人昭王、文坪夜君子良（昭𰯼高祖）、邴公子春（昭𰯼曾祖）、司馬子音（原或稱「親王父」，昭𰯼祖父）、蔡公子家（原或稱「親父」，昭𰯼之父）和夫人（原或稱「親母」，昭𰯼之母）。文坪夜君子良即見於《左傳》哀公十七年的子良，係昭王之子，惠王之弟①，也是新蔡葛陵楚墓墓主坪夜君成的父親②。

文書簡均為官文書。整理者根據內容和篇題，將其分為七類。第一類「集箸」，是有關驗查名籍的記錄。第二類「集箸言」，是有關名籍告訴及呈送主管官員的記錄；第三類「受幾」，是受理各種訴訟案件的時間與審理時間及初步結論的摘要記錄；第四類「疋獄」，是關於起訴的簡要記錄。這四類的篇題均為簡文自題，前兩者書於簡的正面，頂端起書，各占用一支簡；後兩者書寫於簡背中部，字距較疏。第五類是貸金糴種的記錄，第六類是案件案情與審理情況的記錄；第七類是各級司法官員審理或複查訴訟案件的歸檔登記。這三類沒有自書篇題，《十四種》分別擬名為「貸金」、「案卷」、「所詆」。值得注意的是，出土時文書簡上有一枚簽牌，文曰「廷等（志）」，可能是文書簡的總標題③。

簡文中有七條大事紀年，整理者推算其絕對年代如下：

公元前322年——大司馬昭陽敗晉師於襄陵之歲

公元前321年——齊客陳豫賀王之歲

---

① 參看彭浩：〈包山二號楚墓卜筮和祭禱竹簡的初步研究〉，《包山楚墓》（上冊），第562頁附錄23；何浩：〈文坪夜君的身分與昭氏的世系〉，載《江漢考古》，1992年第3期。

② 參看宋華強：《新蔡葛陵楚簡初探》，武漢大學出版社2010年版，第113—121頁。

③ 參看周鳳五：〈包山楚簡《集箸》、《集箸言》析論〉，載《中國文字》新21期，〔臺北〕藝文印書館1996年版；李家浩：〈談包山楚簡「歸鄧人之金」一案及其相關問題〉，載《出土文獻與古文字研究》第1輯，復旦大學出版社2006年版；劉國勝：〈包山楚墓簽牌文字補釋〉，載《古文字研究》第26輯，中華書局2006年版。

公元前320年——魯陽公以楚師后城鄭之歲

公元前319年——周客甘固逅楚之歲

公元前318年——宋客盛公邊聘於楚之歲

公元前317年——東周之客許緹致胙於蒇郢之歲

公元前316年——大司馬悼滑將楚邦之師徒以救郙之歲

公元前316年，也就是包山2號墓的絕對年代[①]。

包山簡出土之前，已經有數批楚簡發現並公佈，但是無論保存狀
況、數量、內涵都遠遜於包山簡。包山簡保存好，學術價值高，在楚
國文字、歷史地理、行政司法制度等方面的研究上，說包山簡處於一
個繼往開來的地位，也不過分。

值得一提的是，包山楚墓的發掘工作於1987年1月結束，整理工作
於當年2月開始，至1989年2月結束，歷時兩年。1991年10月，《包山
楚墓》、《包山楚簡》兩部專著正式出版，公佈了全部考古與竹簡資
料。1996年，李學勤先生曾說：「在近年出土的成批簡牘中，包山楚
簡的公佈是最及時的。」[②]

第三節　簡文釋讀概況

包山簡總字數約12600個（含竹牘），單字約1600個，其中有大量
新見字，可以說是楚文字發現與研究的一個轉捩點，自此以後，楚文
字研究逐步走向系統化，楚簡文字成為戰國文字研究中的一個重要
分支。

①　參看王紅星：〈包山簡牘所反映的楚國曆法問題——兼論楚曆沿革〉，《包山楚墓》（上
　　冊）附錄20；劉彬徽：〈從包山楚簡紀時材料論及楚國紀年與楚曆〉，《包山楚墓》（上
　　冊）附錄21。
②　參看陳偉：《包山楚簡初探》「序」。

第六章　湖北荊門包山楚簡

由於新見字多，內涵豐富，尤其文書簡，文句艱深，為以往所未見，缺乏可供比對的資料，且限於整理時間，整理者對文字的考釋工作雖然取得巨大成績，但依然遺留下很多問題。資料全部公佈後，迅即得到學界強烈關注。1992年11月，中國古文字研究會第九屆學術研討會在南京大學召開，那時距包山簡公佈剛滿一年。該屆年會沒有專門出版文集，且規模較小，後來雖然與會論文大都登載在學術刊物上，但是分佈零散，查找不易，瞭解內情的學者不是很多。這是筆者第一次正式參加古文字學會年會，提交的論文就是對包山簡釋文的校釋，經查找相關資料並憑記憶，黃盛璋、湯余惠、曹錦炎、李零、黃錫全、劉釗、周鳳五、林素清等多位先生都發表了以包山簡為主題的論文，包山簡也不期然成為那屆年會的一個重要議題。包山簡的受關注度於此可見一斑。

資料公佈後的一兩年間，簡文釋讀獲得較大進展。如林沄先生釋「㝰」、「煮鹽於海」、「著①」，湯余惠先生釋「淍」、「隋」、「求」、「及」、「項②」，何琳儀先生釋「某」、「𥞤」、「祕」、「射」、「宰③」，黃錫全先生釋「履」、「蜀」、「𩵋」、「鳴」、「駁④」，我們曾釋「圍」、「擔」、「均」、「望」、「蜜」等等⑤。值得特別指出的是，包山簡有不少字形可以跟《說文》古文等傳抄古文對比，傳抄古文對簡文的釋讀起到了重要作用，如整理者釋「旹（時）」、「𢐌（勞）」、「迡（遲）」、「埜（野）」、「軸

---

① 林沄：〈讀包山楚簡劄記七則〉，載《江漢考古》，1992年第4期。本章所引林先生意見均出自此文，下不再注。還需要說明，有些意見是不同學者大體同時提出的，我們這裡是舉例性質，不一一指出，而僅列一位學者的姓名。
② 湯余惠：〈包山楚簡讀後記〉，載《考古與文物》，1993年第2期。本章所引湯先生意見均出自此文，下不再注。
③ 何琳儀：〈包山竹簡選釋〉，載《江漢考古》，1993年第4期。
④ 黃錫全：〈《包山楚簡》部分釋文校釋〉，見《湖北出土商周文字輯證》，武漢大學出版社1992年版。本章所引黃先生意見均出自此文，下不再注。
⑤ 李天虹：〈《包山楚簡》釋文補正〉，載《江漢考古》，1993年第3期。

（胄）」、「宅」、「棄」、「郻」等，林澐先生釋「遮（徙）」、湯余惠先生釋「丝（絕）」、黃錫全先生釋「嗌」，我們曾釋「悝（狂）」、「溟（澤）」、「奻（奴）」、「覵（繭）」等①。

此後簡文釋讀的進展速度漸緩，但佳作亦不時有見，如李家浩先生、白于藍先生有關包山簡的一系列文章，創見頗多②。這裡舉一個有代表性的例子。遣冊258號簡有物品名稱，整理者隸定作「蔪」，讀作「筍」；湯余惠先生釋為「菥」，從字形看都有一定道理。字又見於59號竹笥的簽牌，而該號竹笥內盛放藕，李家浩先生據之認為字當釋為「藕」③，因有實物對照，李說更為可信。該字後來又見於上博藏《平王與王子木》1號簡，作，陳偉先生讀為「遇」④，於上下文義可通。《平王與王子木》篇內容亦見於阜陽漢簡「說」類簡⑤，相當之字正作「遇」。現在看來，李說可以成為定論。

20世紀90年代末到21世紀初，郭店簡、上博簡相繼發表，吸引了學者的注意力。大量新資料的公佈與研究，使人們對楚文字的認識越來越深刻，包山簡文字釋讀中的一些錯誤或難題由此得到糾正、解決或者有所突破。如10號簡有字作，整理者隸定為「䃤」，湯余惠先生釋作《說文》訓為「山夾水」的「澗」字。2003年，上博藏《周易》公佈，其50號簡也有該字，今本相應之字作「干」，整理者釋為

① 李天虹：〈《包山楚簡》釋文補正〉。
② 參看李家浩：〈包山二二六號簡所記木器研究〉，載《國學研究》第2卷，北京大學出版社1994年版；〈包山楚簡中的旌旆及其他〉，載《第二屆國際中國古文字學研討會論文集續編》，香港中文大學1995年9月；〈包山楚簡「籢」字及其相關之字〉，載《第三屆國際中國古文字學研討會論文集》，香港中文大學1997年10月。白于藍：《包山楚簡文字編》，吉林大學碩士學位論文，1995年5月；〈《包山楚簡文字編》校訂〉，載《中國文字》新25期，〔臺北〕藝文印書館1999年版。
③ 李家浩：〈信陽楚簡中的「柿枳」〉，載《簡帛研究》第2輯，法律出版社1996年版。
④ 陳偉：〈讀《上博六》條記〉，簡帛網2007年7月9日。
⑤ 參看胡平生：〈阜陽雙古堆漢簡與《孔子家語》〉，載《國學研究》第7卷，北京大學出版社2000年版；劉嬌：《西漢以前古籍中相同或類似內容重複出現現象的研究——以出土簡帛古籍為中心》，復旦大學博士學位論文，2009年4月，第114頁。

第六章　湖北荊門包山楚簡

「澗」。古音「澗」、「干」都是見母元部，可以相通。為湯說提供了旁證。又58號簡有字，63號簡作，辭例均為「△暮」，舊不識。郭店簡《老子乙》1號簡「早」字作，從「日」、「棗」省聲。《語叢三》19號簡有，《語叢四》12、13號簡有、，並「早」字異體。對比可知，包山簡△字寫法與《語叢四》「早」字類同，黃德寬、徐在國先生據而將其釋為「早①」，《十四種》認為「早暮」義為早晚、隨時②。說均是。簡文數見（簡182、186）字，通常隸定為「啟（從『邑』）」。1999年，李零先生提出新釋，將字分析為從「殷」從「邑③」，但未舉證。2002年，上博藏《容成氏》公佈，其53號簡殷商之「殷」作，與包山簡此字形體極近，徐在國先生據而指出兩者當係同字，在包山簡中用為殷姓之「殷④」，說當是。這種寫法的「殷」所從的反身旁與「戶」混同。楚簡中此字還有從「土」作者，如上博藏《曹沫之陣》44號簡作、清華藏《祭公》10號簡作。《祭公》篇有今本作比照，無疑用為「殷」，進一步證明學者對包山簡此字的改釋可信⑤。138號簡簡背云：「與其，有不可證，同社、同里、同官不可證，昵至從父兄弟不可證」，從後半句可知這句話所述是對訴訟時的證人身分進行限定⑥。因、兩字不識，前半句具體含義不明。1997年，李運富先生從字形出發，將釋為「悁」，訓為仇怨，認為「有悁不可證」，意為「與乙方有仇怨之人，不可為甲方作證

① 黃德寬、徐在國：〈郭店楚簡文字考釋〉，載《吉林大學古籍整理研究所建所十五周年紀念文集》，吉林大學出版社1998年版。

② 陳偉等著：《楚地出土戰國簡冊〔十四種〕》，第32頁。

③ 李零：〈讀《楚系簡帛文字編》〉，載《出土文獻研究》第5集，科學出版社1999年版。

④ 徐在國：〈上博竹書（二）文字雜考〉，載《學術界》，2003年第1期；收入黃德寬、何琳儀、徐在國著：《新出楚簡文字考》，安徽大學出版社2007年版。

⑤ 參看張新俊：〈據清華簡釋字一例〉，復旦網2011年6月29日；蘇建洲：〈戰國文字「殷」字補釋〉，復旦網2011年6月30日。

⑥ 參看陳偉：〈包山楚司法簡131—139號補釋〉，載《簡帛研究彙刊》第1輯，〔臺北〕中國文化大學2003年5月。又載簡帛網2005年11月2日。該文原為「第一屆簡帛學術討論會」論文，臺北，1999年12月。

說話①」，對字形的考釋、文意的理解都頗有見地，但是似乎沒有引起足夠關注。1998年，郭店簡公佈，巧合的是這兩個字都出現在《緇衣》篇中，前者對應今本的「仇」（簡19）和「述」（簡43），後者對應今本的「怨」（簡10、22）。據此，黃德寬、徐在國及陳偉等先生都指出，包山簡這兩個字也應該讀為「仇」和「怨」。黃德寬、徐在國先生認為 的左旁是「棗」之省，與「仇」古音相近可通。 應釋為「悁」，與「怨」音同通用②。陳偉先生認為「仇」義是「怨偶」，這裡「具體是指與舒氏在訟獄中處於對手地位的苟冒、宣卯等人」③。至此這句話徹底得到通讀。

再如233號簡云「 於大門，一白犬」， 是祭禱用牲方法，整理者隸定為「閔」，讀為「剄」，訓為「殺」。其後學者對字形、字義均提出過其他看法，但都缺乏證據。郭店《老子》甲27號簡也有此字，作 ，用為「閉」，為該字的釋讀提供了新思路。據此，有學者以為「閔」是「閉」字之誤，也有學者認為是「閟」字之誤，用為「閉」。李守奎先生以為是「閟」字，從「必」省聲④。宋華強先生認為李說更為合理，「閔」字還見於戰國和漢代璽印，把它看成誤字恐怕說不過去。楚簡「必」字多寫作從「弋」從「八」，但包山簡中也有寫作從「戈」從「八」的，而戰國文字中偏旁省寫是常見現象。如果「閔」確實是「閟」的省寫，在包山簡中可讀為「伏」。《周禮 秋官 犬人》：「凡祭祀，共犬牲，用牷物，伏瘞亦如之。」鄭玄注引鄭司農云「伏謂伏犬，以王車轢之。⑤」現在看來，宋說似乎最為合理。

① 李運富：〈楚國簡帛文字叢考（二）〉，載《古漢語研究》，1997年第1期。
② 黃德寬、徐在國：《郭店楚簡文字考釋》。也有先生認為字從「獣」省聲，讀為「怨」，參魏宜輝、周言：〈讀《郭店楚墓竹簡》劄記〉，載《古文字研究》第22輯，中華書局2000年版；湯余惠、吳良寶：〈郭店楚簡文字拾零（四篇）〉，載《簡帛研究二〇〇一》（上冊），廣西師範大學出版社2001年版。
③ 陳偉：《包山楚司法簡131－139號補釋》。
④ 李守奎：《楚文字編》，華東師範大學出版社2003年版，第669頁。
⑤ 宋華強：《包山簡祭禱名「伏」小考》，簡帛網2007年11月13日。

2010年底，清華簡第壹冊公佈，對包山簡文的釋讀也起到推動作用。包山169、175號簡有地名合文▨，學者有不同釋讀，其中劉信芳先生釋為「䣄于①」。清華簡《楚居》14號簡有地名「䣄吁」，原作▨，整理者指出即包山簡▨，其「䣄」、「吁」共用「口」旁，這也證明此前劉先生所釋基本正確。文書簡數見▨（簡62、169）字，或省「邑」旁作▨（簡167、169），均用為地名，整理者隸定為「郲」，學者多從之，唯黃錫全先生看法有別，認為▨應看作一個整體，與甲骨文▨是同一個字；「皆」字16號簡作▨，273號簡又作▨，可為佐證。因此字當釋為「戕」。《說文》戕：「絕也，一曰田器。從从持戈。古文讀若咸。」確切地點待考。清華藏簡也有此字。《楚居》3號簡有人名「巫▨」，《皇門》6號簡有「▨祀天神」語，整理者將▨均隸定為「牂」，又指出或釋為「戕」。復旦讀書會則均釋讀為「戕（咸）」，指出「巫咸」是古神巫名，見於楚地文獻；《皇門》之字讀為「咸」，正與今本一致②。朱曉雪博士因而認為包山簡之字也應釋讀為「戕（咸）③」。清華簡的資料，證明黃先生早年將該字釋為「戕」可信。

2004年，武漢大學「楚簡綜合整理與研究」課題組對部分包山簡拍攝有紅外照片，在此基礎上簡文釋讀有重要進展，如120號簡「周客」的「周」、122號簡「亞大夫」的「大夫」，原均不識，據紅外照片得以釋出。這兩處釋讀都涉及到重要問題，「周客」為楚簡所僅見，為「戰國時周王室以及東西周二國的研究，提供了新線索」；「亞大夫」見於《左傳》昭公七年，在楚簡中也是首次出現④。

---

① 劉信芳：《包山楚簡解詁》，〔臺北〕藝文印書館2003年版，第195頁。
② 復旦讀書會：〈清華簡《楚居》研讀劄記〉、〈清華簡《皇門》研讀劄記〉，復旦網2011年1月5日。
③ 朱曉雪：《包山楚墓文書簡、卜筮祭禱簡集釋及相關問題研究》第207頁，吉林大學博士學位論文，2011年4月。
④ 參看陳偉等著《楚地出土戰國簡冊〔十四種〕》「前言」第4頁。

不過至今，依然遺留有一些未能得到確釋的字。如神名「犬」，或從「示」，其他地點所出卜筮類簡也多見，學者有矢、太、夭、朩、大、天等多種釋法，其中釋「太」說最為流行[①]，但迄今尚無定論[②]。遣冊簡有器物名稱（簡255、256），多數學者隸定為「舁」，有「籃」、「籚」、「暴」、「冥（皿）」、「瓵」、「尊」等釋法或讀法[③]，莫衷一是。文書簡有（簡80、125）字，字形上，有「笐」、「笋」、「笒」、「筥」等不同隸定，其中第二、三種隸定本質無別，得到多數學者認可；讀法上，有「引」、「節」、「剞」、「契」、「記」等說，很難判定是非。陳偉先生認為，「笋」的具體含義還可考究，「大致應是針對被告發出的文書[④]」，目前看來最為穩妥。簡文還數見（簡122、123）字，大多數學者認為與的下部為同字，或即之省。林清源先生認為兩者在構形與辭例兩方面都有區別，是否確實為同字異體，值得商榷[⑤]。文書簡中還有用作姓氏的（簡48）字，從「口」從「立」，異體從「邑」（簡41），整理者未破讀。字又見於上博藏《緇衣》13號簡「則民有昱心」一句，郭店本《緇衣》23號簡對應之字作「歡」，裘按認為可能讀為「勸[⑥]」，今本《緇衣》作「格」。《緇衣》為此字釋讀提供了線索，但在包山簡中究竟應該釋讀為何字還是無法確定。

① 參李零：〈包山楚簡研究（占卜類）〉，載《中國典籍與文化論叢》第1輯，中華書局1993年版；劉信芳：〈包山楚簡神名與《九歌》神祇〉，載《文學遺產》，1993年第5期。
② 「犬」及從「犬」之字在戰國文字中比較多見，不只是用為神名，近年董珊先生有專論，認為這個字從「大」聲，參氏作：〈楚簡中從「大」聲之字的讀法（一）〉、〈楚簡中從「大」聲之字的讀法（二）〉，簡帛網2007年7月8日。
③ 參羅小華：〈釋尊〉，載《江漢考古》，2011年第1期。
④ 陳偉：《包山楚簡初探》，第39頁。
⑤ 林清源：《楚國文字構形演變研究》第69頁，東海大學博士學位論文，1997年12月。
⑥ 荊門市博物館：《郭店楚墓竹簡》，文物出版社1998年版，第134頁注釋65。

第四節 簡文釋讀舉例

這裡我們重點對几處字詞的釋讀進行回顧和分析。

1. 㵒典（簡7）

「㵒」，原文作，又見於172、177、246號簡，整理者隸定為「㵒」；字或從「子」，作（簡5），整理者隸定為「孱」，讀作「沒」，云：《史記　屈原賈生列傳》「㴱深潛以自珍」，徐廣注：「㴱，潛藏也。」「㵒典」當是隱匿名籍。246號簡「㵒人」即溺於水中之人。此後，學者對「㵒」和「㵒典」的解釋大都受到整理者說影響。比如湯余惠先生指出，「㵒」所從「㳙」即古「溺」字，可分析為從「㳙」、「勿」聲，即「淹沒」之「沒」。「㵒典」謂不見於名籍，「㵒人」指溺水而亡者。也有學者的看法與之不同，如陳偉先生認為㵒典「似當是一種私人的人口名冊」[①]。1994年，黃盛璋先生指出，「㵒」即「㳙」字。《說文》：「㳙，沒也，從水，人。讀與溺同。」段注：「此沈溺之本字，今人多用溺水水名字為之，古今異字爾。《玉篇》引孔子曰：君子㳙於口，小人㳙於水。顧希馮所見《禮記》尚作㳙。」他又據《屈原賈生列傳》說，此㴱「僅見《楚辭》，必為楚文字，而㵒為其繁文」，似乎又是把「㵒」、「㴱」看做一字[②]。「㵒」亦見於郭店簡《老子甲》和《太一生水》，大都可以確定用作「弱」（《老甲》33、37，《太一》9），可證其讀音與「㳙（溺）」相通，所從「㳙」當是聲符。陳偉先生據之將「㵒典」讀為「弱典」，並在前說基礎上認為「弱典」是指所謂「弱冠」即男子成年之後所登錄的名冊。「孱」從「子」，或許正是「弱冠」之「弱」的本字[③]。

---

① 陳偉：《包山楚簡初探》，第130頁。
② 黃盛璋：〈包山楚簡中若干重要制度發複與爭論未決諸關鍵字解難決疑〉，載《湖南考古輯刊》第6集，嶽麓書社1994年版。
③ 陳偉：〈關於包山楚簡中的「弱典」〉，載《簡帛研究二〇〇一》（上冊）。

已知「煭」從「休」聲，似乎還沒有學者對其偏旁「勿」做出解釋。我們覺得「勿」在這裡應該用作表意偏旁，可看做「沕」的省形，也可以認為原字本從「沕」，與「休」共用「水」旁。「休」本來是會意字，「煭」是「休」的繁文，為形聲字。湯余惠先生把字與「休」聯繫起來、黃盛璋先生把字與「休」等同都是正確的。郭店《語叢二》36號簡有「休」字，作，也用為「弱」。附帶指出，作為偏旁，古文字「人」、「尸」、「弓」有時混用，簡文「煭」、「休」的左旁形體其實最接近「尸」，也有類似「弓」者，都不是標準的「人」形。

2. 視日（簡15、135）

文書簡數見「視日」一詞，從文義可知是訟狀的接受者。整理者釋為「見日」，謂指墓主左尹。卜筮類簡中還有視（簡218、222）字，學者亦釋為「見」。在郭店簡公佈之前，釋視為「見」未有疑議。不過白于藍先生有一個重要看法。他指出，包山簡從「見」之字很多，「見」旁均作見，未見有作視者。而作為獨體字，視均出現在「見日」這一官名中，見則未在這一官名中出現。可見視、見有別，視非「見」字，宜存疑[1]。儘管認為視非「見」字是錯誤的，認為視、見有別卻是卓識。

「見日」之釋一直持續到1998年郭店簡發表。在郭店本《老子》中，有明確的視用為「視」的例子，與「見」作見有別。《老子丙》5號簡的「視之不足見」，今本《老子》作「視之不足見」，是一條最有力的證據。據此，裘錫圭先生指出視應當是「視」字表意初文，包山簡的「視日」其實應釋為「視日」。《史記　陳涉世家》云周文「嘗為項燕軍視日」，其「視日」與包山簡之「視日」性質當相類，舊注以為《陳涉世家》的「視日」是「視日時吉凶舉動之占」，恐非

---

① 白于藍：〈《包山楚簡文字編》校訂〉。

是①。自此，「𥄂日」當釋為「視日」成為定讞。

　　關於「視日」的具體含義，學者的看法分歧較大。有的在史籍舊注基礎上做進一步闡發，以為指楚王，或以為指主審官②。「視日」又見於江陵磚瓦廠楚簡，用法與包山簡相同③。2004年，上博藏《昭王毀室》公佈，也出現「視日」一詞，為「視日」具體含義的探討提供了新思路。該篇文字尚有需進一步斟酌者，但文意大體明瞭。陳偉先生分析說，在這篇文獻裡，卜令尹陳眚作為「視日」接受他人的訴告，但是未對訴告之事作出自己的判斷，其職責是將他人的告訴上呈給楚王，可見「視日」既不是主審官，也不是楚王，或許與「當日」、「直日」相關。《國語　晉語九》云：「趙簡子田於螻，史黯聞之，以犬待於門。簡子見之，曰：『何為？』曰：『有所得犬，欲試之茲囿。』簡子曰：『何為不告？』對曰：『君行臣不從，不順。主將適螻而麓不聞，臣敢煩當日。』簡子乃還。」韋昭注：「當日，直日也。言主將之君囿，不煩麓以告君，臣亦不敢煩主之直日以自白也。」「視日」之「視」，大概是守視之意，「為視日」的含義與「當日」、「直日」略同④。斟酌諸家意見，陳說似乎較為合理。

　　「見」、「視」二字的區分，還影響到楚幣文的研究。楚銅錢牌銘文中有跟簡文同樣寫法的「視」字，過去多釋為「良」或「艮」等，字形不類，文義也不好解釋。1994年，黃錫全先生改釋為「見」，認為「見金」即「現金」，得到普遍認同⑤。郭店簡發表後，可知所謂「見」其實是「視」字，黃先生隨即撰文糾正舊說，並

① 裘錫圭：〈甲骨文中的見與視〉，載《甲骨文發現一百周年學術研討會論文集》，〔臺北〕文史哲出版社1998年版。

② 參看范常喜：〈戰國楚簡「視日」補議〉，簡帛研究網2005年3月1日。

③ 參看滕壬生、黃錫全：〈江陵磚瓦廠M370楚墓竹簡〉，載《簡帛研究二〇〇一》（上冊）。

④ 陳偉：〈關於楚簡「視日」的新推測〉，簡帛研究網2005年3月6日；又載《華學》第8輯，紫禁城出版社2006年版。

⑤ 黃錫全：〈楚幣新探〉，載《中國錢幣》，1994年第2期。

指出幣文「視金一銖」、「視金二銖」、「視金四銖」，意即「銅錢牌可分別比照或視同黃金一銖、二銖和四銖」，「如此，則文義豁然貫通」[1]。

、之別自甲骨文已然，不過春秋戰國之時已經開始用來表示「見」，在郭店簡中也有少量下部作立人形的、與「視」字表意初文無別的「見」字，裘先生就此考證甚詳，可以參看[2]。

3. 尻（簡32）

鄂君啟節首見「尻」字。《說文》云「尻，處也」，注音為「九魚切」，與「居」同音。《金文編》（922頁）釋為「處」，根據是鄂君啟節銘文中另有「居」字。包山文書類32號簡以「居尻名族」連言，整理者釋「尻」為「處」，從文義看顯然正確。林沄先生據此認為《說文》為「尻」注音「九魚切」實誤，字當徑讀為「處」。此後公佈的楚簡，如郭店、上博、葛陵簡等有多例「尻」字，從文義看讀為「居」或「處」都可以講通。裘錫圭先生為郭店《成之聞之》8號簡「君衰絰而尻位」之「尻」作按語說：「《說文》以為居處之『居』的本字。鄂君啟節『尻』、『居』二字並見，有人因此釋此字為『処（處）』，其理由並不充分。但包山楚簡『居尻』連文，似乎此字確當釋『處』。」[3]

郭店《緇衣》9號簡有字，上博本6號簡作，對應今本的「暑」，郭店簡整理者誤釋為「俗」。黃德寬、徐在國先生釋為「尻（處）」，指出古音「處」屬昌母魚部，「暑」屬書母魚部，音近可通[4]。李家浩先生認為字應該釋寫作「居」，即「尻」字，「尻」、

---

① 黃錫全：〈楚銅錢牌「見金」應讀「視金」〉，載《中國錢幣》，1999年第2期；收入氏著：《先秦貨幣研究》，中華書局2001年版。

② 上博簡《緇衣》「見」字下部即作立人形，見10、11號簡等。

③ 荊門市博物館：《郭店楚墓竹簡》，第169頁注釋9。

④ 黃德寬、徐在國：《郭店楚簡文字考釋》。

「暑」都是魚部字,「尻」可讀為「暑①」。李零、史傑鵬先生認為字從「日」從古「處」字為聲,係「暑」字異體②。諸學者認為該字用為「暑」可信,上博藏《容成氏》22號簡有🔲字,寫法與郭店簡之字相同,文中也用作「暑③」。在字形上,李家浩先生的隸定更為準確,李零、史傑鵬先生的解釋則似乎更為合理。那麼簡本《緇衣》的「暑」字也是一個「尻」用為「處」的例子。

4. 𠨗(簡33背、19)

「𠨗」最早見於望山簡,包山簡中大量出現,葛陵簡多將兩個偏旁互倒,寫作「見」,其辭例有「受𠨗」、「𠨗中」、「過𠨗」等,從用義看相當於「期」。包山簡整理者直接釋為「期」,云「與《說文》古文期字從丌從日不盡相同,應是期字的異體」。望山簡整理者指出一說「𠨗」是「昇」的訛體。此後絕大多數研究者都把「𠨗」釋為「期」。包山簡也有「昇」字(簡15),與《說文》古文「期」形同。1995年,白于藍先生在《包山楚簡文字編》中,把「𠨗」與「期(昇)」分列為兩個字④。1999年,白先生又對「𠨗」不能釋為「期」作出論證,指出「几」、「期」音異,韻部相隔甚遠,「𠨗」、「見」在簡文中的用法也不相同,兩者絕非一字⑤。但是沒有引起足夠重視。

2000年,裘錫圭先生對楚簡文字「𠨗」作通盤考證。他指出,「几」、「丌」形近,聲母均為見母,但是韻部一為脂部,一為之部,兩部相通的情況並不多見,從文字學上看,把「𠨗」和「昇」看做

---

① 李家浩:〈讀《郭店楚墓竹簡》瑣議〉,載《中國哲學》第20輯,遼寧教育出版社1999年版。

② 李零:〈郭店楚簡校讀記〉,載《道家文化研究》第17輯,三聯書店1999年版(按,在《郭店楚簡校讀記》增訂本中,李先生對這一看法略有改動,參氏書第64頁,北京大學出版社2002年版);史傑鵬:〈《儀禮》今古文差異釋例〉,載《古籍整理研究學刊》,1999年第3期。

③ 該處文句作「冬不敢以寒辭,夏不敢以🔲辭」。

④ 白于藍:《包山楚簡文字編》,第96、98頁。

⑤ 白于藍:〈《包山楚簡文字編》校訂〉。白先生在此條校訂末注明「從林沄師說」。

一字異體缺乏根據。郭店簡中，「昇」所通的字都是之部字。而信陽簡「一房栺」，望山簡作「一房机」；包山簡人名「秀几」，又作「秀陷」，「𦣻」均通「几」。這種用法說明，「『昇』確從『丌』聲，屬之部；『𦣻』確從『几』聲，屬脂部。二者涇渭分明，不容混淆」，「『𦣻』雖然有『期』義，卻與『昇』（期）代表著不同的詞」，「『𦣻』應該釋讀為訓作『期』的『幾』」。《詩　小雅　楚茨》「如幾如式」，毛傳：「幾，期；式，法也。」鄭箋：「其來如有期矣，多少如有法矣。」古音「幾」屬見母微部，與「几」音至近。裘先生寫作此文時，葛陵簡尚未正式發表。2003年，葛陵簡公佈，其中有一作「幾」形的字，從「日」，「幾」聲，用法與「昇」、「𦣻」相同，證明裘先生此說正確，可以成為定讞[1]。

5. 𡉚（簡60、67）、𤕬（簡10、170）

「𡉚」、「𤕬」（也作「𤕬」）兩字為同字異體，省體作「囨」（簡42）。黃錫全先生根據《說文》「湛」字古文釋為「哉」，我們曾據《說文》「銳」字籀文以為「銳」字異體[2]，從字形看都有道理，但也不可否認無論古文還是籀文，簡文與之寫法都有一定差異，只是與籀文間的差異更小，僅限於左旁外框一為「匚」形，一為「厂」形。2002年，上博藏《容成氏》公佈，其16號簡有與包山簡該字寫法相同的字，辭例為「𤕬役」，李零先生疑是古「烈」字，「𤕬役」當讀為「癘疫」或「痢疫[3]」。2003年，上博藏《周易》公佈，其45、49號簡也有與之形同之字（偏旁）「𤃗」、「𡉚」，分別對應傳世本的「洌」、「列」。這些例子證明，「𡉚」的讀音通「列」。《十四

① 裘錫圭：〈釋戰國楚簡中的「𦣻」字〉，載《古文字研究》第26輯，中華書局2006年版。文末附記文字表明該文寫作於2000年。

② 李天虹：〈《包山楚簡》釋文補正〉。

③ 參看馬承源主編：《上海博物館藏戰國楚竹書（二）》，上博古籍出版社2002年版，第262頁。

種》按語因而將包山簡中的此字釋為「列」，訓為市肆；又疑讀為「連」，用為行政區劃名①。

古音「列」是來母月部字，「銳」是喻母月部字，兩字韻部相同，聲母都是舌音，讀音較近，說明《說文》籀文「銳」與上博簡中用為「洌」、「列」、「痢」的「㸚」、「圂」、「㽞」很可能是同一個字，早年我們將包山簡的「圂」與籀文「銳」聯繫起來是有道理的②。不過「圂」的構形尚不清楚，論定它是「銳」或「烈」、「列」的異體，為時尚早。

---

① 陳偉等著：《楚地出土戰國簡冊[十四種]》，第5-6頁。

② 上博《周易》整理者濮茅左先生已經指出，或釋「圂」為「㽞」，是籀文「銳」。參馬承源主編：《上海博物館藏戰國楚竹書（三）》，上海古籍出版社2003年版，第198頁。

第七章 湖北黃岡曹家崗楚簡

1992年底至1993年4月，黃岡市博物館、黃州區博物館在湖北黃岡市曹家崗墓地發掘9座楚墓，其中5號墓出土一批竹簡[①]。

5號墓平面長方形，帶墓道，豎穴土坑。葬具為一槨三棺，槨室分為頭箱、邊箱和棺室三部分。墓主為女性，身分相當於下大夫。墓葬時代屬戰國晚期前段。

該墓出土銅、漆木、竹、陶等類器物共70餘件，主要放置在邊箱和頭箱。竹簡出土於邊箱，包裹在竹笥之內，共7枚，保存狀況不好，字跡比較模糊。整簡長12.8—12.9公釐，寬0.7—0.75公釐。編繩二道，有的契口處可見編線殘痕。簡文墨書於竹黃面，不留天頭地腳，字體秀麗。

簡文內容係遣冊，所記物品與出土遺物大致相符。1號簡開頭書有「葬器」二字[②]，可能是篇題或總括語。

---

① 參看黃岡市博物館、黃州區博物館：〈湖北黃岡兩座中型楚墓〉，載《考古學報》，2000年第2期；陳偉等著：《楚地出土戰國簡冊〔十四種〕》，經濟科學出版社2009年版，第338—339頁。2004年，武漢大學「楚簡綜合整理與研究」課題組對現存武漢大學歷史學院文物陳列室的曹家崗楚簡作有紅外線拍攝。
② 「葬」字從劉國勝先生讀，參氏著：《楚喪葬簡牘集釋》，武漢大學博士學位論文，2005年3月修改稿，第145頁。2003年5月答辯。

第八章 湖北荊門郭店楚簡

　　郭店墓地在紀南城遺址之北9公里，與相鄰的其他墓地連成一片，是楚國墓葬密集分佈的地區。1993年，郭店1號墓兩次被盜。當年10月，荊門市博物館對該墓進行搶救性發掘，出土一批竹簡[①]。

　　1號墓為小型長方形土坑豎穴墓，葬具為一槨一棺。槨室分頭箱、邊箱和棺室三部分，隨葬有銅、陶、漆木、竹等各類器物80餘件。竹簡出土於頭箱。

　　墓中邊箱出土一件帶刻銘的漆耳杯，發掘者釋為「東宮之不（杯）」。李學勤先生改釋為「東宮之币（師）[②]」，由此引發墓主身

---

①　湖北省荊門市博物館：〈荊門郭店一號楚墓〉，載《文物》，1997年第7期。荊門市博物館：《郭店楚墓竹簡》，文物出版社1998年版。2002年，龍永芳先生披露一枚整理報告遺漏的竹簡，從形制、內容看屬於《語叢三》，參氏作：〈湖北荊門發現一枚遺漏的「郭店楚簡」〉，載《中國文物報》，2002年5月3日。2006年，劉祖信、鮑雲豐披露《尊德義》、《成之聞之》數枚簡的簡背記有數字，參氏作：〈郭店楚簡背面記數文字考〉，載《新出楚簡國際學術研討會會議論文集（郭店　其他簡卷）》，武漢大學2006年6月。整理報告出版後，研究者對一些篇的編聯作出調整，綴合上也有進展，武漢大學「楚簡綜合整理與研究」課題組在簡的綴合上也有突破，凡此參陳偉等著：《楚地出土戰國簡冊〔十四種〕》「前言」第4頁、正文第138—269頁，經濟科學出版社2009年版。2009年，武漢大學楚簡課題組對現存荊門市博物館的「遺漏簡」及簡背文字做有紅外線拍攝。本章寫作又多參考、引用課題成果之一《楚地出土戰國簡冊合集　郭店楚墓竹書》（李天虹、彭浩等撰著，稿本2009年3月，文物出版社2011年版）。

②　李學勤：〈荊門郭店楚簡中的《子思子》〉，載《中國哲學》第20輯，遼寧教育出版社1999年版。

分的討論。從文字學的角度看,將杯銘第四字釋作「帀(師)」似更為合適;但是從戰國秦漢時期的杯銘文例看,釋為「不(杯)」似更為合理。同意釋為「師」的學者,對墓主人身分的認識也不一致 ①。從墓葬規格、隨葬品可以瞭解到,墓主人應該是低級貴族,大概與「士」相當,生前喜愛典籍的收藏與研讀。

關於墓葬時代,發掘者根據墓葬形制和器物特徵,認為具有戰國中期偏晚的特點,下葬年代當在公元前4世紀中期至公元前3世紀初。李學勤先生進一步指出,墓葬年代與包山2號墓相近,約當公元前4世紀末,不晚於公元前300年;墓中竹書的書寫時間應早於墓的下葬,其著作年代自然還要早些,均在《孟子》成書之前 ②。

第一節 竹簡的出土、形制與格式

該墓共出土竹簡800餘枚,其中有字簡731枚,出土時已經散亂,但大部分保存完整。竹簡長度可大體別為三類:32.5公釐左右,26.4—30.6公釐,15—17.5公釐。前兩類有上、下兩個楔口,前者竹簡兩端梯形,後者或梯形,或平齊;最後一類有上、中、下三個楔口,竹簡兩端平齊,存在文字分上、下兩欄書寫的格式。

文字主要書寫於竹黃面,書寫於竹青面的很少,是正面文字的補

---

① 關於墓主身分的討論參看李零:〈郭店楚簡研究中的兩個問題——美國達慕思學院郭店楚簡老子國際學術討論會感想〉,收入氏著《郭店楚簡校讀記》(增訂本)「附錄一」,北京大學出版社2002年版。

② 李學勤:〈先秦儒家著作的重大發現〉、〈郭店楚簡與儒家經籍〉,載《中國哲學》第20輯。彭浩先生也有類似看法,參氏作:〈郭店一號墓的年代及相關的問題〉,載《本世紀出土思想文獻與中國古典哲學研究論文集》(下冊),輔仁大學出版社1999年版;彭浩:〈郭店一號墓的年代與簡本《老子》的結構〉,載《道家文化研究》第17輯,三聯書店1999年版。

字、糾錯或注解之字，還有少量性質不明的數目字 ①。文字清晰，字體風格不一。

第二節　簡文的分篇與內容

一、分篇

　　郭店竹簡屬於古書，主要是儒家和道家著作，共18篇。除《老子》和《緇衣》外，均為佚書。各篇本無篇題，現篇題係整理者根據篇首文字、文意或今傳本而擬加。其中道家著作有《老子》甲、乙、丙與《太一生水》。《老子》甲組簡長32.3公釐，簡端梯形；乙組簡長30.6公釐，兩端平齊；丙組和《太一生水》簡長都是26.5公釐，兩端平齊，原來可能合編一冊。各篇均不留天頭地腳。儒家著作有《緇衣》、《魯穆公問子思》、《窮達以時》、《五行》、《唐虞之道》、《忠信之道》、《成之聞之》、《尊德義》、《性自命出》、《六德》、《語叢一》、《語叢二》、《語叢三》等13篇，學界傾向屬於儒家的子思一系。《緇衣》、《五行》簡長32.5公釐，梯形簡端留白。《魯穆公問子思》、《窮達以時》簡端梯形，長26.4公釐，梯形簡端留白，李學勤先生認為兩者應該是同一竹書的兩章 ②。《唐虞之道》、《忠信之道》簡端平齊，長28.1—28.3公釐，不留天頭地腳。《成之聞之》至《六德》四篇，簡長32.5公釐，梯形簡端也寫滿文字。《語叢》三篇用簡最短，留有天頭地腳，字體風格接近。《語叢三》64—72號簡的文字分上下兩欄書寫。《語叢四》不留天頭地

---

① 參看劉祖信、鮑雲豐：《郭店楚簡背面記數文字考》；陳劍：〈郭店簡《尊德義》和《成之聞之》的簡背數字與其簡序關係的考察〉，載《簡帛》第2輯，上海古籍出版社2007年版。

② 李學勤：〈天人之分〉，載《中國傳統哲學新論——朱伯崑教授七十五壽辰紀念文集》，九洲圖書出版社1999年版。

腳，講遊說之術，學派屬性存在爭議①，簡長與《語叢二》相同。

二、內容

1. 《老子》

《老子》甲、乙、丙三組用簡71枚，現存1750字，不足今本《老子》的五分之二，分章、章序、文字跟馬王堆漢墓帛書及今本《老子》有較大不同，對先秦時期道家學派和《老子》一書的形成與流傳過程的研究有極重要價值。學界對其年代和文本有不同看法。裘錫圭先生認為，根據郭店本可以斷定，至晚在戰國中期，已經有《老子》「五千言」在社會上流傳②。池田知久先生認為「它是尚處於形成階段的、目前所見最古的《老子》文本③」。王博先生認為甲、乙、丙是三個不同的《老子》傳本，而且都是某種形式的摘抄本④。李學勤先生認為，郭店本《老子》在章數和章次上，都不是當時《老子》的本貌。甲組1號簡的異文是當時有人竄改的，以削弱或掩蓋《老子》與儒學的衝突⑤。

李先生所說的甲組1號簡異文，是指簡本「絕智棄辨，民利百倍。絕巧棄利，盜賊亡有。絕偽棄慮，民複季子」一段⑥，今本相應之處作：「絕聖棄智，民利百倍。絕仁棄義，民複孝慈。絕巧棄利，盜賊無有。」今本所謂「絕聖棄智」、「絕仁棄義」，反儒色彩鮮明，而郭店本所對應的「絕智棄辨」、「絕偽棄慮」，反儒傾向並不明顯。

---

① 參看龐樸：〈《語叢》臆說〉，載《中國哲學》第20輯；李零：〈郭店楚簡校讀記〉，載《道家文化研究》第17輯。
② 裘錫圭：〈郭店《老子》簡初探〉，載《道家文化研究》第17輯。
③ 池田知久：〈尚處形成階段的《老子》最古文本〉，載《道家文化研究》第17輯。
④ 王博：〈關於郭店楚墓竹簡《老子》的結構與性質——兼論其與通行本《老子》的關係〉，載《道家文化研究》第17輯。
⑤ 李學勤：〈論郭店簡《老子》非《老子》本貌〉，載《紀念林劍鳴教授史學論文集》，中國社會科學出版社2002年版。
⑥ 「慮」、「季子」的釋讀參看裘錫圭：〈糾正我在郭店《老子》簡釋讀中的一個錯誤——關於「絕偽棄詐」〉，載《郭店楚簡國際學術研討會論文集》，湖北人民出版社2000年版。

有學者據而認為，早期儒、道間的矛盾、衝突似乎沒有後人想像的那樣激烈和尖銳。今本「絕仁棄義」之句，是莊子學派後來添加進去的[①]。跟李先生的認識有別。

2. 《太一生水》

《太一生水》用簡14枚，主要論述先秦時期的「道」，亦即「太一」與天、地、四時、陰陽等的關係。關於它的學派歸屬及其與《老子》的關係，學者看法不一。李學勤先生認為，《太一生水》是「關尹遺說」，是對《老子》（王弼注本）第42章的引申解說，「在思想上和《老子》殊有不同，只能理解為《老子》之後的一種發展[②]」。邢文先生認為該篇與《老子》丙組是內容連貫的一篇文獻[③]。裘錫圭先生認為其內容不見於傳本《老子》，其思想、語言及文風跟《老子》有明顯不合之處[④]。彭浩先生認為《太一生水》是經數術和陰陽家對道家學說充分改造過的理論[⑤]。

3.《緇衣》

《緇衣》用簡47枚，是一篇政論性質的文獻，見於今傳《禮記》。郭店本和今本大體相合，但兩者章數、章序和用字均有不同[⑥]，當是同一文獻的不同傳本。上海博物館藏簡亦有《緇衣》，內容與郭店本大同小異。簡本無今本第一章（即「子言之」章），其第一章即今本第二章，「緇衣」一詞也在該章中。整理者推測今本第一章是在《緇

① 參看許抗生：〈初讀郭店竹簡《老子》〉，載《中國哲學》第20輯；李存山：〈從郭店楚簡看早期道儒關係〉，載《中國哲學》第20輯。
② 李學勤：〈荊門郭店楚簡所見關尹遺說〉，載《中國文物報》，1998年4月8日；又載《中國哲學》第20輯。
③ 邢文：〈論郭店《老子》與今本《老子》不屬一系——楚簡《太一生水》及其意義〉，載《中國哲學》第20輯。
④ 裘錫圭：〈《太一生水》「名字」章解釋——兼論《太一生水》的分章問題〉，載《古文字研究》第22輯，中華書局2000年版。
⑤ 彭浩：〈一種新的宇宙生成理論——讀《太一生水》〉，載《郭店楚簡國際學術研討會論文集》。
⑥ 李零先生作有章序對照表，參氏著：《郭店楚簡校讀記》（增訂本），第75頁。

衣》定名後添加上去的，彭浩先生認為該章極可能在漢代增入①，邢文先生懷疑該章原出於《禮記 表記》②。李學勤先生則認為，《坊記》、《表記》均以「子言之」冠首，《表記》的體裁尤同《緇衣》相似，「今傳本第一章也不一定是後人竄入。古書傳本不同，分篇分章都會有差異③」。

4. 《魯穆公問子思》

《魯穆公問子思》用簡8枚，主要記載魯穆公與子思、成孫弋之間的對答，突出體現了子思「直言」、「抗上」的品格。《漢書 藝文志》記有《子思》23篇，班固注謂子思「名伋，孔子孫，為魯繆公師」，簡文記載與之相合。《史記 孔子世家》記「子思作《中庸》」。傳世文獻多載子思與魯穆公的對話，但所論與本篇不同。

5. 《窮達以時》

《窮達以時》用簡15枚，主要論述賢人的時遇與「世」、「人」的關係。其內容與《荀子 宥坐》、《孔子家語 在厄》、《韓詩外傳》卷7、《說苑 雜言》關於孔子厄於陳蔡之間的記載相類，尤與後兩書相近。

6. 《五行》

《五行》用簡50枚。馬王堆漢墓帛書也有《五行》篇，簡本與帛書本的「經」大體相同，而無帛書本的「說」。所謂「五行」，指仁、義、禮、智、聖，也就是《荀子 非十二子》中所批判的思孟五行說④，其云：「案往舊造說，謂之五行……子思唱之，孟軻和之，世俗之溝猶瞀儒，嚾嚾然不知其所非也。」簡本的發現證明《五行》是東

---

① 彭浩：〈郭店楚簡《緇衣》的分章及相關問題〉，載《簡帛研究》第3輯，廣西教育出版社1998年版。

② 邢文：〈楚簡《緇衣》與先秦禮學〉，載《郭店楚簡國際學術研討會論文集》。

③ 李學勤：〈論楚簡《緇衣》首句〉，載《金景芳教授百年誕辰紀念文集》，吉林大學出版社2002年版；收入氏著《中國古代文明研究》，華東師範大學出版社2005年版。

④ 國家文物局古文獻研究室：《馬王堆漢墓帛書〔壹〕》，文物出版社1980年版，第24頁。

周時期子思學派的著作，對研究儒家的道德學說具有重要價值。

7.《唐虞之道》

《唐虞之道》用簡29枚，肯定堯舜的禪讓之道，強調愛親尊賢和「利天下而弗利」，是目前所見先秦文獻中，主張禪讓最徹底、堅決的一篇，其中一些講禪讓的文句可以跟《管子　戒》對讀[①]。關於舜的記載見於《史記　五帝本紀》等書。還有一些語句見於《禮記》[②]。

8.《忠信之道》

《忠信之道》用簡9枚，主要談論「忠」、「信」，認為自然界之「土」、「時」、「天」、「地」都具有忠、信的本質，君子也應該誠守忠、信，「忠，仁之實也。信，義之期也。」反映了儒家對理想化的「君子」道德的追求。5至6號簡云：「口惠而實弗從，君子弗言爾。心疏〔而貌〕親，君子弗申爾。」類似表述見於《禮記　表記》[③]。

9.《成之聞之》

《成之聞之》用簡40枚，主要從人性、人倫的角度論述君子教化民眾的理論和方法，強調「求己」在為君之道中的重要性，指出唯有「求己」，才能夠和治人倫而「至順天常」。現篇題係整理者據篇首文字而擬加。據學者研究，1號簡不當在篇首，「成之」與「聞之」之間應斷讀[④]，那麼篇題亦應據改，這裡為稱引方便暫依舊題。文中不少語句散見於傳世古書，如31至32號簡所謂「君臣之義」、「父子之親」、「夫婦之辨」，見於《孟子　滕文公上》等[⑤]；34號簡「君子簟席之上，讓而援幼；朝廷之位，讓而處

① 參看裘錫圭：〈讀《郭店楚墓竹簡劄記》三則〉，載《上海博物館集刊》第9輯，上海書畫出版社2002年版；收入氏著《中國出土古文獻十講》，復旦大學出版社2004年版。
② 參看李天虹：〈郭店楚簡與傳世文獻互徵七則〉，載《江漢考古》，2000年第3期。
③ 參看李天虹：〈郭店楚簡與傳世文獻互徵七則〉。
④ 參看郭沂：〈郭店楚簡《成之聞之》篇疏證〉，《載中國哲學》第20輯。
⑤ 參看廖名春：〈荊門郭店楚簡與先秦儒學〉，載《中國哲學》第20輯。

賤」，說見《禮記　坊記》①。

10. 《尊德義》

《尊德義》用簡39枚，主要談論治民之道，強調以德為教。認為世間萬物如水、馬、地皆有道，治水、御馬、藝地必須遵循水道、馬道、地道。人亦有道，治民也應該依循人道。治民之先，在於以「德」教民。21至22號簡「民可使道之，而不可使知之」，見於《論語　泰伯》。28至29號簡「德之流，速乎置郵而傳命」，見於《孟子　公孫丑上》。31至32號簡「刑不逮於君子，禮不逮於小人」，見於《禮記　曲禮上》等②。

11. 《性自命出》

根據識別字號，可以大體斷定《性自命出》分為上、下篇（1至35號簡為上篇，36至67號簡為下篇）。上篇主要講心性，因為樂對人心性修養的作用特別深入，因此以較大篇幅對樂進行了闡述。下篇主要講「情」。上篇也談「情」，但偏重「情」中的情感因素，如喜、怒、哀、樂、好、惡等；下篇則重點論述「情」之「誠」、「信」的特徵，宏揚真誠，貶斥虛偽。總起來看，《性自命出》通篇貫穿的是儒家的心性學說，對儒學心性論的研究十分重要。《禮記　樂記》、《淮南子　繆稱訓》、《禮記　檀弓下》等有相關內容③。上博藏竹書有《性情論》，是《性自命出》的又一版本，兩者內容大同小異。

12. 《六德》

《六德》用簡49枚。是篇提出「六位」（夫、婦、君、臣、父、子）、「六職」（率、從、使、事、教、學）、「六德」（智、信、

---

① 參看陳偉：〈郭店楚簡別釋〉，載《江漢考古》，1998年第4期。
② 廖名春：〈荊門郭店楚簡與先秦儒學〉。
③ 參看李學勤：〈郭店簡與《樂記》〉，載《中國哲學的詮釋與發展——張岱年先生九十壽慶紀念論文集》，北京大學出版社1999年版；李天虹：〈郭店竹簡《性自命出》研究〉，湖北教育出版社2002年版，第82—106、171—173頁；劉樂賢：〈《性自命出》與《淮南子　繆稱》論「情」〉，載《中國哲學史》，2000年第4期。

義、忠、聖、仁）三組相對應的概念，核心是談論君臣、父子、夫婦之間的人倫道德關係及選賢任能的原則。一些文句和思想見於《論語》、《周禮》、《禮記》、《大戴禮記》等典籍①。

13. 《語叢》諸篇

整理者指出，《語叢》諸篇的內容和體例與《說苑　談叢》、《淮南子　說林冽》相同，故以「語叢」為題。李零先生認為，《語叢》一至三內容、形式上跟《語叢四》均有不同，它們「在內容上是與《性自命出》諸篇相出入，在形式上則類似古代注解。蓋雜錄先儒之說，以備諸篇之『說』。『說』在古代是傳授經籍，與『傳』、『記』相輔翼的一種注解體裁，也許稱為『儒家雜說』更好②」。

《語叢一》用簡113枚③，都是義理格言類的短句，有的見於《禮記》等書。如103號簡「禮不同，不豐，不殺」，見於《禮記　禮器》，是孔子語④。

《語叢二》用簡54枚，主要談論由「性」和「欲」衍變出來的各種情緒或情感、行為，與《性自命出》關係最為密切。51號簡「小不忍伐大杉」可與《論語　衛靈公》孔子語「小不忍則亂大謀」對讀⑤。

《語叢三》用簡73枚⑥，主要談論君臣、父子、朋友之道以及

---

① 參看徐少華：〈郭店楚簡《六德》篇思想源流探析〉，載《郭店楚簡國際學術研討會論文集》；劉樂賢：〈郭店楚簡《六德》初探〉，載《郭店楚簡國際學術研討會論文集》。

② 李零：《郭店楚簡校讀記》（增訂本），第157頁。按，李先生此說是在談《語叢三》體裁時提出的，儘管文字上僅提及《語叢三》，但我們推測是涵蓋《語叢一》和《語叢二》的，希望未違李先生本意。

③ 《語叢一》所用簡整理者編號112枚，加上8號殘簡，共113枚，參廖名春：《荊門郭店楚簡與先秦儒學》。

④ 陳偉：《郭店楚簡別釋》。

⑤ 廖名春：〈荊門郭店楚簡與先秦儒學〉。關於「杉」字的釋讀，參看白于藍：〈釋「杉」〉，載《中國文字研究》第14輯，大象出版社2011年版。

⑥ 《語叢三》所用簡整理者編號72枚，加上原遺漏簡共73枚，參龍永芳：《湖北荊門發現一枚遺漏的「郭店楚簡」》。

孝、悌、仁、義。文中一些語句見於《詩經》、《論語》等。如48號簡「思亡疆，思亡期，思亡邪」，見於《詩 魯頌 駉》。50至51號簡「志於道，狎於德，厌於仁，游於藝 ①」、64壹至65壹「毋意，毋固，毋我，毋必」，分別見於《論語》的《述而》和《子罕》。

《語叢四》用簡27枚，涉及言談、遊說和結交謀士之道，是東周時期盛行遊說、養士之風的反映 ②。8至9號簡「竊鉤者誅，竊邦者為諸侯。諸侯之門，義士之所存」一段，可參《莊子 胠篋》「彼竊鉤者誅，竊國者為諸侯。諸侯之門，而仁義存焉」。

在科學發掘出土的文字資料中，郭店竹書是唯一一批保存大體完好的先秦文化典籍，對古文字學、古文獻學、先秦思想史、先秦學術史的研究均帶來廣泛深遠的影響，學術價值極高，使楚簡研究空前興盛，推動楚簡研究成為學術研究的前沿，學術地位極為重要。

第三節　關於簡文國別的研究

郭店簡的出土，引發學者對於楚地出土竹簡文字國別的討論。首先提出這一問題的，有李學勤 ③、李家浩 ④、周鳳五等先生，其中周鳳五先生著文作有具體論證 ⑤。2004年，馮勝君先生的博士后工作報告專

---

① 陳偉：《郭店楚簡別釋》。

② 這是彭浩先生的看法。

③ 在1998年國際儒聯與中國社科院歷史研究所聯合召開的「郭店楚墓竹簡學術研討會」上發言時指出，《唐虞之道》和《忠信之道》是三晉文字。轉引自馮勝君《郭店簡與上博簡對比研究》，線裝書局2007年版，第255頁。

④ 李家浩先生於1999年提到這個問題，認為《語叢》一、二、三可能是魯國抄本。轉引自陳劍：〈據戰國竹簡文字校讀古書兩則〉，載《第四屆國際中國古文字學研討會論文集》，香港中文大學，2003年10月。

⑤ 周鳳五：〈郭店竹簡的形式特徵及其分類意義〉，載《郭店楚簡國際學術研討會論文集》。

門探討簡文國別，將這一問題的研究推向全面和深入①。研究發現，郭店簡《唐虞之道》、《忠信之道》、《語叢》一至三以及上博本《緇衣》等篇②，在文字風格、字形結構、用字習慣上，與典型戰國楚文字差別明顯，具有齊系文字特點，同時又包含有楚文字因素，它們應該是楚人的抄錄本，其底本則屬於齊系文字。後來公佈的上博簡中，有的篇章文字也帶有齊文字特點，也有學者做過討論③。

　　這裡主要根據馮先生的研究成果，舉三個例子，以示所謂「齊系文字抄本」與楚文字的區別。楚文字「宀」旁一般作形，如「家」、「寧」分別作（《緇衣》20）、（《緇衣》20）。在所謂「齊系文字抄本」中，則往往把「宀」旁上端的筆劃拉直成為平筆，作（《上緇》11）、（《上緇》11）。類似現象在其他文字中也比較常見，如典型楚文字「不」、「大」、「夫」、「終」、「而」分別作、、、、、、形；齊系文字抄本中，則往往作（《語二》45）、（《語三》64），（《上緇》19），（《忠信》4）、（《語一》18），（《語一》49）、（《上緇》17），（《語二》46）、（《上緇》19），所從類筆劃的上端也拉直成為平筆。「者」在楚地出土竹簡文字中出現頻率很高，典型字體作（《老甲》8）、（《老乙》3）、（《成之》2）、（《尊》8）、（《老甲》37）等形；在齊系文字抄本中，大量出現

①　馮勝君：〈論郭店簡《唐虞之道》、《忠信之道》、《語叢》一——三以及上博簡《緇衣》為具有齊系文字特點的抄本〉，北京大學博士后工作報告，2004年8月。該報告經修改以《郭店簡與上博簡對比研究》為名正式出版。

②　林素清先生曾就郭店本與上博本《緇衣》的字體做過詳細對比，指出上博《緇衣》比較「非楚」色彩，齊魯文字特色較重，參氏作：〈郭店、上博《緇衣》簡之比較〉，《新出土文獻與古代文明研究》，上海大學出版社2004年版。該書是「新出土文獻與古代文明研究國際學術研討會」的論文集，上海大學2002年7月。我們也曾就此做過簡要探討，參〈簡本《緇衣》字體比較初探〉，載《古文字研究》第25輯，中華書局2004年版。

③　如蘇建洲：〈讀《上博六·孔子見季桓子》筆記〉，簡帛網2007年7月24日；高榮鴻：〈讀《上博六·競公瘧》劄記二則〉，簡帛網2007年10月1日；林聖峰：〈《上博六·孔子見季桓子》底本國別問題補說〉，簡帛網2008年6月7日。

作（《忠信》5）、（《唐虞》22）、（《語一》21）、（《語三》12）形的「者」字，《唐虞之道》又或寫作（簡2），均與典型楚文字有別，很有特點。再如楚文字「好」作（《緇衣》43）、（《性》4）形，而上博《緇衣》「好」均從「丑」從「子」，《語叢一》、《語叢二》也多見這種寫法，作（《上緇》2）、（《上緇》21）、（《語一》89）、（《語二》21）等形，與典型楚文字用字不同。

　　《五行》篇的文字風格總體上屬於楚系，但是其中也蘊含非楚文字因素，如其「者」字多作（簡19）形，百餘例「不」字中，有一例作（簡10）形，等等。馮勝君先生就此亦有詳論，認為「該篇所依據的底本本來有更多的非楚文字因素，但很多都在轉錄過程中被轉寫為楚文字了[1]」。

第四節　簡文的訛誤與混同

　　簡文的書寫存在訛誤現象。有的訛誤已經被書手等修正，如《緇衣》40號簡背「句又言必聞其聖」7字，《語叢四》27號簡背「內之或內之，至之或至之」10字，都是被寫脫後補寫於背面的。《五行》36號簡有字，帛書本作「解（懈）」。裘錫圭先生按語疑是書手寫錯之字。1999年10月，李零先生在觀摩原簡時，發現36號簡背面書有「解」字，為整理者所遺，並認為應即的改錯之字[2]。彭浩先生認為補字其實是「懈[3]」。李、彭二位先生的發現證明裘先生的推測或

① 　馮勝君：《郭店簡與上博簡對比研究》，第326頁。
② 　李零：《郭店楚簡校讀記》（增訂本），第82—83、194頁。
③ 　參看陳偉等著：《楚地出土戰國簡冊〔十四種〕》，第190頁注釋75。

者可以成立①。

　　也有一些訛誤遺留下來②。如《緇衣》19號簡「既」字作![image], 形體略訛。35號簡有「石」字作![image], 36號簡「砧」字作![image], 兩字均對應今本「玷」字。李零先生指出兩字寫法相似，簡文「石」當是誤書③。又41號簡有![image], 整理者隸定為「![image]」。今本相當之字作「歸」，鄭玄注：「歸或為懷。」陳偉先生指出![image]當是「壞」的訛體，讀為「懷④」。2001年上博本《緇衣》公佈，相當之字正作「褱（懷）」，證明陳說正確。同簡下文云「君子不自留女」，「女」，今本作「焉」，整理者認為是「安」之訛字，讀為「焉」。簡文「安」字往往僅在「女」字下添加一兩筆簡單筆劃，兩字形體相近，整理者說當是。《五行》4號簡「（聖）不形於內謂之德之行」，據文例，「德之」二字係衍文。《性自命出》22至23號簡云：「笑，![image]之淺澤也。樂，![image]之深澤也。」整理者讀「![image]」為「禮」，文義不很通暢。上博藏《性情論》13號簡相應之字作「![image]」，李零先生據而指出「郭店本從心從豐，字之誤也⑤」。裘錫圭先生進一步說明，「郭店簡是把『![image]』字所從的『豆』誤寫成了與之形近的『豐』字簡體。⑥」《語叢二》36號簡「休」（即今「溺」字）兩見，其一寫作「![image]」，裘錫圭

---

①　大約同時，日本學者谷中信一先生也發現簡背的補字，認為簡背「解」是用來替換正面難認的![image]，「起著如同後世的注釋一樣的作用」。李家浩先生根據《古文四聲韻》所引《古孝經》「懈」字![image]，推測![image]當是古文「解（懈）」的另一種寫法（兩位先生之說轉引自馮勝君：《郭店簡與上博簡對比研究》第325—326頁）。今按，2009年簡帛中心拍攝的簡背之字的紅外圖片作![image]，字形已有殘泐；楚文字「解」一般作![image]（《老甲》27）、![image]（包144）形，![image]與之形體差別似乎較大，而與傳抄古文「懈」有相近之處，比如都有「刂」形；而且在楚簡中，正面保留誤字，背面相應位置書寫正字的糾錯現象也很罕見，所以谷中信一先生的看法值得重視。
②　裘錫圭先生對簡文的錯字有專門討論，參氏作：〈談談上博簡和郭店簡中的錯別字〉，載《華學》第6輯，紫禁城出版社2003年版。
③　李零：《郭店楚簡校讀記》。
④　陳偉：《郭店楚簡別釋》。
⑤　李零《上博楚簡三篇校讀記》，〔臺北〕萬卷樓圖書有限公司2002年版，第72頁。
⑥　裘錫圭：《談談上博簡和郭店簡中的錯別字》。

先生按語指出係「休」之訛體，大概也可成立。

楚簡文字形體存在混同現象，此前已有不少學者注意到①。郭店簡的出土，使人們對這種現象的認識更為深刻。有的簡文，常用為與之形近的另外一個字，以前常常認為是誤字，隨著資料的增多，人們發現這類「訛誤」不是偶然現象，而是一種常態，那麼這可能是古文字演變過程中的特殊現象，似乎宜以混同來看待。如頗多學者指出的「互」與「亟」的混用、下文將要提到的寫作「字」形的「娩」等。郭店簡、上博簡中用為「侖」和從「侖」的字，簡文往往寫作「龠」或從「龠」；曾侯乙簡「車輪」之「輪」也有寫作從「龠」者（簡12），「龠」用為「侖」大概也是形近混用。用為「史」和「弁」的字，郭店簡整理者均隸定為「叀」。裘錫圭先生在《性自命出》32號簡下按：「叀」似將「吏（使）」、「弁」二字混而為一。張桂光先生認為，楚簡「史」、「弁」形近而實有別。「弁」字兩側均有羨筆，「史」字右側或有羨筆，左側卻甚整然②。陳偉先生指出，楚簡「弁」、「史」大致有別，但也存在混同的情況，釋讀時，除分辨形體外，還需結合語句考察③。相較而言，陳說更為準確。

在淅川銅器部分，我們曾提到《性自命出》以及上博簡《君人者何必安哉》、曾侯乙墓漆箱銘等資料中都可見寫作「之」形的「先」字，是把「先」字省寫「人」旁所致。學者大都以訛寫做解釋，似乎不妥；但如果以混同來解釋，亦覺未安，這種現象尚需要進一步討論。

---

① 這種現象在偏旁中更為顯著，參看方勇：《戰國楚文字中的偏旁形近混同現象釋例》，吉林大學碩士學位論文，2005年4月。

② 張桂光：〈楚簡文字考釋二則〉，載《江漢考古》，1994年第3期；張桂光：〈《郭店楚墓竹簡》釋注續商榷〉，載《簡帛研究二○○一》（上冊），廣西師範大學出版社2001年版。

③ 陳偉：〈讀郭店竹書《老子》劄記（四則）〉，載《江漢論壇》，1999年第10期；陳偉：《郭店竹書別釋》，湖北教育出版社2002年版，第15—17頁。

第五節 簡文釋讀概況

郭店竹簡保存較好，其《老子》、《緇衣》、《五行》等篇有傳世本或帛書本可供對照；佚篇中的不少內容，可以在傳世文獻中找到相對應的文句，為以往各批竹簡資料所不能相比。另外自20世紀50年代長沙諸簡出土，到90年代包山簡發現，學者對楚文字的認識逐漸加深，釋字成果斐然。這些都為郭店竹簡的考釋提供了較好基礎。郭店竹簡的整理者彭浩、劉祖信先生也是包山簡的主要整理者，經驗豐富，態度嚴謹，再加上裘錫圭先生的審校，郭店竹簡的釋文與注釋，成為簡牘整理的又一典範。

郭店竹簡單字約1300個[①]，新見字形數量可觀。如《老子甲》19號簡有「寅」字，對應今本的「賓」，整理者認為是「賓」字省體，可從[②]。《性自命出》24號簡「奮」字作，34號簡作。裘錫圭先生指出，金文「奮」字不從「大」而從「衣」，簡文此字似「奮」字省「隹」。古文字「與」本從四手，「牙」聲；或省去上部的兩手形，作（《老甲》20）形。簡文新見一種四隻手全省的寫法，為避免與「牙」字混同，將所從「牙」旁形體略作變化，往往將下橫右端寫出頭，作（《老乙》4）形[③]；還有的在下部增添一橫，或者上下的橫筆均出頭，作（《語一》110）、（《性》6）形。這類「與」字即《說文》「與」字所本。《說文》「與」、「与」並存，其實二者本是一字。《緇衣》2號簡「厚」字作，上博本相當之字作。整理者指出與《汗簡》「厚」字古文作形者相近[④]，但未作進一步形體分析。

---

① 參張守中、張小滄、郝建文：《郭店楚簡文字編》「凡例」，文物出版社2000年版。
② 羅小華博士把該字跟甲骨文從「宀」從「貝」的字聯繫起來，其說尚有待更多資料的證明，參氏作：〈釋寅〉，載《簡品》第5輯，上海古籍出版社2010年版。
③ 參看荊門市博物館：《郭店楚墓竹簡》，第182頁注釋8。
④ 按，《汗簡》古文「厚」作此形者出自《尚書》和《說文》，今本《說文》古文正作此形。

簡文又有「厚」作▨（《老甲》33）、▨（《語一》7）、▨（《語三》22）、▨（《詩論》15）等形。馮勝君先生指出，「厚」本從「厂」從「昌」得聲，「昌」是截取金文「章（墉）」字下半而成，上博本《緇衣》「厚」字即是從「章（墉）」得聲。其他「厚」字上部訛變成從「石」，下部所從「昌」形體也有訛變，變化最大者與「毛」、「戈」混同[①]，其說當是。

簡文還可見一些比較特殊的寫法。如「則」字標準字體作▨（《老丙》10）、▨（《五行》6），簡文往往省去右旁作▨（性45）、▨（《老乙》2）。《性自命出》「斯」字寫法與「則」類同，正體作▨（簡25），常常省去「斤」旁作▨（簡34）。需要注意的是，「斯」均從「臼」形，所以省體與簡文中用為「其」的字並不相混。「其」這個詞簡文通常用「亓」或「丌」來表示，也有寫作▨（《緇衣》35）或▨（《緇衣》40）形的，均與省體的「斯」有別。金文「斯」從「其」（《金文編》926頁），而楚簡文字所見「斯」字均從「臼」，如上博簡「斯」字或作▨（《詩論》12）、▨（《性情》39）、▨（《鬼融》6），或許從「臼」是楚簡文字「斯」的一個特點，▨就是「斯」字異體[②]。「員」字正體作▨（《緇衣》19）、▨（《上緇》2）形，《老子乙》3號簡變作▨，下部與某些「異」字的寫法相同，或許是受了「異」字影響。包山115號簡「異」字作▨，可參。類似寫法的「員」字也見於上博簡，如▨（《凡甲》7）、▨（《用曰》14）。簡文「友」字往往與《說文》古文一樣，在「友」字下添加「甘」旁，作▨（《語一》8）形。《六德》30號簡變作▨（簡30），上部「友」旁由從二「又」變為

---

① 馮勝君：《郭店簡與上博簡對比研究》，第81—83頁。又林澐先生對古文字「厚」做過專門探討，參氏作：〈說厚〉，載《簡帛》第5輯。

② 魏宜輝博士認為▨左旁上部所從「臼」與「其」讀音很近，用以表音，「楚簡『斯』字的這種寫法改變了偏旁原來的聲符的形體，製造出一個新的聲符」。參氏著：《楚系簡帛文字形體訛變分析》第101—102頁，南京大學博士學位論文，2003年4月。

從二「尤」，「又」、「尤」形、音均近①。上博《天子建州》10號簡「友」字作，是相同寫法。「我」字一般作（《老甲》32）形，或將左邊所從「爪」形向左傾斜並移至字形左下方，又將其外輪廓的弧形筆劃分離為兩筆，作（《語四》6）、（《語三》65「義」）形。上博簡《天子建州》「義」字數見，所從「我」旁都是這類寫法，並且變化更多，變化最大之處是將所從「戈」旁橫筆之下的撇筆跟橫筆寫得一致，有時候兩筆的右端還連在一起，作（乙2）、（乙6）、 （甲3）等形。上博簡還可見省略「我」字所從「爪」形之撇筆的寫法，如（《魯邦》1）、（《柬大王》13），與通常寫法的「我」差別更大。

一些文字根據文意或通過與傳世文獻比勘，即使字形結構尚無定論，但讀法可以確定。如《唐虞之道》字多見，據文義可以確定用為「禪」。多數學者認為其聲符是「番」。李零先生疑是「壇」字，借讀為「禪」②。《緇衣》36號簡有字③，今本作「展」。裘錫圭先生按語疑當釋「壇」，「壇」、「展」音近可通。李零先生懷疑是「壇」字誤寫④。簡文有作（《緇衣》44）形之字，見於《老子甲》、《緇衣》、《成之聞之》、《尊德義》等篇，整理者均釋作「厚」，今本《緇衣》相應之字作「重」。劉信芳、陳偉先生認為字當從「石」、「主」聲，是輕重之「重」的異構⑤。上博本《緇衣》相當之字作，與郭店本寫法類同，劉樂賢先生認為是「冢」字省寫，讀為「重」⑥。不論如何解釋字形，它們在簡文中讀

① 參看袁金平：《新蔡葛陵楚簡字詞研究》第33頁，安徽大學博士學位論文，2007年4月。
② 李零：《郭店楚簡校讀記》。
③ 上博藏《用曰》17號簡亦有此字。
④ 李零：《郭店楚簡校讀記》（增訂本），第67頁。
⑤ 劉信芳：《荊門郭店竹簡老子解詁》，〔臺北〕藝文印書館1999年版，第6頁；陳偉：〈讀郭店竹書《老子》劄記（四則）〉。
⑥ 劉樂賢：〈讀上博簡劄記〉，載《上博館藏戰國楚竹書研究》，上海書店出版社2002年版。

為「重」毋庸置疑①。其他如讀為「察」、「文」、「慎」的字等，下文將會詳述。

不少字的寫法跟傳抄古文有關，或有賴傳抄古文得以識讀。如《老子乙》、《性自命出》「拔」作 （《老乙》15）、 （《性》23），《唐虞之道》「目」作 （簡26），皆與《古文四聲韻》引《古老子》文同。「道」字往往寫作「衒」，與《汗簡》引《尚書》古文同。《唐虞之道》「堯」作 （簡1）、「舜」作 （簡22），《語叢四》「戶」作「房」（簡4），皆與《說文》古文同。凡此整理者均已指出。《語叢一》46號簡有字作 ，整理者釋為「慎」，應是參考了《說文》「慎」字古文 及石經古文 。《唐虞之道》「仁」皆從「千」或「人」聲，裘錫圭先生按語指出從「千」者與《說文》古文合。《語叢一》、《語叢二》「好」字作「玗」，裘按指出《古文四聲韻》所收「好」字有與此相似之體。後來公佈的上博藏《緇衣》，「好」字也寫作「玗」。《緇衣》1號簡「美」字作「娍」，廖名春先生指出是「媺」字省文，《汗簡》以「媺」為「美②」。《唐虞之道》24號簡「及」作 ，整理者釋為「秉」，以為「及」之訛字。李家浩先生認為就是「及」，石經和《古文四聲韻》引《古老子》等古文「及」與此寫法相似③。《六德》28、29號簡有「 弟」語，裘錫圭先生根據文義指出 當讀為「昆弟」之「昆」。該字形體與《汗簡》、

---

① 該字下部所從的 或 在戰國文字中大量作為偏旁出現，越來越多的學者傾向於釋為「主」，我們也是其中之一。獨體的 字非常少見。上博藏《恆先》7號簡有 字，從文義看很難確定用為何字。西安出土陰刻模鑄圜錢權銘曰「半鈰之 」，黃錫全先生釋末字為「冢」，從黃德寬先生說讀為「重」（氏著《先秦貨幣研究》，中華書局2001年版，第165、167頁）；陳劍先生釋為「主」，從讀「重」之說（氏作〈試說戰國文字中寫法特殊的「亢」和從「亢」諸字〉，載《出土文獻與古文字研究》第3輯，復旦大學出版社2010年版）。楚簡文字中可以確定的用為「主」的字一般從 從「宀」，儘管將獨體的 釋為「主」很有道理，但似乎還缺乏更直接的證據。

② 廖名春：《荊門郭店楚簡與先秦儒學》。

③ 李家浩：〈讀《郭店楚墓竹簡》瑣議〉，載《中國哲學》第20輯。

《古文四聲韻》所引古文「昆」、「混」十分相似，李家浩先生據而認為該字就是「昆」，並由此釋出見於其他楚簡的「緄」字①。《語叢一》103號簡有「禮不同，不豐，不𢧜」句，陳偉先生指出𢧜即「殺」字異構，《說文》古文等傳抄古文「殺」與此寫法相同②。

　　新出土資料的公佈，也促進了郭店簡的研究。如《窮達以時》10號簡有「空」字，或釋為「塞」，王志平先生釋為「穴③」。2003年葛陵簡公佈，其楚先名「穴熊」之「穴」，或作「穴」（甲三35，零254、162），或作「空」（乙一22，零288），說明楚文字「穴」可以從「土」作，所從「土」是增加的義符④。《唐虞之道》2至3號簡「𣎵而弗利」的𣎵，整理者未釋，研究者有不同看法。李零先生謂即「沒」字所從，讀為「沒」或「歿」，是身死命終之意⑤。該字後來見於上博藏《曹沫之陳》9號簡「𣎵身就世⑥」、《鬼神之明》2號簡「身不𣎵」等句，將其讀為「沒」文義順暢，可證李說正確。《成之聞之》31號簡𢖽字，看法也多歧異，似以讀「降」說影響最大。《性自命出》60號簡有𢖽字，陳偉先生疑讀為「路⑦」。2001年上博藏《性情論》公佈，其30號簡與《性自命出》相當之字正作「逄（逄—路）」，可證𢖽應是「逄」之省文，確當釋為「路」。陳偉先生因而指出《成之聞之》該字也當釋為「路」，似讀為「格⑧」。但是上博《容成氏》48號簡「降」字作𢖽，把𢖽看做它的省文，在字形上也可以講通。

<hr />

① 李家浩：〈讀《郭店楚墓竹簡》瑣議〉。
② 陳偉：《郭店楚簡別釋》。
③ 王志平：〈郭店簡《窮達以時》校釋〉，載《簡牘學研究》第3輯，甘肅人民出版社2002年版。
④ 參看陳偉等著：《楚地出土戰國簡冊〔十四種〕》，第179頁注釋24。
⑤ 李零：《郭店楚簡校讀記》。
⑥ 該句釋讀參陳斯鵬：《簡帛文獻與文學考論》，中山大學出版社2007年版，第95—96頁。
⑦ 陳偉：〈郭店楚簡《六德》諸篇零釋〉，載《武漢大學學報》，1999年第5期。
⑧ 陳偉：《郭店竹書別釋》，第109—110頁。

<hr />

不過，也有一些字不識，或者釋讀上尚未取得比較一致的意見，或者有待進一步驗證。《老子甲》34號簡有字，帛書本作「朘」，今本作「然」。整理者釋為「然」。裘按認為字義當與「朘」相當，似非「然」字。黃德寬、徐在國先生疑字從「士」、「勿」聲，係「朘」字異體①。李零先生認為跟西周金文中的「豕」字形體相近，簡文是假「豕」為「朘」②。郭永秉先生根據上博簡作（《凡乙》19）形的「廌」字，認為字應當釋為「廌」。「廌」古有「薦」音，「薦」與「朘」古音都是精母文部字，可以相通③。郭說晚出，似更為可信。《緇衣》12號簡有，今本作「梏」，《毛詩》作「覺」。學者或認為是「亯（誥）」、「梏」的異體④。張富海先生疑是「匊（掬）」的表意字，字象兩手盛物之形，「匊」的本義就是兩手盛物。「匊」與「梏」、「覺」古音都屬見母覺部，可以相通⑤。諸說相較，張說可信度較高。《性自命出》54號簡字，整理者未釋，上博藏《性情論》相當之字，圖版不清，其整理者釋為「彀」。該字作為偏旁又見於《六德》，作（簡41）、（簡43）。學者或疑是「豊（禮）」字繁體⑥，或以為「扁」字⑦。似乎更多學者傾向於後說。《六德》16號簡的，寫法較怪，學者多疑為「它」字，但其形跟楚文字標準寫法的「它」有一定區別，《老子甲》33號簡「它」作，可資對比。又，《成之聞之》25號簡有古書（篇）名《命》。

① 黃德寬、徐在國：〈郭店楚簡文字考釋〉，載《吉林大學古籍整理研究所建所十五周年紀念文集》，吉林大學出版社1998年版。

② 李零：《郭店楚簡校讀記》。

③ 郭永秉：《古文字與古文獻論集》，上海古籍出版社2011年版，第83—86頁。

④ 李學勤：〈論上海博物館所藏的一支《緇衣》簡〉，載《齊魯學刊》，1999年第2期；程元敏：〈郭店楚簡《緇衣》引書考〉，載《古文字與古文獻》試刊號，〔臺北〕楚文化研究會籌備處，1999年10月。

⑤ 張富海：《郭店楚簡〈緇衣〉篇研究》第12—13頁，北京大學碩士學位論文，2002年6月。

⑥ 黃德寬、徐在國：《郭店楚簡文字考釋》。

⑦ 劉國勝：〈郭店竹簡釋字八則〉，載《武漢大學學報》，1999年第5期。

，左旁為「言」，右旁形體較怪，有「召」、「呂」、「旦」、「陵」省等多種看法；《尊德義》24號簡的，有「離（罹）」、「蒠」、「惠」、「蒀（劬）」等釋法；，有「樞」、「適」、「迮（狀）」、「樀」、「相」、「銜」、「逮」、「策」等釋法或讀法；《語叢一》75號簡的，有「鞭」、「家」、「寇」等釋法，凡此均難定是非。

反過來，郭店簡對其他出土資料的研究，包括商周甲骨文、金文的釋讀，也起到了積極作用[1]。甲骨文方面，如裘錫圭先生正確區分「視」、「見」二字[2]，趙平安先生確認「娩」字[3]，陳劍先生對「安」字構形作出合理分析[4]。金文方面，如李學勤先生對「祭公」的釋讀[5]，陳劍先生對「賢」字的考釋[6]。戰國文字方面，不少見諸以往的疑難字如（一）、遊（失）、（察）、（文）、怕（怨）、斯（慎）、昆、（早）等等，都有賴郭店簡而得到正確認識或在釋讀上取得較大突破。

簡文還證明古注、舊說的正確。《緇衣》34號簡有字作，裘錫圭先生按語指出：此字今本作「寡」，但鄭注認為「寡當為顧，聲之誤也」。簡文從「見」，當釋為「顧」，可證鄭注之確。42號簡有「駜」字，今本作「正」，整理者指出，鄭注云「正當為匹，字之誤也，匹謂知識朋友。」「駜」可以以音近讀作「匹」，亦證明鄭注正確。簡文「改」字數見，均從「巳」，作（《緇衣》16）、

① 參看趙平安：〈郭店楚簡與商周古文字考釋〉，載《古籍整理研究學刊》，2003年第1期。
② 裘錫圭：〈甲骨文中的見與視〉，載《甲骨文發現一百周年學術研討會論文集》，〔臺北〕文史哲出版社1998年版。
③ 趙平安：〈從楚簡「娩」的釋讀談到甲骨文的「娩幼」〉，載《簡帛研究二○○一》（上冊），廣西師範大學出版社2001年版。
④ 陳劍：〈說「安」字〉，載《語言學論叢》第31輯，商務印書館2005年版。
⑤ 李學勤：〈釋郭店簡祭公之顧命〉，載《中國哲學》第20輯。
⑥ 陳劍：〈柞伯簋銘補釋〉，載《傳統文化與現代化》，1999年第1期；收入氏著：《甲骨金文考釋論集》，線裝書局2007年版。

（《尊》4）等形。李學勤先生指出，朱駿聲《說文通訓定聲》曾指出「改」從「已」（古文字「已」、「巳」同字）聲，郭店簡「改」字很大程度上證實了朱說①。

總之，郭店簡文字極大豐富、加深了學者對楚系文字的認識，並推動了商周文字及戰國文字的研究，其學術價值之高不言而喻。

第六節　簡文釋讀舉例

這裡我們以舉例的方式，對一些簡文的釋讀重點進行分析②。

1. 𤔌（《緇衣》16）

𤔌，上博藏《緇衣》9號簡相當之字作𤔌，今本《緇衣》作「從」。該字還見於葛陵簡，作𤔌（零484）。黃德寬、徐在國先生以為郭店本此字從「止」從「帝」省訛（筆者按，上博《周易》4號簡「𢛯」字作𤔌，可參），釋為「適③」，「適」與「從」屬義近互換④。其他研究者也多持釋「適」之說。李家浩先生疑應釋為「逯」，讀為「從⑤」。上博《周易》14號簡有𤔌，今本相應之字作「簪」，學者也多釋為「適」。劉樂賢先生的看法比較新穎。他說，今本「簪」字的用義為「疾」、「速」，是「疌」或「疌」的通假。從楚簡這類字均從「止」來看，其聲旁可能就是「疌」，𤔌、𤔌、𤔌分別即「疌」、

---

① 李學勤：〈釋「改」〉，收入氏著：《中國古代文明研究》，華東師範大學出版社2005年版；原載《石璋如院士百歲祝壽論文集》，臺灣南天書局2002年版。

② 例字散見於各篇時，小標題不注出處。

③ 黃德寬、徐在國：《郭店楚簡文字考釋》。

④ 徐在國、黃德寬：〈《上海博物館藏戰國楚竹書（一）緇衣　性情論》釋文補正〉，載《古籍整理研究學刊》，2002年第2期。

⑤ 李家浩：〈戰國竹簡《緇衣》中的「逯」〉，載《古墓新知——紀念郭店楚簡出土十周年論文專輯》，香港國際炎黃文化出版社2003年版。

「健」、「妻」，在《緇衣》中因音近而讀為「從①」。三種說法在字形上都有一定依據，疑未能定。

2. 惢（《緇衣》31）

「惢」，今本作「危」。裘錫圭先生按語指出，字當從「禾」聲，讀為「危」，「禾」、「危」古音相近。不過「禾」是匣母歌部字，「危」是疑母微部字，韻部相隔稍遠，有學者對「禾」、「危」音通表示懷疑。如楊澤生先生認為「禾」與「咼」古音較近，古書有相通之例，因疑「惢」可讀為「過」或「禍②」。河北平山縣出土的中山王𧨊鼎有銘曰「厒任」，《汗簡》引「魏」字古文作𧨊，徐中舒、伍仕謙先生據之將「厒」讀為「委③」。文義順暢，應當可信。按照漢字構形規律，這樣寫法的「魏」、「委」很可能是從「禾」聲，小徐本《說文》也認為「委」從「禾」聲。「委」是影母微部字，與「危」古音很近。簡文、金文可以互證，似乎說明古音「禾」與「危」確實可以相通④。

3. 𢿢（《緇衣》40，《語四》10）

《緇衣》40號簡云：「茍有車，必見其𢿢。」末字又見於《語叢四》10號簡，文云：「車𢿢之鮒鰍⑤，不見江湖之水。」上博本《緇衣》相應之字作𢿢，今本作「軾」。郭店簡整理者隸定為「𢿢」，讀為「弼」，指車蔽。裘按疑讀為「蓋」，指車蓋。其後研究者又提出「轍」、「轄」、「御」等說。讀「轍」的說法最先由李零、劉信芳

---

① 劉樂賢：〈讀楚簡劄記二則〉，簡帛研究網2004年5月29日。
② 楊澤生：〈關於郭店楚簡《緇衣》篇的兩處異文〉，載《孔子研究》，2002年第1期。
③ 徐中舒、伍仕謙：〈中山三器釋文及宮堂圖說明〉，載《中國史研究》，1979年4期；收入《徐中舒歷史論文選集》，中華書局1998年版。
④ 參看張靜：〈郭店楚簡文字釋遺三則〉，載《古文字研究》第25輯，中華書局2004年版。
⑤ 「鮒鰍」釋讀參陳偉：《郭店竹書別釋》，第235—236頁。

第八章　湖北荊門郭店楚簡

先生提出，他們對字形的看法跟整理者相同①。但是該字左旁與古文字「曷」差別較大，隸定為「嗀」證據稍嫌不足②。2002年，張富海博士指出，《古文四聲韻》引「轍」之古文🔲右旁與🔲左旁形近，疑🔲應該釋為「敕③」。大體同時，徐在國先生提出相同看法，不過字形分析更為詳細。他懷疑傳抄古文「轍」的右旁由🔲的左旁演變而成，🔲左旁所從「呂」、「丙」，古音均與「轍」相近，這裡都用作聲符。上博本《緇衣》從「車」，正是「轍」字④。2003年，上博藏《周易》公佈，其32號簡有「車🔲」一詞，🔲今本作「曳」，徐在國先生認為也當釋為「轍」，古音「轍」、「曳」相近，今本「曳」當是「轍」的借字⑤。字形上有傳抄古文為證，各例讀為「轍」文義也很順暢，將🔲釋為「敕」蓋是。

4. 🔲天地也者（《忠信》5）

《忠信之道》5號簡有「仍天地也者」句，首字整理者隸定作「仍」，讀作「節」。黃德寬、徐在國先生隸定作「仉」，讀為「範」，訓為「法⑥」。陳劍先生認為，字的右半上端作填實形，跟常見的「卩」旁有顯著區別，而與楚文字中的「巳」旁完全相同。黃、徐二先生的隸定極為有據，從文義看，他們的讀法則存在問題。其實戰國文字中跟該字右旁形體幾乎全同的，還有「肥」字中作為聲符的右半，而出土文獻中「肥」常常通「配」。🔲在簡文中，也正應讀為「配」。古書中「配天地」一類的話習見，如《周易 繫辭上》「廣大配天地」、

① 李零：〈郭店楚簡校讀記〉；劉信芳：〈郭店簡《緇衣》解詁〉，載《郭店楚簡國際學術研討會論文集》；馮勝君先生也傾向於整理者的看法，參氏著：《郭店簡與上博簡對比研究》，第172—175頁。
② 參看白于藍：〈釋「🔲」〉，載《古文字研究》第24輯，中華書局2002年版。
③ 張富海：〈郭店楚簡《緇衣》篇研究〉，第29頁。
④ 徐在國：〈釋楚簡「敕」兼及相關字〉，載《古文字研究》第25輯。
⑤ 徐在國：〈上博竹書（三）《周易》釋文補正〉，載《康樂集——曾憲通教授七十壽慶論文集》，中山大學出版社2006年版。
⑥ 黃德寬、徐在國：《郭店楚簡文字考釋》。

《管子　形勢》「明主配天地者也」、《禮記　中庸》「博厚配地，高明配天」等等①。將字讀為「配」，字形有一定根據，文義也順暢，因此比較可信。還應該指出的是，大體與陳劍先生同時，陳偉先生將該字釋為「妃」，讀為「配②」，文義的論證與陳劍先生類似，但是沒有詳細說明釋字緣由。

5. 肘（《成之》3）

《成之聞之》3號簡云：「故君子之蒞民也，身服善以先之，敬慎以之，其所在者內矣。」，整理者缺釋。大體同時，數位學者提出該字應當讀為「守」，古書常見「敬守」一詞，讀為「守」文從字順。不過諸家對字形的分析略有歧異，或以為是「守」之省文，或以為當釋「肘」，「肘」、「守」古音相近可通③。我們也主張字應釋為「肘④」，其形可以上溯到殷墟甲骨文。甲骨文「肘」作形，手肘形旁加有一指事筆劃，是個指事字。又有字作「」（《合集》33407），以之為偏旁，很可能是「守」字，可分析為從「宀」、「肘」聲。《說文》說守「守官也，從宀從寸。寺府之事者。從寸。寸，法度也」，恐出於臆測。但是「肘」字初文跟「寸」形體非常接近，西周金文「守」字所從「肘」跟「寸」已很難區分。西周金文似不見獨體的「肘」字，至戰國，「肘」字演變為在「寸」形上加一豎筆或者「又」形下加一豎筆⑤。如從「肘」的「守」字往往作（《唐虞》12）、（《景公》8）、（《璽匯》0341）形，所從「肘」都是

---

① 陳劍：〈釋《忠信之道》的「配」字〉，載《國際簡帛研究通訊》第2卷第6期，2002年。
② 陳偉：《郭店竹書別釋》，第80—81頁。
③ 如劉釗：〈讀郭店楚簡字詞劄記〉，載《郭店楚簡國際學術研討會論文集》；何琳儀〈郭店竹簡選釋〉，載《簡帛研究二○○一》（上冊）。
④ 李天虹：〈釋郭店楚簡《成之聞之》篇中的「肘」〉，載《古文字研究》第22輯，中華書局2000年版。文中我們認為「肘」應讀為「導」，文義也通。
⑤ 何琳儀先生分析字形為從「又」從「十」，表示肘關節距手腕十寸，會意兼形聲。參氏著：《戰國古文字典》上冊，中華書局1998年版，第190頁，今按「肘」寫作此形也有以「主」注音的可能。

標準寫法。戰國文字「肘」還常常作為「鑄」的聲符，如金文「鑄」多作█、█等形（《戰國文字編》909頁），舊時學者多隸定為「釣」，張政烺先生以為從「肘」省聲 ①，何琳儀先生儘管也隸定為「釣」，但更準確地指出字從「肘」聲 ②。就目前資料看，現在通行的從「肉」的「肘」字最早見於睡虎地秦簡，作█（同上，259頁），所從「肘」形與「寸」無別。

需要說明，戰國器侯興權（《集成》16.10382）第3字，何琳儀先生在《戰國古文字典》（190頁）中摹寫作█，並釋為「肘」，其形跟《成之聞之》該字相近，我們作釋「肘」一文時未能注意到何先生此釋，其他諸家也均未提及。

《老子甲》13號簡「守」字作█，很可能是將「守」所從「肘」旁的指事筆劃移置於手形之上，破壞了「肘」的本來形體結構，使得字形比較怪異 ③。楚簡「本」字常常作█（《六德》41）形，從「本」從「臼」。《說文》古文作█，一般認為「木」下所從是樹根之象 ④，簡文所從「臼」亦當如是觀。上博簡「本」字或作█（《曹沫》20）、█（《凡乙》1），偏旁位置發生變化，將「臼」形移到「木」旁上方，情形與《老子》「守」類同。

6. 暴（《性》64）

《性自命出》64號簡有「怒欲盈而毋█」句，末字學者曾有多種推測。周鳳五先生認為其下半與曾侯乙墓4號簡「█（褻）」字右半相同，上端似「日」，下即「奉」，乃「暴曬」字之初形；上半疑「虍」形之訛。如此字從「虍」從「暴」，乃「暴」字異構。先秦文

---

① 張政烺：〈中山王壺罍及鼎銘考釋〉，載《古文字研究》第1輯，中華書局1979年版。

② 何琳儀：《戰國古文字典》上冊，第191頁。我們寫作〈釋郭店楚簡《成之聞之》篇中的「肘」〉一文時，漏引何先生此說。

③ 參看李天虹：〈郭店楚簡文字雜釋〉，載《郭店楚簡國際學術研討會論文集》。

④ 參看丁福保：《說文解字詁林》第3冊，雲南人民出版社2006年版，第1468—1469頁。

獻「暴」或從「虎」從「戈」，會「徒搏猛虎」義；或從「日」從「奉」，會暴曬義。後來「暴虎」字為「暴曬」字所取代[①]。2002年底，上博藏《從政甲》公佈，其15號簡有「不修不武〈戒〉，謂之必成，則」一句，陳劍先生指出可與《論語　堯曰》「不戒視成謂之暴」對讀，與《性自命出》為同字，也應讀為「暴」[②]。其說甚是[③]。由此讀「暴」的說法被學者廣泛接受。此後公佈的上博簡中有更多該字用為「暴」的例子。如《彭祖》2號簡有「天地與人，若經與緯，若與裡」句。，徐在國先生釋為「褻」，字左旁從「糸」，右旁從「衣」從「暴」之省，讀為「表」，與「裡」對文[④]。《鬼神之明》1號簡有「賞善罰」語，整理者把讀為「暴」，文從字順。又《唐虞之道》12號簡有字作，施謝捷先生釋為「暴」[⑤]，也應該可信。

周先生對字形的分析容有可商。各例「暴」字上半寫法不盡相同，但沒有一例寫作「虍」形；下半與標準寫法的「奉」也有差異。李零先生說與郭店《老子乙》3號簡「（員）」字相象[⑥]。魏宜輝先生認為《性自命出》下半所從可能就是「暴」字，上半當是「爻」字，係附加聲符[⑦]，不過《性自命出》此字上部筆劃不清晰，其他各篇此字所從均與「爻」形有別，卻大都與「大」形類同。其構形尚需做進一步研究。

7. 以奉社稷（《六德》22）

《六德》22號簡有文云「以」。末字下有二墨點，表明該字

---

① 鳳五：〈郭店《性自命出》「怒欲盈而毋暴」說〉，載《新出土文獻與古代文明研究》。
② 陳劍：〈上博簡《子羔》、《從政》篇的拼合與編連問題小議〉，簡帛研究網2003年1月8日。
③ 此又可參用鳳五：〈讀上博楚竹書《從政》甲篇劄記〉，載《上博館藏戰國楚竹書研究續編》，上海書店出版社2004年版。
④ 徐在國：〈上博竹書（三）劄記二則〉，載《古文字研究》第27輯，中華書局2008年版。
⑤ 轉引自馮勝君：《郭店簡與上博簡對比研究》，第97—98頁。
⑥ 李零：《郭店楚簡校讀記》（增訂本），第115頁。
⑦ 魏宜輝：《楚系簡帛文字形體訛變分析》，第19—20頁。

應為合文或重文，整理者未釋，陳偉先生疑是「社稷」合文①，顏世
鉉先生以為「里社」合文②。2005年，上博簡《姑成家父》公佈，其
3號簡「社稷」二字作🔲🔲；2008年，上博簡《吳命》公佈，其5號簡
「社稷」二字作🔲🔲，兩相參照，可證🔲確是「社稷」合文③，陳說
可從。關於「稷」字構形，陳先生認為，郭店簡「后稷」的「稷」字
從「示」從「田」從「女」（🔲《唐虞》10、🔲《尊》7），🔲左上部
恐是「稷」字所從「田」形的變體，並省去「女」形。是說有一定道
理。最近徐在國先生對此有詳論，可以參看④。第二字🔲以前曾有不
同釋讀，陳偉先生認為是「奉」字變體，「社稷」二字確認後，字是
「奉」的可能性就增大了。

8. 亭（《語一》33）

《語叢一》33號簡云：「禮生於莊，樂生於🔲。」末字在戰國文
字中比較常見，如（🔲《璽匯》0289）、（🔲《陶匯》6.133），舊多
釋為「亳」。研究者也紛紛把郭店簡該字釋為「亳」，但釋義各不相
同，於文意都不很妥帖。璽文、陶文中的該字，少數學者認為當釋為
「亭」，因有可靠的文例比勘，實際上可信，然而諸家均未就字形進
行具體分析和論證，因此未能產生足夠影響。2010年，吳振武先生明
確提出，戰國文字中舊釋為「亳」之字均應改釋為「亭」，用作本
字，即亭里之「亭」。其字形應該分析為從「宅」從「亭」省。亭也
可以說是廣義的宅，所以「亭」可以用「宅」來作義符。《說文》說
「亳」從「高」省，而古文字中獨體或作為偏旁的「高」習見，從未

---

① 陳偉：〈郭店楚簡《六德》諸篇零釋〉。
② 顏世鉉：〈郭店楚簡《六德》箋釋〉，載《歷史語言研究所集刊》第72本第2分，〔臺北〕
　「中央研究院」史語所2001年6月。
③ 參看陳偉：〈郭店竹書《六德》「以奉社稷」補說〉，簡帛網2006年2月26日。該文觀點又載
　氏作：〈楚簡文字識小——「弎」與「社稷」〉，《楚地簡帛思想研究（三）》，湖北教育
　出版社2007版。
④ 徐在國：〈上博五「褑（稷）」字補說〉，《〈清華大學藏戰國竹簡（壹）〉國際學術研討
　會會議論文集》，清華大學出土文獻研究與保護中心2011年6月。

見有寫作形的。跟小篆的「亳」起源應有不同，只是偶然變成了同形字。《語叢一》該字也應釋為「亭」，讀作安寧之「寧」。子犯編鐘講作鐘目的時，有「用燕用寧」一語，人之安寧與音樂的關係，於此可悟 ①。吳先生的新釋，有理有據，當可信從。

9. 㞢

「㞢」在郭店簡裡大量出現，原文作（《老甲》36）、（《五行》10）、（《性》1）形，上從「之」下從「止」。此前該字已見於戰國陶文、璽文、楚帛書、包山簡等，舊多釋為「步」，以「之」旁為「止」的訛變。裘錫圭先生曾表示懷疑，認為它可能是「之」字表示本義的分化字 ②。在包山簡裡，根據文例，可知該字讀為「侍」，我們曾分析它是從「止」、「之」聲的字 ③。在郭店簡裡，因為多有異本作比照，該字的讀法大都可以肯定，主要用為「止」、「之」、「待」、「等」④。因為它既用為「之」聲字，也用為「止」，「之」、「止」古音都是章母之部字，一些學者對「㞢」的形體結構作出新的分析，認為它應是一個雙聲符字 ⑤。從目前資料看，這種分析比較可信。

《太一生水》開篇講太一、水、天、地、神明、陰陽、四時、滄熱、濕燥、歲的相輔相生關係，「歲」處於鏈條終端，簡文謂「成歲而㞢」，「㞢」顯然用為「止」。楚帛書裡有一句話與《太一生水》這段文字有關，其云「四神相代，乃㞢以為歲，是惟四時」，「㞢」過去釋為「步」。兩相參照，楊澤生先生認為帛書的「㞢」應改讀為

① 吳振武：〈談齊「左㲺客亭」陶璽——從構形上解釋戰國文字中舊釋為「亳」的字應是「亭」字〉，中國古文字研究會第十八次年會論文，北京2010年10月。
② 轉引自楊澤生《戰國竹書研究》，中山大學出版社2009年版，第70頁。
③ 李天虹：〈《包山楚簡》釋文補正〉，載《江漢考古》，1993年第3期。
④ 參看楊澤生《戰國竹書研究》，第70—71頁。
⑤ 參看李守奎：《楚文字編》，華東師範大學出版社2003年版，第83頁；又可參楊澤生《戰國竹書研究》第70頁所述李家浩先生說。

第八章　湖北荊門郭店楚簡

「止^①」。其說當是。

10. 伇

該字原簡作（《老內》1）、（《成之》13）等形，簡文中多用為「侮」、「務」等，整理者隸定為「伇」。我們曾分析說，該字下部是「伏」之初文「勹」。古音「伏」為並母職部，「侮」、「務」同在明母侯部，聲母均為唇音，韻部稍隔，但是從「伏」聲的「鳧」古音在侯部，可證「伏」與侯部字關係密切，「伏」與「侮」、「務」音近可以通轉，「勹」當是「伇」的聲符^②。上博藏《昔者君老》4號簡也有此字，何琳儀先生釋為「矛」^③。黃德寬先生認為，「矛」和從「矛」之字在楚簡及其他戰國文字資料中多次出現，一般不從「人」。楚簡「伇」當是「敄」之省形。金文「敄」作，左部所從本像人戴飾物之形，並非「矛」字，只是與「矛」形近，戰國文字漸訛從「矛」^④。黃先生將字形上推到金文「敄」，而「敄」是「務」的聲符，結論更為可信。上舉郭店簡的例子，字的下部跟「勹」很接近，上博簡中則有完全是「人」形的例子，如（《從政乙》1）。像郭店簡中的這類寫法，也不排除把「人」形稍作變化，變成與其形近的「勹」以表音的可能。

11. 叟

郭店簡多見「叟」字，原作（《性》20）、（《語一》97）、（《語二》5）等形。整理者釋寫為「廈」。裘按疑當讀為「序」或「度」，《性自命出》17號簡、《語叢一》97號簡的「即叟」，似當

———————————

① 楊澤生：《戰國竹書研究》，第68—72頁。
② 李天虹：《郭店楚簡文字雜釋》。
③ 何琳儀：〈第二批滬簡選釋〉，載《上博館藏戰國楚竹書研究續編》。
④ 黃德寬：〈戰國楚竹書（二）釋文補正〉，載《上博館藏戰國楚竹書研究續編》。早年間李學勤先生曾指出，金文「敄」字左半，下皆從「人」作，像人披髮之形，當即「髳」（髦）之本字。至於「矛」，在甲骨文和早期金文中均象矛形，且有繫纓的環，同「敄」無關，參氏作：〈《古韻通曉》簡評〉，載《中國社會科學》，1991年第3期；收入氏著：《擁篲集》，三秦出版社2000年版，第203—206頁。按，李先生的文章蒙彭浩先生惠為提示。

讀為「次序」、「次度」或「節度」，一時得到多數學者贊同。應該說，把「𢝻」讀為「序」或「度」，形、音上的證據都不充分。此前𢝻已見於仰天湖、望山、包山簡，學者多釋為「𪩘」。因辭例比較簡短，缺乏對比資料，文義疏解推測的成分都比較大。

1999年，在武漢大學召開的「郭店楚簡國際學術研討會」上，陳偉先生發表《〈語叢〉一、三中有關「禮」的几條簡文》，認為《語叢一》31號簡應下接97號簡，文字連讀作「禮因人之情而為之即𢝻者也」。類似表述見於古書，如《禮記　坊記》「禮者，因人之情而為之節文」、《管子　心術上》「禮者因人之情，緣義之理，而為之節文者也」、《淮南子　齊俗訓》「禮因人情而為之節文」等。簡文「即𢝻」相當於古書中的「節文①」。對簡的係聯、文句的比勘都相當準確。儘管他依然據裘先生的意見把「即𢝻」讀為「節度」，但是為𢝻字的正確解讀打開了思路。

2000年，由陳先生對《語叢一》31、97號簡的係聯出發，我們撰文對𢝻字的用法進行綜合考察②。我們發現，在傳世文獻中，與31、97號簡文字相當、相近的語句很常見，跟「即𢝻」對應之處，文獻一律作「節文」。文獻中的「節文」一詞都是針對「禮」而言。《性自命出》16至18號簡「聖人比其類而論會之，觀其先後而逆順之，體其義而節𢝻之，理其情而出入之」四句話分指詩、書、禮、樂，其中「體其義而即𢝻之」，即是講聖人對禮所作的規劃，「即𢝻」亦與「禮」相應。因此懷疑𢝻應該是一個可以讀作「文」的字。《語叢三》10號簡有「起習𢝻章，益」一句，如果把𢝻讀為「文」，文義也很通暢。檢之以

① 陳偉：〈《語叢》一、三中有關「禮」的几條簡文〉，載《郭店楚簡國際學術研討會論文集》。

② 李天虹：〈釋楚簡文字「𢝻」〉，載《華學》第4輯，紫禁城出版社2000年版。將《性自命出》的「𢝻」讀為「文」是李學勤先生和我在私下交談中的共同想法，其時李先生鼓勵我把這一想法寫成文章。文成後李先生又提出很好的補充、修正意見。這篇文章實應該先生和我共同署名，但先生一再堅辭。筆者謹志。

楚簡中其他出現叒字各例，除去少數文義不明的例子外，讀為「文」都可以講通。叒在郭店簡中大都用為「節文」之「文」，《語叢四》6號簡「叒以訑」，則可能用為文飾義；包山190號簡「叒紳」為人名，叒用為姓氏「文①」；望山遣冊48號簡「二叒笄」，叒當指花紋。

郭店簡之後陸續公佈的上博簡中也有「叒」字。《季庚子問孔子》9號簡有人名「牀叒仲」，即見諸古書的春秋魯大夫「臧文仲」，「叒」也是用作「文」。

由用法出發，我們還曾對叒字形體作出推測，以為「又」形上部可能是「麟」的象形，字以「麟」為聲，與「文」音近可通，但是缺乏證據。2000年10月，在北京大學中國古文獻研究中心「郭店楚簡研究」專案小組舉行的例會上，李家浩先生指出，筆者將叒讀作「文」是正確的，對字形的解釋卻不合理。實際上叒見於《汗簡》和《古文四聲韻》引石經（《汗簡》卷中之二彡部引作叒，《古文四聲韻》上聲軫韻引作叒），是古文「閔」字。這一發現對叒字構形的破解非常重要，不過李先生沒有就字形展開討論。

2000年11月，在清華大學思想文化研究所簡帛講讀班上，李學勤先生宣講〈試解郭店簡讀「文」之字〉一文，從傳抄古文「閔」字出發，對叒字形體提出另外一種解釋。他認為，《汗簡》卷中之二心部、卷下之一民部列有「閔」字，分別作叒、叒，均云出「史書」，從「心」從「昏（昏）」聲。而《說文》云「昏」或從「民」聲。古「民」為明母真部，從「昏」之字或在明母真部，或在明母文部，而「閔」、「門」、「文」都是明母文部字，因此字讀為「閔」是很自然的事情。「閔」的這兩個古文寫法，所從「昏」上部的「民」，與李家浩先生所說石經「閔」字古文的上部近似。這提示我們，石經古

---

① 朱曉雪博士認為簡文文氏常見，而僅有一例作叒，因此包山簡此字應讀為「閔」。孔子有弟子「閔子騫」。參氏著：《包山楚墓文書簡、卜筮祭禱簡集釋及相關問題研究》第309頁，吉林大學博士學位論文，2011年4月。

文其實也是從「民」聲的，正因為這樣，才得以讀為「閔」。根據這一思路，再來看簡文𪚥，原來大家認定的鹿頭，實際上和石經古文一樣，是從「民」的。楚文字「民」，有時候作🔳、🔳（九店56:41、49）形，上半跟「鹿」字之頭寫法完全相同，而楚文字從「鹿」之字，鹿旁都有足形，沒有省作鹿頭的。𪚥從「民」省聲，自然可以讀作「文」。最後，從偏旁分析的角度看，簡文𪚥和石經古文「閔」，應理解為從「旻」、「民」聲，與《說文》旻部的「閔」是一個字的異寫。字或從「彡」，《說文》訓「毛飾畫文也」，凡從「彡」之字多有文飾之義，從「彡」的𪚥，可以說就是《說文》的「彣」，也就是文章之「文[1]」。

　　2004年，在李先生說基礎上，陳劍先生對𪚥字構形作出進一步分析，認為此字可以隸定作「𪚥」，右旁所從斜撇可以看做是裝飾性筆劃，也可以分析為從「彡」。「𪚥」下半「旻」與「攴」讀音相近，「𪚥」所從的「民」、「旻」都是聲符[2]。

　　李零先生的認識有所不同。他認為，戰國時期上出歧頭，內有兩點的「民」字，其實是借「每」為「民」或混「每」為「民」，不是「民」的本字，所以𪚥大體應相當於「敏」字。在郭店簡中，𪚥有兩種用法，一種用為「文」字，一種用為「敏」字[3]。

　　2010年，單育辰先生指出，整理者對𪚥的隸定不無道理，該字或許還是從鹿頭之字，原始字義是鹿的花紋之「文[4]」。

　　綜合起來看，𪚥在簡文裡可以確定的用法是讀作「文」。在字形

---

① 李先生文後來刊於《孔子・儒學研究文叢》（一），齊魯書社2001年版；收入氏著《中國古代文明研究》。

② 陳劍：〈甲骨金文舊釋「尤」之字及相關諸字新釋〉，載《北京大學中國古文獻研究中心集刊》第4輯，北京大學出版社2004年版。

③ 李零：《郭店楚簡校讀記》（增訂本），第53—55頁。

④ 單育辰：《楚地戰國簡帛與傳世文獻對讀之研究》第46—47頁，吉林大學博士學位論文，2010年4月。

上，陳劍先生的隸定得到大多數學者認同。不過 夏 上部所從與鹿頭最為接近，「民」字類似寫法比較少見，單育辰先生的看法也值得關注。

12. 讀為「察」、「竊」、「淺」的字

郭店簡中有一組根據文義或異本對比，可以肯定用為「察」、「竊」或「淺」的字。用作「察」者多數從「言」作 ▨（《窮達》1）、▨（《五行》13）形，或從「戈」作 ▨（《尊》8）、▨（《性》38）。用作「竊」者作 ▨（《成之》19）、▨（《語四》8）。用作「淺」者作 ▨（《五行》46）[①]、▨（《性》22，「淺澤」合文）。用為「察」的從「言」之字，此前已見於包山簡，其整理者隸定作「謰」，讀為「對」。根據郭店簡將字改讀為「察」，文義也非常通順。由於各例聲旁寫法非常接近，「察」、「竊」、「淺」三字古音又相近可通，一般認為這組字的聲符是同一個字。但是對於該字聲符的釋讀，爭議頗大，有釋「羹」、「帶」、「業」、「辡」、「辛」、「戔」、「契」等多種意見，迄今尚未取得共識。

聲符為「戔」的說法是裘錫圭先生於2000年提出來的。他說，簡文所見「察」、「竊」、「淺」等字的聲旁，其實已見於三體石經。石經《春秋》「踐土」之「踐」的古文 ▨，所從聲旁與郭店簡「淺」字所從，寫法几乎全同，其形體當由二「戈」作並列形的「戔」或「戔」旁（可參 ▨ 包山238「遂」、▨《老甲》25「後」）訛變而成 [②]。後來裘先生放棄這種說法，改從「帶」聲之說 [③]。

聲符為「契」的說法是何景成先生提出的。他認為該字聲符係由甲骨文、金文「契」字演變而來 [④]。

---

① 上博六《用曰》20號簡「淺」字作 ▨。
② 裘錫圭：〈《太一生水》「名字」章解釋——兼論《太一生水》的分章問題〉，載《古文字研究》第22輯。
③ 裘錫圭：〈釋《子羔》篇「鉇」字並論商得金德之說〉，載《簡帛》第2輯。
④ 何景成：〈楚文字「契」的文字學解釋〉，載《簡帛語言文字研究》第5輯，巴蜀書社2010年版。

最近，李零先生提出新見。他認為，上博藏《子羔》10、12號簡中用為「契」的、是「离」字，《說文》謂「离」讀與「偰」同，而「离」是「竊」的聲符。包山、郭店簡中讀為「察」、「竊」之字的聲旁，其實就是「离」。上博《容成氏》30號簡有字，與《語叢四》「竊」字寫法相同，用為人名，是舜時的樂正，陳偉先生即讀為「契①」。裘先生將石經古文「踐」字與郭店簡中讀為「淺」之字聯繫起來是很合適的，但是說讀為「察」、「竊」之字的聲旁也是「戔」卻值得商榷。疑簡文「淺」的聲旁是「戔」的變體，與讀為「察」、「竊」之字的聲旁無關②。

今按何、李兩位先生的說法很有啟發性。不過單純從形體看，讀為「察」、「竊」之字的聲旁，與甲骨文、金文中的「契」及《說文》古文「离（）」、《子羔》篇「契」都存在較大差異，希望將來發現更好的字例以佐證其說。

13. 慎

郭店簡中用為「慎」的字有兩類寫法，其一是與《說文》古文形近者，僅有一例，見於《語叢一》46號簡，前文已經談到。其二作（《老甲》11、《緇衣》30）、（《語四4》）、（《成之》19）、（《五行》16）、（《五行》17）等形。因為《老子》、《緇衣》、《五行》等篇都有異本作比照，這類字用為「慎」毫無疑問。同類寫法的「慎」上博簡也常見，如（《上緇》17）、（《季庚子》19）、（《仲弓》23）、（《三德》20）。其中作「斩」形的「慎」字此前已見於包山文書類145、150、187號簡。

關於該字構形，學者有多種推測，比較有影響的，是陳劍先生

① 陳偉：〈《上海博物館藏戰國楚竹書（二）》零釋〉，載《武漢大學學報》2004年第4期；又載氏著：《新出楚簡研讀》，武漢大學出版社2010年版。
② 李零：〈古文字筆記：离與竊〉，載《〈清華大學藏戰國竹簡（壹）〉國際學術研討會會議論文集》。

的看法。他認為，西周金文中有一個字，作■（師望鼎）、■（梁其鐘）、■（番生簋）等形，舊讀為「哲」，但是文義難通。與古書材料對比，可知它們表示的應該是「慎」這個詞。其上部作為獨體字見於西周史密簋和毛公鼎，作■、■，字應即後來寫作從二「斤」的「所」，亦即「質」字聲符。「質」古音在章母質部，「慎」在禪母真部，音極相近，可以相通。簡文中用為「慎」的字應該就來源於金文中的這個字。戰國璽印中多見的「忎」字，舊釋為「悊」，也應該改釋為「惢」，從辭例看讀為「慎」都非常合適①。

2003年，裘錫圭先生對「慎」字形體提出新的解釋，認為與「針」字初文有關，成為陳說之後又一頗具影響的說法。《緇衣》17號簡引《詩》云：「其容不改，出言有｜，黎民所■。」「｜」，簡文原作■，上博本《緇衣》相當之字殘；■，上博本同。兩字今本《詩經》分別作「章」、「望」。整理者將■釋為「信」。「｜」又見於上博藏《容成氏》1號簡、《用曰》3號簡。裘先生認為，「｜」字來源可以追溯到殷墟甲骨文。甲骨文「十」字作「｜」，「奉」兩手所奉之物與「十」同形。「奉」、「十」二字古音極近。推測「｜」當為「針」之象形初文，「針」之古音與「十」、「奉」都很接近，所以古人以針的象形初文來記錄數位「十」，又以兩手奉針形作為「奉」的字形，讓「｜」兼起聲旁的作用。「十」字在周代由「｜」演變為■、■等形。《緇衣》「出言有｜，黎民所「■」可讀為「出言有遜，黎民所訓」，或「出言有慎，黎民所信②」。楚簡「慎」字所從的■、■、■，就是「｜」或「十」字。「｜」、「十」古音與「慎」關係密切，

---

① 陳劍：〈說慎〉，載《簡帛研究二○○一》（上冊）。大體同時，陳偉武先生也把金文中的這個字改釋為「慎」，參氏作：〈舊釋「折」及從「折」之字平議〉，載《古文字研究》第22輯。

② 楊澤生先生贊同裘先生釋「針」的說法，但是認為《緇衣》「出言有｜，黎民所■」，應該讀為「出言有及，黎民所慎」，參氏作：〈上博簡《用曰》中的「及」和郭店簡《緇衣》中的「出言有及，黎民所慎」〉，載《簡帛語言文字研究》第5輯，巴蜀書社2010年版。

因而也用為「慎」的聲旁。楚簡「十」字沒有只作一豎而不加點或短橫的，所以「慎」字所從的「丨」必須看做「針」的初文 ①。

魏宜輝先生對此有不同看法。他認為「斮」是一個省形字，所從「斤」係「所」之省，所從▲是附加聲符「玄」，古音「玄」與「慎」相通。簡文其他「慎」字所從的▲、▲是▲形的簡化 ②。

對楚簡「慎」字的解讀還影響到對其他戰國文字的認識。楚貨幣銘文常見▲、▲字 ③，學者多隸定為從「十」從「斤」，讀為計量單位「釿」。我們曾據陳劍先生釋「慎」之說，把字釋為「所」，《說文》：「所，二斤也。」④現在看來可再斟酌。中山王鼎有銘曰「▲哉」。「哉」前之字，舊多讀為「哲」。趙誠先生曾提出字可分析為從「木」、「所」聲，「／」為「斤」之重文符號 ⑤。周波博士由此出發，結合陳劍先生對「慎」字形體的分析，將▲改讀為「慎」⑥。形體分析容有可商，從文義看，讀法非常合適。

14. 遊　達

「遊」，原文作▲（《老乙》6）、▲（《緇衣》18）等形，最早見於楚帛書，包山80、142號簡也有此字，整理者均隸定為「遊」。湯余惠先生疑是「徉」字古體，包山80號簡「既發劑，執勿遊」，是說拘

<hr>

① 裘錫圭：〈釋郭店《緇衣》「出言有丨，黎民所言言」——兼說「丨」為「針」之初文〉，載《古墓新知——紀念郭店楚簡出土十周年論文專輯》。裘先生還認為，根據古音通假，▲也可能讀為「信」：「『▲』不從『人』，與一般『信』字有異，所以《郭簡》不加說明就釋『▲』為『信』是不對的。但『▲』是『信』的一個特殊異體或通假字的可能性不能排除。」
② 魏宜輝：《楚系簡帛文字形體訛變分析》，第48—49頁。
③ 吳良寶：《先秦貨幣文字編》，福建人民出版社2006年版，第284頁。
④ 李天虹：〈楚幣文「折」字別解〉，載《第四屆國際中國古文字學研討會論文集》，香港中文大學 2003 年 10 月。
⑤ 趙誠：〈《中山壺》、《中山鼎》銘文試釋〉，載《古文字研究》第1輯。
⑥ 周波：〈中山器銘文補釋〉，復旦網2009年9月8日；又載《出土文獻與古文字研究》第3輯，復旦大學出版社2010年版。

捕命令發出後，要立即拘捕人犯，勿使走脫[①]。文義可通，可是在文獻中「徉」沒有走脫的用法。郭店簡此字常見，在《老子》和《緇衣》中，均與今本「失」相對應，在其他篇讀為「失」亦通，可證「遊」與「失」讀音相近。根據這一線索，黃德寬、徐在國先生認為該字所從「羊」乃「矢」形之訛，字從「矢」聲，可讀為「失[②]」。李家浩先生認為其聲旁是古文字「失」的訛變，應釋為「迭」。《說文》說「迭」從「失」聲，故楚文字「迭」可讀為「失[③]」。趙平安先生認為字應隸定作「達」，所從聲旁由甲骨文「夲」演變而來。「夲」從「止」從「夲」，而「止」在「夲」外，本義當為逃逸。「夲」、「達」可能就是「逸」的本字。「逸」、「失」古音很近，可以通用。包山簡「執勿達」之「達」則用為本字「逸」，逃逸之義[④]。對比而言，趙說比較可信，影響也最大。可惜金文中沒有發現「夲」或「達」字，說簡文該字由甲骨文「夲」演變而來，中間缺環過大。陳斯鵬先生指出上博簡該字有作 （《曹沫》7）、 （《季庚子》20）形者，「止」尚未訛變為「𣥂」，正好補充了「達」字形體演變過程的一個重要環節，可證趙說的可信[⑤]。但是戰國文字中，「止」旁位於字形上方時可以寫作「𣥂」形，如「前」字或作 （《老甲》3）；「𣥂」旁也有寫作「止」形者，如「族」字或作 （《六德》28）。所以從「止」形的寫法對趙說只能起輔證作用[⑥]。上博七《武王踐阼》四見「達」字，作 （簡9）、 （簡11）之形，均用為「失」，係 之省文。

---

① 湯余惠：〈包山楚簡讀後記〉，載《考古與文物》，1993年第2期。

② 黃德寬、徐在國：《郭店楚簡文字考釋》。

③ 李家浩：《讀〈郭店楚墓竹簡〉瑣議》。

④ 趙平安〈戰國文字的「遊」與甲骨文「夲」為一字說〉，載《古文字研究》第22輯。

⑤ 陳斯鵬：〈楚簡中的一字形表多詞現象〉，載《出土文獻與古文字研究》第2輯，復旦大學出版社2008年版。

⑥ 郭店簡中，該字也有寫作從「止」形的，如 （老丙11）、 （六德41）。

還可以指出的是，1999年，趙建偉先生在對《老子》「（遊失）之若纓」一句作疏解時講到，疑「遊」是「逸」之或體，「逸」、「失」古通作[①]。跟趙平安先生對該字的解釋相同，但是他沒有就字形展開分析，注意到其說的學者似乎不多。

15. 安

郭店簡「安」字有兩類寫法，一類從「宀」，作（《老甲》25）、（《緇衣》8）、（《語一》59）形；一類不從「宀」，作（《老甲》22）、（《魯穆公》4）、（《尊》37）形。兩類寫法的「安」字此前並見於曾侯乙簡和包山簡，之後上博簡中更為多見。學者通常認為後一類寫法是前者的省體。

傳統看法中，「安」字從「女」在「宀」下，是個會意字。但是西周金文、戰國秦漢文字「安」所從「女」旁之下大都多出一筆或兩筆，學者鮮有注意，也一直沒有好的解釋。楚簡文字「安」多見，「女」旁之下通常也多出一兩筆，似乎留意的學者也不多。2005年，陳劍先生撰文專門探討「安」字（筆者按：為方便起見，姑從陳先生將後一類寫法的「安」隸定為「㚒」），對「女」旁之下的筆劃，作出很好的分析。

他認為，殷墟甲骨文既有從「宀」從「女」的字，也有從「宀」從「㚒」的字，兩者有嚴格區別，前者是「賓」字異體，大概西周時遭到淘汰，後者才是「安」字。在長期的古文字演變過程中，「安」如果徑作從「宀」從「女」，不會導致形體混淆，但「安」字多出一部分筆劃這個特徵，卻一直保留到了東漢時期。西周早期金文中，「㚒」既有獨體，也作為偏旁出現。其造字本義當是「安坐」，「女」旁的一筆表示人跪坐時股、脛相接觸，亦即將臀部放在腳後跟上。「㚒」字被淘汰後，「安坐」義及其引申義，保存在了「安」字中。「安（安）」

---

① 趙建偉：〈郭店竹簡《老子》校釋〉，載《道家文化研究》第17輯。

應分析為從「宀」、「女」聲。不過，儘管本來有獨立成字的「女」，早期又有以「女」為聲符的字，但是獨體的「女」在西周、春秋金文中僅有匽侯戈（《集成》17.10887）一例，以「女」為偏旁的字也只有西周早期的「彶」（《集成》16.10580）字和春秋時期的「疒」（《淅川下寺春秋楚墓》第45頁圖38）字。說戰國時獨體的「女」直承早期古文字而來，證據還嫌不足。考慮到戰國文字省略偏旁的現象很常見，在看到更早、更多的「女」和從「女」之字之前，似乎還是依從一般的認識，把戰國文字裡大量的「女」字看做「安」字之省比較穩妥①。

陳先生根據大量實例，分析古文字「安」的形體源流，將甲骨文的「安」與「賓」明確區分開來，對「安」字構形亦作出詳細解說，目前來看比較合理。早期「女」、「安」詞義上的關係尚有待探討。

16. 娩

《緇衣》24號簡有字作 ⚞（筆者按，下文姑隸定為「孚」），今本作「遯」，整理者缺釋。李零先生疑是「娩」字古寫，「免」與「遯」含義相近②。《六德》28號簡有「祖⚞為宗族也」句，整理者將⚞釋為「字」。裘按云：《禮記　大傳》、《儀禮　喪服》均有「祖免」。或疑簡文「祖字」之「字」為「免」之誤寫。李零先生認為⚞是「娩」字初文，讀為「免」，嚴格講不能說是錯字③。同字此前見於望山、包山簡等，如包山172、175號簡分別作⚞、⚞，望山卜筮類37號簡作⚞，李零先生已經提出同樣看法④。2000年，李家浩先生由釋「娩」說出發，對楚簡文字「孚」及從「孚」之字的用法作綜合考察，發現如果把「孚」釋為「娩」，這些字都可以得到合理解釋。如以「孚」為偏

---

①　陳劍：《說「安」字》。
②　李零：《郭店楚簡校讀記》。
③　李零：〈郭店楚簡校讀記〉；李零：《郭店楚簡校讀記》（增訂本），第137頁。
④　李零：〈讀《楚系簡帛文字編》〉，載《出土文獻研究》第5集，科學出版社1999年版。

旁的從「心」或從「疒」之字，是「悗」字異體；從「韋」之字，是「鞔」字異體。這也可以證明「孨」相當於「娩」字的說法可從[1]。不過兩位李先生都未對字形結構給出具體分析。

2001年，趙平安先生將「孨」與甲骨文（《合集》154）字聯繫起來。從辭義看，甲骨文用作分娩義，舊多釋為「冥」，讀為「娩」。夏祿先生認為字形表示順產嬰兒頭先降生，助產保姆以雙手接生，應是「娩」的象形表意字[2]。趙先生認為，甲骨文實際上就是楚文字「孨」的初形，確實應當釋為「娩」[3]。從字形、用法看，趙說當是。由此不但解決了「孨」字形體的來源，也證明夏先生將甲骨文釋為「娩」的象形表意字可信。

《六德》作形的「孨」，與「字」的形體非常接近。楚簡中這種寫法的「孨」並不罕見。信陽遣冊28號簡有字作，右旁寫法與《六德》此字近似，李家浩先生認為跟包山遣冊259號簡「（鞔）」是同字，前者右旁是後者右旁的省寫[4]，其說是。前引包山簡「孨」字，省去上部的兩橫筆後，與「字」形體也基本相同。2003年公佈的葛陵簡，與望山簡辭例相同、用作「悗」的字或作（甲三266、277），上部亦寫作「字」形。此後陸續公佈的上博簡中也見有同樣寫法的「孨」，如（《天子·甲》2）、（《用曰》12），均用為「免[5]」。因此楚簡中的「娩」確實可以省寫作「字」形，這屬於字形演變過程中發生的混同，不宜認為是誤字[6]。

---

① 參看湖北省文物考古研究所、北京大學中文系：《九店楚簡》，中華書局2000年版，第146—147頁「補正」。
② 夏渌：《評康殷文字學》，武漢大學出版社1991年版，第23頁。
③ 趙平安：〈從楚簡「娩」的釋讀談到甲骨文的「娩㚇」〉
④ 湖北省文物考古研究所、北京大學中文系：《九店楚簡》，第146—147頁。
⑤ 參看劉洪濤：〈讀上博竹書《天子建州》劄記〉，簡帛網2007年7月12日；陳偉：《讀〈上博六〉條記》，簡帛網2007年7月9日。
⑥ 參看李天虹：〈楚簡文字形體混同、混訛舉例〉，載《江漢考古》，2005年第3期。

第九章 河南新蔡葛陵楚簡

　　新蔡葛陵楚墓位於河南省新蔡縣城西北25公里處的李橋鎮葛陵村，1994年，河南省文物考古研究所對該墓進行搶救性發掘，出土一批竹簡①。

　　該墓平面呈「甲」字形，有封土，帶墓道，七級臺階。墓葬以西約15公尺處有一車馬坑。葬具為二槨二棺。外槨呈「亞」字形，分東、西、南、北、中五室。墓內出土人骨架八具，其中一具男性，年齡約在35至40歲之間，係墓主楚封君坪夜君成。另外七具均為年輕女性，可能是殉人。墓葬時代相當於戰國中期。該墓多次被盜，僅存部分隨葬品，但依然比較豐富，主要集中於東室、南室、西室，其中東室放置漆木器和樂器，南室主要放置兵器、車馬器和竹簡，西室以玉器為主。北室基本盜掘一空，從殘留器物分析，原可能隨葬有編鐘、編磬等大型樂器或成組青銅禮器。

---

① 　參看河南省文物考古研究所等：〈河南新蔡平夜君成墓的發掘〉，載《文物》，2002年第8期；河南省文物考古研究所：《新蔡葛陵楚墓》，大象出版社2003年版。報告公佈全部竹簡的圖版和釋文，按出土號排序；陳偉等著：《楚地出土戰國簡冊〔十四種〕》，經濟科學出版社2009年版。該書是武漢大學「楚簡綜合整理與研究」課題組的結項成果，對葛陵簡重新拼合、分類、分組。釋文、注釋皆按分組編排，但沿用原整理者的竹簡編號。

第一節　竹簡的出土、形制與格式

竹簡位於南室東南的車傘蓋上，多混雜在鎧甲和車馬器中，大部分被擾動。整理者將竹簡分為上下兩層，分別編為甲區和乙區，甲區分為甲一至甲三3組，乙區分為乙一至乙四4組。凡殘損嚴重出土時未予編號的簡統一編為零組。

因經盜擾，竹簡保存狀況不好，全部殘斷，總計1568枚[①]。一般寬0.8公釐左右，最寬者約1.2公釐，窄者約0.6公釐。文字一般墨書於竹黃面，少數書於竹青面。不留天頭。字體風格不一，應由多人書寫而成。

第二節　簡文的分類與内容

整理者對簡文内容有較為簡略的分類。武漢大學「楚簡綜合整理與研究」課題組將簡文分為卜筮祭禱和簿書兩類，另外還有一些未予歸類的殘簡。卜筮祭禱簡大體別為三種。其一是卜筮記錄，由貞人貞問一般事項和疾病，與包山簡近似，但是如七日貞、三歲貞、連續貞及繇辭等等為葛陵簡首見。其二是坪夜君成的自禱記錄。其三是祭禱記錄。簿書大致可分為兩種：其一是受盟簡，記參盟者與所受物品數量。其二與「禱」及用牲有關。各類簡的長度有別，祭禱類簡較短。卜筮類簡簡寬較窄的一般也較短，拼接後較窄的完整簡長約55公釐，寬0.7公釐。簿書類的完整簡長32.5公釐[②]。

從占問情況看，坪夜君成所患疾病有背膺疾、胖脹、心悗、肩胛

---

① 整理者統計簡數是1571枚，宋華強先生指出有三個重片，這樣總數實際是1568枚。參宋華強：《新蔡葛陵楚簡初探》，武漢大學出版社2010年版，第22—23頁。

② 參看陳偉等著：《楚地出土戰國簡冊〔十四種〕》，第395、446頁。

疾等等。值得一提的是，祭禱形式中有「弌禱」之名，當即其他卜筮類簡中的「<ruby>習<rt></rt></ruby>禱^①」。祭禱的神祇中，有很多不見於其他資料，如大川有汭、靈君子、步等等。祭禱的先王有荊王（指文王以前的楚王）、文王、平王、昭王、惠王、簡王、聲王。其中昭王常常受祭。先人有文君（或稱「坪夜文君」、「坪夜文君子良」）、文夫人、子西君、王孫厭等。整理者指出，坪夜文君即見於曾侯乙簡的「坪夜君」、包山簡的「文坪夜君子良」。據史籍，坪夜文君子良是昭王之子，惠王之弟。子西是昭王之兄，在昭王、惠王兩代均為令尹，是舉足輕重的人物。宋華強先生認為墓主坪夜君成係坪夜文君、文夫人之子，昭王之孫，王孫厭可能是成的兄弟輩^②。簡文首次出現「三楚先」之稱，與「楚先」之稱並行。受祭的楚先祖有老童、祝融、鬻熊與老童、祝融、穴熊兩種組合。對於「三楚先」與「楚先」的關係、「三楚先」究竟包括哪三位先祖、鬻熊與穴熊的關係等，學界爭議較大，迄今未有定論^③。

　　祭禱的先王止於聲王，說明簡文年代很可能在悼王之世。簡文中有九條大事紀年，分別為「婁莟受女於楚之歲」、「我王於林丘之歲」、「齊客陳異致福於王之歲」、「☒率師於陳之歲」、「大莫囂陽為、晉師戰於長城之歲」、「句邦公鄭途毀大城茲方之歲」、「王復於藍郢之歲」、「☒☒公城郚之歲」、「王（自肥遺郢）徙於郚郢之歲」，其中「王徙於郚郢之歲」是最晚的一年，據研究，其絕對年代很可能是楚悼王四年，即公元前398年^④。

① 參看晏昌貴：〈天星觀「卜筮祭禱」簡釋文輯校〉，《楚地簡帛思想研究（二）》，湖北教育出版社2005年版。

② 宋華強：《新蔡葛陵楚簡初探》，第113—121頁。

③ 參看陳偉：〈楚人禱祠記錄中的人鬼系統以及相關問題〉，載《古文字與古代史》第1輯，〔臺北〕「中央研究院」史語所2007年；又載簡帛網2008年2月7日。

④ 參看劉彬徽：〈葛陵楚墓的年代及相關問題的討論〉，載《楚文化研究論集》第7集，嶽麓書社2007年版；宋華強：《新蔡葛陵楚簡初探》，第113—135頁；李學勤：〈清華簡《系年》及有關古史問題〉，載《文物》，2011年第3期。

第三節　簡文釋讀概況

　　葛陵簡中出現不少新的字形、辭例、通假現象等，在一定程度上推動了楚文字的研究。如我們曾提到，自包山簡出土，大家都確定「旮」的用義相當於「期」，但苦於其形體難以有合理解釋。葛陵簡也有「旮」，幸運的是有一枚簡把這個字寫作「幾」（零336、341），從而使人們明白，該字應該釋為訓作「期」的「几」[①]。多年的難題迎刃而解。又如地支「亥」，簡文或寫作「睘」（乙四102）、「嬛」（乙四105）。古音「亥」屬匣母之部，「睘」屬匣母元部，兩字聲母相同，但韻部相隔較遠，這種通假現象很值得思考。甲三11、24有「昔我先出自」句，董珊先生將隸定為「訓遣」，讀作「顓頊」，指出這是戰國文字中首次見到顓頊之名。《楚辭‧離騷》王逸注引《帝系》云：「顓頊娶於騰隍氏女而生老僮，是為楚先」，簡文「昔我先出自顓頊」可與之互證，證明楚人是顓頊後裔的說法確實淵源有自[②]。乙四61有「背疾」之語，宋華強先生認為應該隸定為「啟」，讀為「肩」。字的左上部似「戶」而非「戶」，實際由象形字「肩」演變而來。甲骨文「肩」本像動物肩胛骨的形狀，後來添加表意偏旁「肉」，而象形部分的寫法越來越像「戶」。春秋戰國之間的石鼓文「豣」作，所從「肩」旁的象形部分尚保有古意，但與「戶」已有相似之處。上博藏《君子為禮》7號簡字，學者或釋為「肩」，可信，其左上部已與「戶」區別不大。戰國早期曾侯乙墓出土析君戟銘文中析君名「墨」，其中字寫法與葛陵簡「啟」相同，應讀為「黑肩」，「黑肩」作為人

---

① 參看裘錫圭：〈釋戰國楚簡中的「旮」字〉，載《古文字研究》第26輯，中華書局2006年版。

② 董珊：〈新蔡楚簡所見的「顓頊」和「睢漳」〉，簡帛研究網2003年12月7日。

名見於《左傳》桓公五年①。由於字形演變序列比較清晰，且文意順暢，是說應該可以成為定論。簡文多見「瓔之（以）兆玉」句，首字或作「瑗」、「綏」，徐在國先生指出從「糸」者應釋為「纓」，從「玉」者應釋為「瓔」，其用法與《山海經　西山經》「嬰以百珪百璧」的「嬰」相同，郭璞注：「嬰，謂陳之以環祭也。」②羅新慧先生認為古注有不妥之處，「嬰」的本義是以飾品繞於頸上，簡文「嬰之以兆玉」所表達的含義應是以玉懸繫於祭牲之上以敬神③。徐先生釋字正確，羅先生對字義的訓釋則更勝一籌。

第四節　簡文釋讀舉例

這裡結合學者的已有意見，對兩處字詞談談我們自己的看法。

1. 羀日癸丑（甲三22、59）

關於「羀」字，徐在國先生認為是從「日」，「能」聲，「翼」、「能」古音相通，「羀」應該讀為「翼」，「翼日」即第二天，古文字資料及典籍均習見④。從字的形、音、義看此說頗有道理。我們曾根據郭店簡中「羀」用為「一」、《六德》19號簡的「能」與《禮記　郊特牲》「壹」相對應的例子，懷疑「羀」可能讀為「一」，「一日癸丑」即「過了一日到了癸丑」，與讀「羀」為「翼」，在文義上沒有區別，並引甲骨文類似句例為證。甲骨文一般稱第二天為「翌日」，但也有稱「一日」之例。如《合集》18793號有「癸亥卜，史貞：旬亡憂。

① 宋華強：《新蔡葛陵楚簡初探》，第315—319頁。相關內容最早載氏作〈由新蔡簡「肩背疾」說到平夜君成所患為心痛之症〉，簡帛網2005年12月7日；〈新蔡簡「肩」字補證〉，簡帛網2006年3月14日。
② 徐在國：〈新蔡葛陵楚簡劄記〉，載《中國文字研究》第5輯，廣西教育出版社2004年版。
③ 羅新慧：〈說新蔡楚簡「嬰之以兆玉」及其相關問題〉，載《文物》，2005年第3期。
④ 徐在國：〈新蔡葛陵楚簡劄記〉。

一日□甲子夕變」，其中的「一日」，應該是指「癸亥」之後的「甲子」日，那麼「一日」就是「過了一日」之意。再如《合集》11918號云「丙午……王繇曰：其雨。二日戊申……」，「丙午」之後是「丁未」，「丁未」之後是「戊申」，那麼「二日」應是「過了二日」之意。這些都可以作為「⿱日能」用為「一」的旁證[①]。現在看來，似乎還可以把「⿱日能」字結構分析為從「日」、「⿱日能（一）」省聲。是說比之徐說，論據、論證似乎不很充分，但是就楚簡用字習慣看，也可備一說。

地支「丑」，原簡作，它簡或省寫作（甲三299）、（乙三49）。我們曾把分析為從「丑」從「主」，「主」是附加聲符，省寫的形體是「丑」、「主」共筆。古音「丑」為透母幽部，「主」為章母侯部，似乎相隔較遠，但是存在相通的可能。如古音「鑄」屬章母幽部，不少從「壽」得聲的字（如「禱」）古音在端母，讀音與「丑」非常接近。古書中「鑄」又與從「主」聲的「注」有通假之例[②]。徐在國先生懷疑省寫的是從「丑」從「肘」，「肘」與「丑」共用「又」旁，「肘」（端母幽部）是加注聲符[③]。戰國文字「肘」或作（《成之》3），單就這裡「丑」的省形而言，徐先生的這種解釋可以成立。但是就形而言，這種解釋就存在問題，因為的「丑」旁之下明顯作「主」形。我們曾分析說戰國文字「肘」是個指事字，「手」形之下的筆劃為指事符號[④]，現在看來這種指事符號或許還含有表音作用，即特意把指事符號寫作「主」形以指示字的讀音。

① 李天虹：〈新蔡楚簡補釋四則〉，簡帛研究網2003年12月17日；又載《第十五屆中國文字學國際學術研討會論文集》，〔臺北〕輔仁大學2004年4月。

② 參看高亨纂著、董治安整理：《古字通假會典》，齊魯書社1989年版，第350頁。

③ 徐在國：〈新蔡葛陵楚簡劄記〉。

④ 李天虹：〈釋郭店楚簡《成之聞之》篇中的「肘」〉，載《古文字研究》第22輯，中華書局2000年版。

2. 各璜（甲三137）

「璜」是祭禱鬼神所用的佩玉。陳偉先生認為從「廾」，疑當釋為「共」，讀為「拱」，拱璜猶如文獻中的拱璧，是一種大璜。又指出，楚卜筮簡記錄祭品，通常都加有數詞，所以此字似乎又應該是一個數詞①。2007年，宋華強先生在其博士學位論文中，將隸定為「𡐭」，認為古文字單複無別，疑「𡐭」是「𡖀」字異體。在2010年正式出版的文本中，宋先生根據「各一佩玉」、「各兩𡐭」、「各二璧」、「各一殳」等辭例，認為「𡖀」可能是與數量有關的詞，疑當讀為「工」。古書有云「二玉為工」，簡文「工璜」疑即表示「二璜」②。兩周金文有一從「耒」之字，作、（《金文編》1203頁）形，蕭毅先生認為與智鼎銘一樣，都是「耦」字，從兩「耒」會意。簡文則是的變體，將所從「耒」形的上部與下部調換了位置。「耦」意為「一對」、「二」、「兩」③。

我們曾於2003年指出，該字上部從兩「肉」，下部從兩「又」。戰國文字「廾」所從兩手形多向上，或向內；「友」字兩手形多一致向左。兩相比照，下部似是「友」字。因此應隸定為「𤔲」，據文義可讀為「友」，「友璜」即二璜。古「友」有「二」義。《詩　小雅　吉日》「或群或友」，毛傳：「獸三曰群，二曰友。」信陽遣冊13號簡有「一友齊緻之袷」，19號簡有「一友贏膚」，「友」大概也是用作「二」義，「一友」即一對、一雙。仰天湖楚簡31、32號簡有「羽膚一堣（偶）」、「贏膚一堣（偶）」，史樹青先生指出「一偶」猶言「一對」④。所謂「一友贏膚」，應該相當於「贏膚一偶」。望山遣冊簡裡與「友」、「偶」相當的詞是「雙」，如50號簡有「一雙

---

① 陳偉：〈新蔡楚簡零釋〉，載《華學》第6輯，紫禁城出版社2003年版。
② 宋華強：《新蔡葛陵楚簡初探》，第439頁。
③ 蕭毅：《楚簡文字研究》，武漢大學出版社2010年版，第231—233頁。
④ 史樹青：《長沙仰天湖出土楚簡研究》，群聯出版社1955年版，第24、34頁。

璜。一雙琥^①」。在寫作此文時，我們沒有與其他記錄祭品的文例相比照，後來看到陳先生、宋先生關於▨應該是數量詞的說法，更覺得自己的讀法有一定道理。在字形上，蕭毅先生的意見也值得重視。

---

① 李天虹：〈新蔡楚簡補釋四則〉。

第十章　上海博物館藏楚簡

　　1994至2000年，上海博物館由香港文物市場先后入藏四批楚簡，
完、殘簡包括在內，共計1600餘枚 ①，內容都是古書。上博藏簡從2001
年陸續公佈，截至2008年12月，已發表7冊、40餘篇書籍 ②。上博竹書
的性質與郭店簡相似，儘管還沒有全部刊佈，但數量已經超過前者，
內容也更為豐富。它承續郭店簡帶來的研究態勢，十年來一直備受學
界關注，影響廣泛 ③。

第一節　竹簡形制與格式

　　上博簡長度自23.8至57.2公釐不等，寬約0.6公釐。編繩兩道或三
道。簡的兩端大多平直。編繩兩道的不留天頭地腳，編繩三道的多數

① 參看馬承源主編：《上海博物館藏戰國楚竹書（一）》「前言：戰國楚竹書的發現保護和整
　　理」，上海古籍出版社2001年版；濮茅左：〈上博館藏戰國楚竹書的發現收購過程〉，簡帛
　　研究網2007年12月4日。
② 馬承源主編：《上海博物館藏戰國楚竹書》（一）—（七），上海古籍出版社2001年—2008
　　年出版。2011年5月，《上海博物館藏戰國楚竹書（八）》出版，其內容本文一般不予涉及。
③ 本章寫作多參考吉林大學碩士學位論文《〈上海博物館藏戰國楚竹書〉研究概況及文字編》
　　（一—七）、武漢大學關於上博簡第三至七冊集釋的碩士學位論文、單育辰博士學位論文《楚
　　地戰國簡帛與傳世文獻對讀之研究》，詳參文末參考文獻目錄。

留有天頭地腳。多數文字保存較好，一般書寫於竹黃面，字跡大部分清晰。竹青面也有少量文字，主要是篇名。

需要特別說明，《孔子詩論》有上、中、下三道編繩，其中2至7號簡的格式非常特殊，文字寫在第一道和第三道編繩之間，第一道編繩之上和第三道編繩之下留有大段空白，其他簡則是滿簡抄寫文字。彭浩先生推測「留白」簡原分三欄書寫，因故將上、下欄文字刮去而形成留白。其書寫格式不同於滿寫簡，兩者應是不同的篇或章①。

第二節　簡文的分篇與內容

一、分篇

據濮茅左先生統計，包括未公佈簡在內，簡文自題篇題的有「子羔」、「容成氏」、「中弓」、「恆先」、「內禮」、「曹沫之陳」、「競建內之」、「鮑叔牙與隰朋之諫」、「景公瘧」、「莊王既成」、「慎子曰恭儉」、「吳命」、「氏古聖人兼之」、「思民毋怠」、「齊師子家」、「靈王既」、「葉公子」、「叔百」、「殷言」、「宮」、「命」、「公子」、「陰陽」、「王居」等篇②。除此之外的篇題，均為整理者擬加。茲按照整理者的分篇，依冊錄寫已公佈篇名如次：第一冊：《孔子詩論》、《緇衣》、《情性論》；第二冊：《民之父母》、《子羔》、《魯邦大旱》、《從政　甲/乙》、《昔者君老》、《容成氏》；第三冊：《周易》、《仲弓》、《恆

---

① 彭浩：〈《詩論》留白簡與古書的抄寫格式〉，載《新出土文獻與古代文明研究》，上海大學出版社2004年版。該書是「新出土文獻與古代文明研究國際學術研討會」的論文集，上海大學2002年7月。廖名春先生也主張將2至7號簡跟《詩論》其他簡區分開來，參氏作：〈上博《詩論》簡的形制和編連〉，載《孔子研究》，2002年第2期。

② 濮茅左：《上博楚簡的基本情況》，簡帛研究網2007年12月18日。

先》、《彭祖》；第四冊：《采風曲目》、《逸詩　交交鳴鳥/多薪》、《昭王毀室　昭王與龔之脾》、《柬大王泊旱》、《內禮》、《相邦之道》、《曹沫之陳》；第五冊：《競建內之》、《鮑叔牙與隰朋之諫》、《季庚子問於孔子》、《姑成家父》、《君子為禮》《弟子問》、《三德》、《鬼神之明　融師有成氏》；第六冊：《景公瘧》、《孔子見季桓子》《莊王既成　申公臣靈王》、《平王問鄭壽》、《平王與王子木》、《慎子曰恭儉》、《用曰》、《天子建州》甲、乙本；第七冊：《武王踐阼》、《鄭子家喪》甲、乙本，《君人者何必安哉》甲、乙本，《凡物流行》甲、乙本，《吳命》。40餘篇竹書，儒家和「語」類文獻占據大半①，另外有道家、詩賦、兵家等文獻。

　　對於分篇，學者有不同意見。

　　關於《子羔》、《魯邦大旱》和《孔子詩論》的分合，在整理者間就存在爭議。馬承源等先生認為，三篇為同一人所書，本抄在同一卷上，可能屬於同卷異篇，簡文自題的「子羔」既是卷題，也是《子羔》的篇題②。資料正式出版時即採納了這種意見。李零先生則認為三者本是一篇，原題「子羔」係篇名③。

　　類似爭議在《民之父母》等篇中也存在。李零先生認為，《民之父母》、《武王踐阼》與其他兩種尚未發表的竹書係合抄；又疑《昔

①　所謂「語」書指《柬大王泊旱》、《景公瘧》、《平王問鄭壽》這類故事性的竹書，是陳偉先生的命名，參氏作〈《昭王毀室》等三篇竹書的國別與體裁〉，《楚地簡帛思想研究（三）》，湖北教育出版社2007年版。李零先生稱之為「事語（故事類史書）」，參氏作：《簡帛古書與學術源流》，三聯書店2004年版，第267—278頁。
②　馬承源主編：《上海博物館藏戰國楚竹書（一）》，第121頁、《上海博物館藏戰國楚竹書（二）》，第183、203頁；濮茅左：〈《孔子詩論》簡序解析〉，載《上博館藏戰國楚竹書研究》，上海書店2002年版。
③　李零：〈參加「新出簡帛國際學術研討會」的几點感想〉，收入氏著：《上博楚簡三篇校讀記》，〔臺北〕萬卷樓圖書有限公司2002年版。

第十章　上海博物館藏楚簡

者君老》和《內禮》原係同卷 ①。劉洪濤先生從形制、書體及保存狀況出發，也認為《民之父母》和《武王踐祚》原來可能合編一卷 ②。

整理者將《從政》劃分為甲、乙兩篇，其中甲篇簡19枚，乙篇簡6枚。陳劍先生認為，從竹簡形制、字體看，所謂甲篇、乙篇沒有明顯差別，而且分屬甲乙兩篇的某些簡可以拼合、連讀，兩者本應屬於同一篇文獻 ③。陳先生文中指出兩例分屬甲、乙篇應當綴合的簡，即甲12與乙5、甲16與乙3。兩例連讀後的文字如下：

敦行不倦，持善不厭，唯（雖）世不儇，必或知之。是故（甲12）君子強行以待名之至也。（乙5）

聞之曰：君子樂則治政，憂則☒（甲16）複。小人樂則疑，憂則昏，怒則勝，懼則倍，恥則犯。（乙3）

文義都比較順暢，尤其是甲16與乙3，以「君子」與「小人」對舉，句式相同，內容相關，連讀尤為可信。因此合篇的看法值得信從。

《競建內之》和《鮑叔牙與隰朋之諫》竹簡形制完全相同，內容上都是講鮑叔牙與隰朋進諫之事，陳劍先生認為也應該合為一篇 ④。兩篇合為一篇的主要疑難有兩點，其一是篇題。「競建內之」書於1號簡簡背，「鮑叔牙與隰朋之諫」單獨書寫於一支簡上，整理者認為都是篇題。不過據整理者介紹，「鮑叔牙與隰朋之諫」係「利用原已使用過的竹簡，將原文刮去」；「競建內之」四字與正文字體不同，而且正文未出現相關語句，陳先生因此認為「競建內之」是誤題，不知何

---

① 參看李零：《喪家狗：我讀〈論語〉》（修訂版），山西人民出版社2007年版，第46頁。

② 劉洪濤：〈《民之父母》、《武王踐阼》合編一卷說〉，復旦網2009年1月5日。

③ 陳劍：〈上博簡《子羔》、《從政》篇的竹簡拼合與編連問題小議〉，載《文物》，2003年第5期。

④ 陳劍：〈談談《上博（五）》的竹簡分篇、拼合與編聯問題〉，簡帛網2006年2月19日。

故未予刪除 ①，「鮑叔牙與隰朋之諫」才是篇題，是利用廢簡糾錯、補抄而成。其二是字體。陳先生指出，《鮑叔牙》篇大多數簡上的文字筆劃較細，與《競建》篇頗有不同，這大概是將兩篇合為一篇的最大障礙。郭永秉先生贊成合篇的意見，並進一步指出，《競建》本身的字體也不一致，其中一些字顯然是《鮑叔牙》的書手抄寫的，如其2號簡的「宗」字、7號簡「則訓」的「則」字等等。所以《競建》和《鮑叔牙》應該是由兩個書手接抄而成，而《競建》出現兩種字體交叉的現象，可能是該篇經過《鮑叔牙》書手校對筆削所致 ②。大體同時，李學勤先生也提出，《競建》和《鮑叔牙》是互相連續的一篇文字，只是抄寫的人不是一個 ③。目前合篇的意見得到學者普遍認同。

《平王問鄭壽》、《平王與王子木》兩篇簡制、字體大體一致。沈培先生認為，前者末簡、即7號簡字體和內容特殊，應該從本篇剔出；6號簡末尾「臣弗」兩字應該跟後者1號簡簡首的「智」字連讀作「臣弗智（知）」。「智」下原簡有兩、三字的空白，之後即是《平王與王子木》的開篇。因此這兩個故事是連續抄寫的，大概是一個大篇中的兩個小段。按照整理者的習慣，篇名或可稱為《平王問鄭壽　平王與王子木》④。

對於竹簡的編聯和綴合，後續研究者也提出很多很好的意見。特別值得關注的是不同篇之間簡的調整。

《凡物流行》甲本27號簡的形制和字跡跟同篇其他簡有別，應該從本篇剔出。單育辰先生認為該簡應歸入《慎子曰恭儉》，與其5號簡

---

① 不少學者認為「競建內之」不是篇名，或以為是史官庋藏入庫之簽名，或以為表明竹書來源，是競建所獻納。參林志鵬：〈上博楚竹書《競建內之》重編新解〉，簡帛網2006年2月25日；李學勤：〈試釋楚簡《鮑叔牙與隰朋之諫》〉，載《文物》，2006年第9期。
② 郭永秉：〈關於《競建》和《鮑叔牙》的字體問題〉，簡帛網2006年3月5日。
③ 李學勤：〈試釋楚簡《鮑叔牙與隰朋之諫》〉。
④ 沈培：〈《上博（六）》中《平王問鄭壽》和《平王與王子木》應是連續抄寫的兩篇〉，簡帛網2007年7月12日；修改稿載《簡帛》第6輯，上海古籍出版社2011年版。

第十章　上海博物館藏楚簡

連讀，證據有二。其一，《凡物》27號簡的形制跟《慎子》相同。其二，兩簡連讀後的文字作「尋牆而禮，屏氣而言，不失其所然，故曰堅。和尻和氣，令聲好色，☑（凡甲27）祿不累其志，故曰強。（慎子5）」，句式頗為一致；前者談「堅」，後者談「強」，應該是對《慎子》1號簡「堅強以立志」之「堅」、「強」作出的解釋。其說頗有道理。不過《凡物》27號簡的字體跟《慎子》也不一致，這一看法還有待驗證 ①。

　　整理者所分《平王與王子木》篇末尾文字作「王子不知麻，王子不得君楚邦，或不得」。「得」已經書寫到簡尾，但是語意未足，學者有不同推測。沈培先生指出，剛剛公佈的上博八《志書乃言》篇，簡制、字體都與《平王與王子木》一致，其末簡只有「臣楚邦」三個字，後加鉤識符號，表示一篇的結束，它應該就是《平王與王子木》的最後一簡，兩處文字連讀作「王子不得君楚邦，或不得臣楚邦」，文意十分妥帖 ②。此例調整可成為定論。

　　參考學者的分篇意見，茲將各篇簡制、格式簡述如下：

　　《孔子詩論》、《子羔》、《魯邦大旱》三篇簡制相同。簡長約55.5公釐③，竹簡兩端圓形，編繩三道，不留天頭和地腳。《緇衣》簡長約54.3公釐，簡端略呈梯形，編繩三道，不留天頭和地腳。其餘諸篇竹簡均為平頭，其中編繩三道，留有天頭地腳者，有《民之父母》，簡長約45.7公釐；《從政》，簡長約42.6公釐；《昔者君老》，簡長44.2公釐；《容成氏》，簡長約44.5公釐；《周易》，簡長44公釐；《仲弓》，簡長約47公釐；《恆先》，簡長約39.4公釐；《昭王毀室昭王與龔之脾》，簡長43.7─44.2公釐；《內禮》，簡長44.2公釐；

---

① 單育辰：〈上博七《凡物流行》、《吳命》劄記〉，載《簡帛》第5輯，上海古籍出版社2010年版。
② 沈培：〈《上博（六）》和《上博（八）》竹簡相互編聯之一例〉，復旦網2011年7月17日。
③ 除說明者外，所述各篇簡長均指完整簡。

《曹沫之陳》，簡長約47.5公釐；《鮑叔牙與隰朋之諫》，簡長40.4—43.3公釐；《季康子問於孔子》，簡長約39公釐；《姑成家父》，簡長44.2公釐；《孔子見季桓子》，竹簡均殘，推測原長54.6公釐；《用曰》，簡長45—46公釐；《天子建州》，甲本簡長約46公釐，乙本43.5公釐；《武王踐阼》，簡均殘，現存最長簡43.7公釐；《凡物流行》乙本，簡長40公釐。編繩三道，未留天頭地腳者，有《性情論》①，完整簡長約57公釐；《彭祖》，簡長約53公釐；《君子為禮》和《弟子問》，簡長為54.1—54.5公釐；《鬼神之明　融師有成氏》，簡長約53公釐；《吳命》，簡長約51公釐。編繩兩道的，均未留天頭地腳，有《柬大王泊旱》，簡長24公釐；《三德》，簡長約45公釐；《莊王既成　申公臣靈王》，簡長33.1至33.8公釐；《平王問鄭壽　平王與王子木》，簡長約33公釐；《慎子曰恭儉》，簡均殘②；《鄭子家喪》，甲本長33.1—33.2公釐，乙本長47.5公釐；《君人者何必安哉》，甲本簡長33.2—33.9公釐，乙本簡長33.5—33.7公釐；《凡物流形》甲本，簡長33.6公釐③。

　　將這些資料綜合起來，似乎上博簡在簡制和格式上存在一些規律。編繩三道、留有天頭地腳的篇，絕大多數簡長在40公釐以上；編繩三道、未留天頭地腳的，簡長都在50公釐以上。編繩兩道的都沒有天頭地腳，簡長多數是30多公釐。郭店簡除《語叢》外，簡長都在26.4—32.5公釐，編繩都是兩道，簡端平齊者均不留天頭地腳，簡端梯形者或不留白，或僅梯形簡端留白，可以類比。

---

① 整理者未指出該篇的編繩數。據圖版，其保存基本完整的8號簡是三道編繩。
② 參看陳劍：〈讀《上博（六）》短劄五則〉，簡帛網2007年7月20日。
③ 《采風曲目》、《逸詩》、《相邦之道》、《景公瘧》四篇竹簡殘斷比較嚴重，此不論。

第十章　上海博物館藏楚簡

二、內容

1. 上博藏簡（一）

《孔子詩論》存簡29枚 ①，記述的是孔子的詩學理論。

《緇衣》用簡24枚，章數、章次、文字內容與郭店本《緇衣》大體相同。

《性情論》存簡40枚，是郭店簡《性自命出》的另一版本，兩者的差別主要體現在用字和章次上。

2. 上博藏簡（二）

《民之父母》用簡14枚，主要講述為民父母的几個要素：「五至」、「三無」以及「五起」。內容與今本《禮記　孔子閒居》前半部分基本相同。

《子羔》存簡15枚 ②，全篇以孔子和子羔答問的方式，講述堯讓位於舜之事及禹、契、后稷（即「三王」）無父而生的神話。

《魯邦大旱》用簡6枚，記述魯國大旱，哀公問策於孔子，孔子分析旱災產生的原因和應對的策略。《晏子春秋　內篇諫上》第十五章和《說苑　辨物》有相近文字。

《從政》用簡25枚，通篇圍繞如何從政進行闡述，主題十分明確。一些語句見於《禮記》、《論語》③。

《昔者君老》存簡4枚，記述國君臨終，太子入宮探視、居喪方面的禮儀，與《禮記　文王世子》篇關係密切 ④。

《容成氏》存簡53枚，記述上古帝王及古史傳說。由容成氏等最

---

① 上博簡不少篇有缺簡，關於簡的調整和綴合，學者間也頗多歧異。為方便起見，這裡所述各篇簡數一般依整理者的編號。

② 整理者編號14枚，加香港中文大學文物館所藏一枚殘簡，共15枚。

③ 參看陳劍：〈上博簡《子羔》、《從政》篇的竹簡拼合與編連問題小議〉；〈上海博物館藏戰國楚竹書《從政》篇研究（三題）〉，載《簡帛研究二〇〇五》，廣西師範大學出版社2008年版。

④ 參看彭浩：〈《昔者君老》與「世子法」〉，載《文物》，2004年第5期。

古的帝王，講到唐堯、虞舜、夏禹，最後是商湯、周文王和周武王。文末缺失一至兩簡，全文當敘至武王克商而結束。「容成氏」見於《莊子・胠篋》。34號簡云「禹於是乎讓益，啟於是乎攻益自取」，與《竹書紀年》「益干啟位，啟殺之」的說法有相近之處，而與《史記・夏本紀》所記大異。

3. 上博藏簡（三）

《周易》用簡58枚，是已知最早的《周易》版本。

《仲弓》用簡29枚[①]，主要記載仲弓與孔子就為政展開的問答。9至10號簡關於「舉賢才」的對答，見於《論語・子路》。

《恆先》用簡13枚。「恆先」是「道」的別名。該篇指出，天下的矛盾概念皆有先後，但推本溯源，作為終極的「先」是「恆先」。

《彭祖》用簡8枚，記述耆老問道於彭祖。

4. 上博藏簡（四）

《采風曲目》存簡6枚，是歌曲曲目集，記載宮、商、角、徵、羽各聲名所屬歌曲的篇目。

《逸詩》存簡6枚（《交交鳴烏》4枚，《多薪》2枚）。其中《交交鳴烏》主題是歌詠君子的品行和威儀，《多薪》則歌詠兄弟二人間親密的關係。

《昭王毀室　昭王與龔之脽》用簡10枚，前者結尾與後者開篇同寫在5號簡上。前者記述某人母喪，而昭王所建新室恰好位於其亡父埋骨之處，使其不得並父母之骨，昭王為之毀室[②]。後者是一個圍繞龔之脽衣著而展開的故事，似乎意在體現昭王體恤下情。

《柬大王泊旱》用簡23枚，主要記述楚國發生旱災，君臣祓旱之事。「柬大王」即楚簡王。

---

①　整理者編號28枚，另有附簡1枚。
②　參看劉樂賢：〈讀上博（四）劄記〉，簡帛研究網2005年2月15日。

第十章　上海博物館藏楚簡

《內禮》存簡11枚[①]，記述君子、孝子的言行規範。與《大戴禮記　曾子立孝》等篇關係密切。

《相邦之道》存簡4枚，殘損比較嚴重，似乎主旨是孔子答國君關於相邦之道的問題。

《曹沫之陳》用簡65枚，是魯莊公和曹沫有關政、兵的問答，而主於論兵。曹沫即見諸《左傳》、《國語》的曹劌。

5. 上博藏簡（五）

《鮑叔牙與隰朋之諫》（含《競建內之》）存簡19枚，記述鮑叔牙和隰朋借日食之機、引殷高宗與祖己故事向齊桓公進言、進諫之事。一些文句可與《尚書大傳》[②]、《管子　戒》、《管子　霸形》對讀[③]。

《季庚子問於孔子》用簡23枚，以魯大夫季康子與孔子問答的形式，記載孔子對治國興魯的看法。

《姑成家父》用簡10枚，記述晉國姑成家父郤犨以及郤錡、郤至「三郤」為晉國君臣合謀而殺之事，相關內容見於《左傳》、《國語》等。

《君子為禮》存簡16枚，《弟子問》存簡25枚，均殘缺嚴重。兩篇內容相類，多屬孔子與其弟子之間的答問，所記弟子有顏淵、子貢、子游、宰我等。《論語》、《禮記》、《新書》有相關內容[④]。

《三德》存簡23枚[⑤]，似乎主講天、地、人之事，涉及禁忌和時令。文句簡短，多有韻語，思想內涵豐富。15、16號簡關於民時的一

① 整理者編號10枚，另有附簡1枚。
② 李天虹：〈上博竹書（五）零識〉，載《簡帛研究二○○六》，廣西師範大學出版社2008年版。
③ 參看彭浩：〈《鮑叔牙與隰朋之諫》考釋二則〉，《楚地簡帛思想研究（三）》，湖北教育出版社2007年版；魯家亮：〈《鮑叔牙與隰朋之諫》與《管子　戒》對讀劄記〉，載《華中科技大學學報》（社會科學版），2007年第3期。
④ 參看秦樺林：〈楚簡《君子為禮》劄記一則〉，簡帛網2006年2月22日。
⑤ 整理者編號22枚，又附一枚香港中文大學文物館的藏簡，共23枚。

段文字，可與《呂氏春秋　上農》對讀①。

《鬼神之明　融師有成氏》用簡8枚，前者末尾和後者開篇同寫在第5號簡上。前者主題是講鬼神有所明有所不明，涉及堯、舜、禹、湯、桀、紂等古史人物。後者敘述上古傳說人物祝融師有成氏、蚩尤等的故事。文中用較多文字描述了有成氏的怪異之狀。

6. 上博藏簡（六）

《景公瘧》用簡13枚，記載齊景公生病，經久不愈而欲誅祝、史，晏子進諫，最終景公納諫之事。此事也見載於《左傳》昭公二十年以及《晏子春秋　內篇諫上》第12章、《外篇重而異者》第7章。

《孔子見季桓子》用簡27枚，記載魯大夫季桓子與孔子之間有關「仁人」、「二道」和治國的對話。

《莊王既成　申公臣靈王》用簡9枚，前者末尾和後者開篇同寫在4號簡上。前者是楚莊王與沈尹莖就楚國國運的問答。後者記載王子圍與申公子皇相爭，後圍立為楚王，申公為臣之事。王子圍即楚靈王。相關記載見於《左傳》襄公二十六年和昭公八年②。

《平王問鄭壽　平王與王子木》用簡12枚。《平王問鄭壽》結尾和《平王與王子木》開篇同寫在《平王與王子木》1號簡上。整理者所分《志書乃言》8號簡原是《平王與王子木》的末簡。前者是楚平王與鄭壽有關國運的對答。後者是王子木與成公乾的問答，成公乾以王子不知疇麻而斷言其將不得君楚亦不得臣楚。類似記載見於《說苑　辨物》和阜陽漢簡「說」類簡③。王子木即見諸《左傳》、《史記》的太子建。

---

① 范常喜：〈《上博五　三德》劄記三則〉，簡帛網2006年2月24日；范常喜：〈《上博五　三德》與《呂氏春秋　上農》對校一則〉，載《文獻》，2007年第1期。

② 參看陳偉：〈讀《上博六》條記〉，簡帛網2007年7月9日。

③ 參看陳偉：《新出楚簡研讀》，武漢大學出版社2010年版，第282頁；劉嬌：《西漢以前古籍中相同或類似內容重複出現現象的研究——以出土簡帛古籍為中心》，復旦大學博士學位論文，2009年4月，第114頁。

《慎子曰恭儉》存簡6枚，記述慎子有關個人修為、處世的理論。傳世文獻亦有「慎子」，最有名的是有著作傳世的慎到。簡文「慎子」的具體身分尚有待研究①。

《用曰》存簡20枚，多以四五字為句，每小節以「用曰」綴以短語結束，文句比較費解，似乎多為警示、慎言、慎行之語。10號簡「言在家室，而莫執朕舌」，可參《詩 大雅 抑》「無易由言，無曰苟矣。莫捫朕舌，言不可逝矣。」12號簡以「矢之免於弦」，與言出於口類比，相近語句見於《說苑 談叢》②、睡虎地秦簡《為吏之道》等③。

《天子建州》甲本用簡13枚，乙本存簡11枚。兩本內容相同，僅個別用字不同，係由不同書手抄寫。該篇主要記載禮制和行為規範，與《大戴禮記 禮三本》、《禮記 王制》關係密切。

7. 上博藏簡（七）

《武王踐阼》用簡15枚，記述武王問古聖王之道於師尚父，師尚父告之以丹書，武王鑄銘器以自戒之事。根據簡文內容和書寫格式，全篇可以分為兩部份，1至10號簡為第一部分，11至15號簡為第二部分④，內容與今本《大戴禮記 武王踐阼》篇大體相合。

《鄭子家喪》甲、乙本用簡各7枚，內容相同，由不同書手抄寫。該篇記載楚莊王「以鄭子家之故」興師圍鄭，鄭被迫與楚結盟；晉救鄭，與楚戰於兩棠，為楚大敗。其事散見於《左傳》宣公十年、十二年及《史記 鄭世家》等。

《君人者何必安哉》甲、乙本各用簡9枚，內容基本一致，記載范

---

① 參看陳偉：《新出楚簡研讀》，第291—293頁。
② 參看李天虹：〈上博（六）劄記兩則〉，簡帛網2007年7月21日。
③ 參看蘇建洲：〈讀《上博六》筆記〉，簡帛網2007年8月1日。
④ 參看復旦讀書會：〈《上博七 武王踐阼》校讀〉，復旦網2008年12月30日；又載《出土文獻與古文字研究》第3輯，復旦大學出版社2010年版。

戌（簡文又稱「范乘」）勸諫楚王之事。

《凡物流行》甲本用簡30枚，乙本存簡21枚，由不同書手抄寫。該篇內容主要涉及自然規律和人事。各章節基本以「問之曰」起首，有問無答。體裁、性質與《楚辭　天問》相似。9號簡「足將至千里，必從寸始」，可與《大戴禮記　勸學》「不積跬步，無以致千里」對讀；10至11號簡說日的文字，可與《列子　湯問》「小兒辯日」故事互徵。

《吳命》存簡11枚，殘缺嚴重，所述涉及吳、晉、楚事。

第三節　新見或特別的字形

上博簡數量是郭店簡的一倍有餘，篇數則大大超過郭店簡，內容非常豐富，單字數量尤為可觀。據學者統計，僅上博藏簡第一至五冊，就含單字2000餘，總字數超過17000個[①]。上博藏簡大致以每年一冊的速度公佈，目不暇給的同時，其文字在書寫多樣性方面一再帶給我們震撼，令人印象深刻。本節和隨後兩節，主要就此作舉例性質的介紹和分析。

楚簡裡一些出現頻率較高的字，在上博簡中出現以往較少見到的特別寫法，有的是正常的字形變化，有的應該跟書手個人書寫風格有關。

我們在郭店簡部分曾提到「者」字寫法非常多，上博簡中又有比較特別的形體出現，如 （《詩論》9）、 （《子羔》5）、 （《仲弓》21）等。

① 參看李守奎、曲冰、孫偉龍：《上海博物館藏戰國楚竹書（一—五）文字編》「前言」第2頁，作家出版社2007年版。

「而」字的寫法也比較有特點。「而」字通常作![字形]（《老甲》12）、![字形]（《緇衣》28）、![字形]（《容》9）等形。上博簡可見作![字形]（《詩論》4）、![字形]（《季庚子》5）、![字形]（《凡乙》1）形者，還有一種變體把「而」字下部通常內斂的兩筆變作八字形，作![字形]（《季桓子》24）、![字形]（《季桓子》16）、![字形]（《武王》13）形。如果把其兩橫筆之下的筆劃拉直成為橫筆，就成為作![字形]（《性情》8）形的「而」字①。下部八字形筆劃上延穿透橫筆，則成為作![字形]（《內禮》6）、![字形]（《姑》5）形的「而」字。郭店簡《成之聞之》篇「而」字作![字形]（簡10）形，與![字形]是同類寫法。如果沒有上博簡諸多「而」字作比照，恐怕很難解釋《成之聞之》「而」字形體的由來。

《子羔》通篇「是」字7見，作![字形]（簡12）、![字形]（簡1）形。《仲弓》1號簡作![字形]，是同類寫法。簡文「是」字一般從「日」，與之有別。不過貨幣銘文多見與《子羔》、《仲弓》相同的寫法②。

《緇衣》18號簡「夏」字兩見，讀為「大雅」、「小雅」之「雅」，分別作![字形]、![字形]，前者從「日」從「虫」③，是「夏」字通常寫法。後者把「虫」形上部的「![符號]」拉直變為一橫，遂使字形失去虫形。這種寫法的「夏」還見於《唐虞之道》13號簡，作![字形]，也許是齊系文字的特有寫法。

《鮑叔牙與隰朋之諫》、《凡物流行》中「見」字有一種寫法比較特別，作![字形]（《鮑叔牙》5）、![字形]（《凡甲》6）形，下部象徵人身體的部分近乎反書。《凡物流行》甲本19號簡「見」字作![字形]，是通常寫法，可資對比。類似寫法已見於其他楚簡。如包山簡「覩（觀）」

---

① 這樣寫法的「而」字省去最上面的短橫，如《性情論》19號簡的「![字形]（而）」字，就與「元」形無別。

② 參看吳良寶：《先秦貨幣文字編》，福建人民出版社2006年版，第30頁。

③ 關於楚簡文字「夏」的形體源流，可參看魏宜輝：〈試析楚簡文字中的「![字形]」、「![字形]」字〉，載《江漢考古》，2002年第2期。

字從「見」，或作（簡271），寫法與之大體一致。簡文「即」、「既」二字所從「皀」旁的寫法也可與之類比，如二字通常分別作（《老丙》1）、（《仲弓》11）形，也可見作（《成之》17）、（《民》13）形者，「皀」旁也近乎反書①。

　　楚簡「玉」字寫法較多，作（《五行》19）、（《語四》24）、（葛甲三166）、（曾25「璊」）、（葛甲三170）、（信2.13「紅」）等形，葛陵簡常常把中空的筆劃填實，如（乙一107）、（乙四97）、（乙一21）。上博簡又有作（《周易》30「玘」）、（《君人甲》2）形者，比較新穎。

　　上博簡使我們第一次見到戰國人書寫的「孔子」和「仲尼」。「孔子」往往作合文，寫作（《仲弓》12）、（《民》8）、（《相邦》4）、（《詩論》1）形，「孔」字所從的指事筆劃位置、形體變化較大。《孔子詩論》公佈之初，曾被裘錫圭、李學勤兩位先生懷疑是「卜子」合文，指孔子弟子卜商，亦即子夏②。相關資料逐步公佈後，證明整理者的意見正確，所謂「卜」其實是「孔」字所從指事筆劃的變體。尚未公佈的竹書中「孔子」合文還有寫作形的③，單看字形，跟寫作「字」形的「娩」字大體相同。關於「仲尼」，詳參下文。

　　還有一些字的偏旁位置跟一般寫法有別。《孔子詩論》往往把本來是左右偏旁的從「又」之字，寫作上下結構，如「改」、「攻」、「取」分別作（簡11、12）、（簡13）、（簡23）。同一人書寫的《子羔》篇也有同樣現象，如「取」字作（簡5、11）。這種情形

---

① 蒙黃傑同學提示，裘錫圭先生〈釋古文字中的有些「恩」字和從「恩」、從「凶」之字〉（載《出土文獻與古文字研究》第2輯，復旦大學出版社2008年版）一文已經談到這種現象，據裘先生在該文后所作「補記」，陳劍先生就此有更詳細的分析，本人疏漏。（作者看校謹按）

② 參看李零：〈參加「新出簡帛國際學術研討會」的几點感想〉。

③ 參看馬承源主編：《上海博物館藏戰國楚竹書（一）》，第125頁。

或與書手個人書寫風格有關。「年」字通常為上下結構，《弟子問》5號簡作，變為左右結構①。《容成氏》16號簡「時」字作，「日」旁寫在「之」、「又」中間，將「寺」旁割裂開來。《性情論》「斯」字作，將「𦥑」旁所從「兀」形左移，把「斤」旁跟「兀」並列於「臼」形之下。《民之父母》「膿（體）」字作（簡11、13），「肉」旁寫在「豊」旁所從的「豆」形裡。《用曰》12號簡有字作，可以隸定為「䚦」，字形的間架結構比較特別。

有時偏旁位置的變化破壞了字形本來的結構。如《緇衣》8號簡與今本「從」相應之字作，應是將「從」右旁本來並列相隨的兩個「人」形加以變化，並寫作上下結構所致，字即「從②」。我們在郭店簡部分提到的《老子甲》13號簡的「守」字、《曹沫之陳》20號簡的「本」字以及下文要講到的《景公瘧》12號簡「違」字所從「韋」旁寫法情形與之類同。

《民之父母》1號簡有字，從文義看應該用為「詩」；《民之父母》10號簡有字作，《相邦之道》4號簡、《弟子問》8號簡有一字分別作、，從文義看都是用為「曰」，、恐係同字，但是字形應該如何解釋尚無定論③。

順便指出，《姑成家父》有時把「人」旁寫得類似兩撇筆，如（簡6「從」）、（簡5「死」），容易引起誤解。反過來，字形中本來的兩撇，有時也被寫作「人」形。如有一種寫法的「者」字左部有兩撇筆，有時兩撇似連在一起，就與「人」形類同。以《恆先》為例，其「者」字多作（簡10）形，1號簡變作、11號簡作，通常寫法中的兩撇就變得很像「人」形。簡文「胃」字有相同的變化。「胃」往往在所從「肉」旁的右上部添加兩撇飾筆，如（《柬大王》

---

① 參看陳偉：《新出楚簡研讀》，第242頁。
② 參看馮勝君：《郭店簡與上博簡對比研究》，線裝書局2007年版，第122—123頁。
③ 參看宋華強：〈釋上博簡中讀為「曰」的一個字〉，簡帛網2008年6月10日。

14）、![image](《三德》6），兩撇也不時連寫在一起，作![image](《彭祖》7）![image](《弟子》11），就變作了「人」形。

第四節　省文與訛文

　　上博簡裡的一些省文或訛文，在其他簡中也很少見到。首先說明，我們所說的省文，有的可能是訛文。所說的訛文，有的也可能屬於字形的正常變化。

　　《緇衣》11號簡「辻」字作![image]，右旁「化」所從倒人形省略了斜筆。同篇「員」字多見，一般作![image]（簡2）、![image]（簡7），13號簡作![image]，省略了「目」形。查原簡可知，該字位於簡末，而簡末容字的空間已經很小，簡文的省簡或許與此有關。

　　《曹沫之陳》30號簡「端」字作![image]，所從「而」旁省略筆劃。簡文「端」或作![image]（《老甲》16），可參。

　　《凡物流行》「筭」字多見。甲本11號簡「筭」字5見，其中4例作![image]形，1例作![image]，後者所從「言」旁有變，顯然是前者的省訛。類似寫法還見於甲本4號簡，作![image]、乙本4號簡相當之字作![image]，可參。

　　《緇衣》2號簡有字作![image]，19號簡有字作![image]，今本均作「志」。兩字形體接近，疑其中之一是訛字。11號簡「巳」字作![image]，同篇殘簡「改」字所從「巳」（古巳、巳同字）旁與之寫法相同，作![image]①，形體與常見「巳」字明顯有別。學者或以為訛字②，或疑是異體③。郭店本相當之字分別作![image]（簡9）、![image]（簡17），都是標準寫法，可參。

　　「鬼」和「畏」字本從「甶」，簡文所從「甶」有訛作「目」形

---

① 　參看馬承源主編：《上海博物館藏戰國楚竹書（一）》，第184頁。
② 　李零：《上博楚簡三篇校讀記》，〔臺北〕萬卷樓圖書有限公司2002年版，第54頁。
③ 　馮勝君：《郭店簡與上博簡對比研究》，第142、293－294頁。

者。如《魯邦大旱》2號簡「視」字作▩，整理者單純從字形出發誤釋為「視」，黃德寬、李守奎先生改釋為「視（鬼）①」。類似寫法還見於《季庚子問於孔子》21號簡，其「悃」字作▩。其他批楚簡也可見同樣寫法，如郭店《成之聞之》5號簡「畏」字作▩、葛陵甲二40號簡「視」字作▩。

《容成氏》20號簡「左」字作▩，手爪形本來訛與「右」同，但字形下部又是正常寫法，整體上不能算訛字。同簡「右」字作▩，他篇「左」字或作▩（《用曰》15），可參。

《曹沫之陳》52號簡有▩字，整理者未釋。陳劍先生疑當隸定為「禁」，讀為「作」②。陳斯鵬先生明確指出所謂「弓」形是「人」形之變，字實從「作」從「示」，應是「祚」之繁構，讀為「作③」。《鮑叔牙與隰朋之諫》3號簡「集」字作▩，《三德》11號簡「復」字作▩，對比可知▩確實是「集」字，不過所從「乍」旁略有訛變。

《凡物流行》甲本4號簡「五氣▩至」的▩，乙本作▩，整理者釋為「並」，孫飛燕博士疑是「齊」字省寫④。「並」字本從兩人並立，簡文或作▩（《太一》12）、▩（《唐虞》15）、▩（《周易》45）。儘管該字所從已經看不出人形，但跟諸「並」字對比，似乎可以找到其訛變軌跡。變換一種思路，該字的變化或許可以跟「夭」字類比。簡文「夭」通常作▩（《唐虞》11）、▩（《子羔》12「芺」從）等，從▩從「大」形。《競建內之》7號簡則作▩⑤，▩形之外的筆劃跟▩所從非常接近，只是下部一作向右的斜筆，一作直筆。簡文「齊」字作▩

① 黃德寬：〈《戰國楚竹書》（二）釋文補正〉，載《上博館藏戰國楚竹書研究續編》，上海書店出版社2004年版；李守奎：〈讀《上海博物館藏戰國楚竹書》（二）雜識〉，載《上博館藏戰國楚竹書研究續編》。

② 參看陳劍：〈上博竹書《曹沫之陳》新編釋文（稿）〉，簡帛研究網2005月2月12日。

③ 陳斯鵬：《簡帛文獻與文學考論》，中山大學出版社2007年版，第104頁。該書的基礎是其博士學位論文《戰國簡帛文學文獻考論》，中山大學2005年。

④ 孫飛燕：〈讀《凡物流形》劄記〉，清華大學簡帛研究網2009年1月1日。

⑤ 「夭」字考釋參陳劍：〈也談《競建內之》簡7的所謂「害」字〉，簡帛網2006年6月16日。

（《上緝》19）、（《三德》1）等形，與該字形體也有相似之處。不過目前所見「齊」字似乎都是從三個「个」，未見省寫之例。因此字是「並」之訛文的可能性較大。

《三德》13號簡有「天之所敗，其賕，而寡其憂」句。，整理者釋為「多」。因為字形與「多」有一定差異，研究者有不同意見。如果後文「寡」確實用作本字，那麼很可能是「多」的訛字。「多」、「寡」對文。

《競建內之》2號簡「皋」字作，上從「首」，是「自」之訛。

第五節　《孔子見季桓子》、《武王踐阼》字形分析

前兩節提到上博簡文字的特別寫法和訛文等等，這些現象在《孔子見季桓子》、《武王踐阼》兩篇中尤為突出。不少學者已經指出《孔子見季桓子》篇文字的特殊性。如陳偉先生曾說，本篇「因竹簡殘斷，書體比較特別，字跡又往往漶漫不清，頗不易通讀[1]」；劉信芳先生說，本篇「字形頗有特殊之處[2]」；陳劍先生說，「之所以全文難以通讀，很大程度上還是因為本篇書體特別」，「文字有不少獨特的寫法。加上其書寫頗顯草率，訛變之形較多，甚至還存在個別誤字和衍文[3]」。關於字形特殊的原因，蘇建洲先生認為，除了書手素質外，本篇底本可能比較偏向齊魯一系，書手對其文字不熟悉，並引文中作「奵」形的「好」字為證[4]。林聖峰先生又指出本篇「皇」、

---

① 陳偉：〈《孔子·見季桓子》22號簡試讀〉，簡帛網2007年7月24日。
② 劉信芳：〈《上博藏六》試解之三〉，簡帛網2007年8月9日。
③ 陳劍：〈《上博（六） 孔子·見季桓子》重編新釋〉，復旦網2008年3月22日；又載《出土文獻與古文字研究》第2輯，復旦大學出版社2008年版。
④ 蘇建洲：〈讀《上博六 孔子·見季桓子》筆記〉，簡帛網2007年7月24日。

「至」、「夫」、「親」等字的寫法也帶有齊魯文字特點,以佐證底本源於齊魯的說法比較可信①。《武王踐阼》也有一些字形比較有特點,不過似乎較少學者提及。下面我們參考已有成果,對這兩篇的字形擇要進行分析。

一、《孔子見季桓子》

據我們觀察,本篇字形的特別之處,主要體現在在通常寫法基礎上,筆劃有所偏移、改寫、分離、連寫、添加、簡省、潤色等。有的訛誤可說是匪夷所思,大概可以推測是在書手不熟悉字形結構的情況下產生的。我們所舉字例分為兩類,一類是大體可以確定形體有訛誤者,一類既可能是形體訛誤,也可能是形體特殊,還可能二者兼而有之。

1. 字形訛誤

2號簡「即」字作█,左旁「皀」上部增添一筆,與「目」形同;下部則訛似「人」形,整體上近於「視」字。楚簡「即」一般作█(《老丙》1)形,可參。「皀」旁上部增添一筆的現象很少見,但也可以找到例子,如《恆先》9號簡「既」字作█、《太一生水》10號簡「褻」字作█②。但像本篇這樣整體訛作「視」形的似乎未見。

3號簡「夫子」之「夫」作█,上部跟同篇「好」字所從「丑」旁形近,(如█簡14),如果沒有辭例作支撐,很難識讀。同篇「夫」字數見,一般作█(簡2)、█(簡10)、█(簡11)等形。

3、4號簡有「皋」字,作█,但是文中用為「親」,所從「自」當係「目」的訛寫,可對比上博《緇衣》10、19號簡的「親」字█、█。

---

① 林聖峰:〈《上博六‧孔子見季桓子》底本國別問題補說〉,簡帛網2008年6月7日。

② 此例蘇建洲先生已經提到,參氏作:〈讀《上博(六)‧孔子見季桓子》筆記之二〉,簡帛網2007年8月28日。

《景公瘧》7號簡的「（皋）」字，同樣是「親」字之訛①。

5號簡「冠」字作②，下部「元」旁有訛變，近似「卞」。《內禮》8號簡「冠」字作，可參。

7號簡「𠤏（必）」字作，③形體有訛變，右旁「匕」被一分為二，下部跟左旁「才」連成一體。他篇「𠤏」或作（《唐虞》28）、（《語三》60）、（《上緇》20），可參。

14號簡「尻」字作，所從「几」旁筆劃有分離和移位。楚簡「尻」字多作（《語三》36）形，或變作（《容》25），將「几」旁象徵几足的兩橫筆變為兩斜筆。又將象徵「几」身的兩筆離析為三筆，象徵几足的斜筆延伸到几身的橫筆處。經過這樣的改變，象形字「几」幾乎面目全非。

15號簡有字作，從字形看可以隸定為「㚻」，或有訛誤，否則就是一個新見之字。楚簡「夏」字異體較多，或從「日」從「虫」作（《上緇》18）；「虫」形可以「它」代替，作（《民》5）；又有從「日」從「虫」從「頁」者，作（包115）。不知是否跟「夏」字有關。本篇文字特殊之處較多，所從「目」也可能是「日」字之訛。《說文》古文「夏」字作，字的中部也從「目」形。

22號簡「獻」字作，形體有省訛。《孔子詩論》21號簡「獻」字作、《用曰》13號簡作，可參。

2. 字形特別或訛誤

11、12、19號簡「蝸」字分別作、、④。三形中以19號簡較為標準，下部形即「虫」旁。同篇14號簡「為」字作，兩相比照，可以推測是把「為」旁下部的兩橫筆分為四筆兩兩相交，然後

---

①　參看陳偉：〈讀《上博六》條記〉，簡帛網2007年7月9日。
②　參看何有祖：〈讀《上博六》劄記〉，簡帛網2007年7月9日。
③　參看陳劍：〈《上博（六）·孔子見季桓子》重編新釋〉。
④　「蝸」字釋讀參陳劍：〈《上博（六）·孔子見季桓子》重編新釋〉。

跟「虫」形上部借筆而成。把橫筆寫作ノ形，可能是為了跟「虫」形借筆或對稱所致。11號簡之形則省略了「虫」旁下部的斜筆。12號簡「虫」旁斜筆的位置有所偏移，最大變化是將「為」旁上部的爪形跟其右邊筆劃連成一體，寫得類似於「目」，陳劍先生已有具體分析①。

12號簡「觀」字作鸖，左旁「雚」的上部被寫作「羊」形，下部「隹」形可能因簡寬所限，簡省了「隹」頭的筆劃（可參同簡「唯」字）②。楚簡「雚」、「觀」或作鸖（《季庚子》7）、鸖（《天子乙》11）、鸖（包249）等形，可參。其中包山簡「觀」所從「雚」的上部添加有一橫，跟鸖情形類似。

14、20號簡有兩例「剴」字，分別作鸖、鸖③。第一例字形尚較正常，與「剴」字通常寫法（如鸖《緇衣》42、鸖《魯邦》6）對比，最大的變化是將「刀」旁寫作「勿」形，而古文字中「刀」、「勿」作為偏旁可以互換。第二例似乎是把「豆」旁之上的「鸖」與「勿」連成一體，特意寫成「勻」形，書寫存在訛誤④，乍看上去很難辨識，整理者即把字隸定為「訇」。鸖，以及前文提到的「鸖（北—必）」、「鸖（尻）」、「鸖（蝎）」等字，都很像是書手在不熟悉、不理解字形結構的情況下抄寫出來的。值得注意的是本篇「必」寫作「北」，在郭店及上博《緇衣》等所謂帶齊系文字特點的抄本中，「必」也多寫作「北」。

16、18號簡有一個字，分別作鸖、鸖，陳偉先生釋為「教⑤」，李

① 陳劍：〈《上博（六）　孔子見季桓子》重編新釋〉。
② 「隹」頭筆劃簡省是黃傑同學的意見。
③ 「剴」字釋讀參何有祖：〈讀《上博六》劄記（四）〉，簡帛網2007年7月14日；陳劍：〈《上博（六）　孔子見季桓子》重編新釋〉。
④ 參看林聖峰：〈讀《上博六　孔子見季桓子》劄記三則〉，簡帛網2008年7月12日；復旦讀書會：〈攻研雜誌（三）——讀《上博（六）　孔子·見季桓子》劄記（四則）〉，復旦網2008年5月23日。
⑤ 陳偉：〈讀《上博六》條記之二〉，簡帛網2007年7月10日。

銳先生疑當釋為「學①」。簡文「教」字異體較多，似乎不見從兩爪形者，而且該字兩爪形中間的筆劃跟「爻」字不同，卻跟「興」字所從「同」旁的上部一致，同篇17號簡「興」字作■，可參。同篇有確切的「學」字作■（簡17），上部僅從兩爪形。郭店簡「學」字兩爪中間或有簡單筆劃，作■（《老乙》3）、■（《性》8）等形，跟該字也有區別。綜合來看，字是「學」的可能性恐怕還是大於「教」。

17號簡「異」字作■，乍看上去形體非常怪異，但是訛變軌跡可尋。金文「異」字作■（《金文編》第165頁）形。簡文或變作■（《語二》52）、■（《語三》53），又或將兩隻手形加以變化，手形之下添加簡單筆劃，作■（《恆先》3）、■（《曹沫》7）、■（包52）、■（包115）等形。《用曰》6號簡把下部添加的筆劃寫作兩隻手形，作■；《凡物流行》甲本4號簡再將手形變為爪形，作■，使得字形實際上包含四隻手。■上部從「日」，而戰國文字「田」、「日」作為偏旁互換是常見現象；中部所從即兩手的變形；下部跟《凡物流行》「異」寫法類同②。需要指出，《凡物流行》「異」字上部作封口的橢圓形，當是「田」形之省訛。

18、22號簡「舊」字分別作■、■，所從「萑」旁均有訛變。18號簡「隹」的頭部跟「卝」並列，「卝」形似乎經過潤色。22號簡則把「隹」頭移到字形左下部，寫作「人」形③。《仲弓》8號簡「舊」字作■，可參。

20號簡「敢」字作■，左旁中部似乎經過修改潤色。簡文「敢」字或作■（《民》1）、■（《從政甲》14）、■（《姑》7），可參。同簡「訧」字作■，所從「言」旁中部可能也經過潤色，可參同篇22號簡

---

① 李銳：〈《孔子·見季桓子》新編（稿）〉，簡帛網2007年7月11日。
② 復旦讀書會認為「異」字下部形，很可能具有「變形音化」的作用，參復旦讀書會：〈攻研雜誌（三）——讀《上博（六）孔子·見季桓子》劄記（四則）〉。
③ 這是黃傑同學的看法。

「言」字![字形]。

21號簡「帀」字作![字形]①。他篇「帀」字或作![字形]（《鬼融》5）、![字形]（《吳命》18）形，對比可知![字形]把左上部的兩撇筆連在一起，寫得類似「人」或「刀」形，右邊的斜筆變為橫筆並與撇筆分離，致使字形不易確認。整理者即誤釋為「仔」。

簡文「吳」字一般作上下結構，本篇有時候寫得類似左右結構，如![字形]（簡2）、![字形]（簡8）②，後一例「匕」形上添加了一撇筆，跟本篇「人」旁的變化類同③，又可參上博《緇衣》22號簡作![字形]形的「恁」字。15號簡作![字形]，「匕」下部的筆劃跟「矢」旁借筆，也比較特別。

本篇「息（仁）」字數見，其中4、9號簡分別作![字形]、![字形]，是通常寫法。8號簡作![字形]，上部「人」形省去撇筆，變成「十」形；5號簡用作「仁」的字作![字形]，似乎諸家均隸定為「息」，其實下部並無確切的「心」旁，字可能是「息」的省訛。又楚簡「身」字或在所從「人」形的豎筆下端添加橫筆，作![字形]（《老甲》35）、![字形]（《君子》2）等形，不知![字形]是否可能是其變體，但是楚簡似乎不見「身」用為「仁」的例子。

本篇有一字數見，比較清晰的兩例分別作![字形]（簡4）、![字形]（簡22），用於季桓子的自稱。整理者隸定為「虍」，讀為「余」、「予」或「吾」。陳偉先生疑是季桓子之名。古書記載季桓子名「斯」，該字上部或是「虎」，「虎」、「斯」古音相通④。陳劍先生認為，字的上部是「尾」形之變，尾巴上分向左右的斜筆，書寫時其交接位置跟中間的筆劃錯開（簡4），或把斜筆拉直寫成兩橫筆（簡22）。字當隸

----

① 此從何有祖釋，參氏作：〈讀《上博六》劄記〉。
② 本篇「吳」字整理者均誤釋為「矣」，此從蘇建洲說改釋，參氏作：〈讀《上博（六） 孔子見季桓子》筆記之二〉。
③ 關於「人」旁的變化，參陳劍：〈《上博（六） 孔子見季桓子》重編新釋〉。
④ 陳偉：〈讀《上博六》條記〉。

定為「虗」，分析為從「屄（徙）」省聲，「徙」與「斯」古音極近，可以相通①。字讀為「斯」確切無疑，字形的分析以陳劍先生所論更為可信。

本篇「備」字三見，分別作（簡7）、（簡19）、（簡24）。最後一例是通常寫法，右上部略有殘泐，上博《緇衣》9號簡作，可參。前兩例則有訛變，右旁似乎受到「彔」字影響，可對比《孔子詩論》10號簡「（綠）」字。第二例「人」旁寫作「尸」形，頭部多出一筆，陳劍先生已指出本篇「人」旁常常如是作②。

本篇「是」字三見③，其中5號簡字形清晰，作，以往資料不見這種寫法，但是字形的演變軌跡可以推測。金文「是」字或作、（《金文編》90—91頁）形，簡文或作（《曹沫》41）形。在這類「是」字中部橫筆的右端添加一斜筆，並將左、右兩端的筆劃寫作對稱形，就成為。

本篇「虎（虍）」的寫法很有特點。從「虎（虍）」之字有「虗」、「唐」、「膚」等。14號簡「唐」字作，所從「虎」形略有訛變。17號簡「膚」字作，所從「虍」形訛變明顯。19號簡「虗」字作，上端所從與「虍」形通常寫法相去已遠。22號簡「虗」字作，因「虍」形訛變使得整個字形几與「巠」無別，整理者即誤釋為「巠」④。上述四例，除第一例外，所從「虎（虍）」旁很難辨識，但是把諸例排比在一起，由、、至，「虍」旁訛變軌跡非常明顯⑤。

本篇「與」字四見，字形較為清晰完整的有兩例，分別作（簡

---

① 陳劍：〈《上博（六）·孔子見季桓子》重編新釋〉。

② 陳劍：〈《上博（六）·孔子見季桓子》重編新釋〉。

③ 「是」字考釋參陳偉：《讀〈上博六〉條記》；何有祖：〈讀《上博六》劄記〉。

④ 17、19、22號簡之字的釋讀從陳偉先生說，參氏作：〈讀《上博六》劄記〉。

⑤ 林聖峰先生對此也有分析，參氏作：〈《上博六·孔子見季桓子》簡22「吾」字形試解〉，簡帛網2008年6月7日。

10）、![簡17字形](簡17）[1]，跟通常寫法的「與」字有一定區別，《語叢一》110號簡「與」字作![字形]，可參。整理者將後一形隸定為「![字形]」，其實它只是將豎筆彎曲，並在豎筆上添加了一短橫。

本篇「所」字作![字形]（簡15）、![字形]（簡15）、![字形]（簡16）、![字形]（簡17）等形，右部「斤」旁寫法變化較大。《君人者何必安哉》7號簡「厇」字作![字形]，上部「所」旁的寫法與本篇類同。

本篇「此」字數見。27號簡作![字形]，是通常寫法。其他「此」字分別作![字形]（簡13）、![字形]（簡13）、![字形]（簡8）等形[2]，變化很大。第一例「止」旁在27號簡之形基礎上添加一筆撇畫，變成「爻」形。第二例則在第一例的基礎上省去「止」旁向右的兩斜筆。第三例將「爻」形移到字的上部，同時在字的下部保留「止」形原有的兩個撇筆，省略「匕」頭。如果彼此不加比照並參以文義，第二例很容易誤識，它跟簡文中某些「易」字形體非常相似，整理者即誤釋為「易」。《從政甲》18號簡「惕」字作![字形]，可參。至於第三例的寫法更是怪異，難以識讀。

二、《武王踐阼》

本篇字形變化較《孔子見季桓子》簡單。一個常見的現像是筆劃的簡單增減或改變。如3、4號簡「念」字作![字形]，所從「口」中間添加一橫筆，因而「口」旁近似於「日」；4、5號簡「得」字作![字形]，所從「貝」旁簡省一橫；6、7號簡「後」字作![字形]，省略「彳」旁；13號簡「公」字作![字形]，上部右側斜筆折後下拉，比較特別；通篇「帀」字四見，均作![字形]（簡3）形，上部右側作兩短斜筆，跟通常作一較長斜筆的寫法不同，可參![字形]（《鬼融》5）、![字形]（《周易》7），等等。這種現象有的是字形正常的變化，有的可能屬於訛誤。除此之外，有的字形比較特別，

---

① 17號簡「與」字從何有祖博士釋，參氏作：〈讀《上博六》劄記（四）〉。

② 「此」字釋讀參陳劍：〈《上博（六） 孔子見季桓子》重編新釋〉。

可能書寫有誤，也可能跟書手個人書寫風格有關；有的文字間架結構呈不對稱形，過去以及上博簡的其他篇很少見到類似現象；因為有今本作比照，有的字大體可以知道讀為什麼字，可是其字形結構很難解釋。下面我們重點分析幾例。

2號簡「觀」字作，對比簡文其他「觀」字，如（《景公》9）、（《君人甲》5），可以推測其所從「雚」旁的兩個「口」形被訛寫成了「目」。同篇5號簡「懼」字作，與「觀」字形體有相近之處。《姑成家父》8號簡「懼」字作「思①」。可以分析為從「見」從「思」，兩偏旁共用一個「目」形②。

2號簡有一個字兩見，分別作、，今本相應之字作「齋」。整理者隸定為「𧰟」，讀為「齋」。12號簡云「大公望答曰：『身則君之臣，道則聖人之道，君齋，將道之；君不祈，將弗道。』武王齋七日」，整理者亦將「祈」讀為「齋」。上古音「祈」屬群母微部，「齋」屬精母脂部，整理者未舉出兩字通假的例證，因此其讀法受到學者質疑。如復旦讀書會就提出「𧰟」或當讀為「祈③」；陳偉武先生贊同讀書會的讀法，疑字所從、是「几」之變體，「几」與「祈」古音極近，這裡用為聲符④。不過也有學者支持整理者的讀法。如侯乃峰先生指出，前人研究表明，從「斤」聲之字跟從「齊」聲之字有通假例，如《周易》「既濟」卦，傳本《歸藏》作「岑𩅞」，「𩅞」從「斤」聲，即是從「齊」聲之「濟」的假借字。因此從「斤」聲的「祈」可以讀為「齋⑤」。張振謙先生又指出，所從的所謂「口」形，其實是「厶」字。「厶」是心紐脂部字，跟「齋」古音極

---

① 《說文》古文「懼」字亦作「思」。
② 參看復旦讀書會：〈《上博七 武王踐阼》校讀〉。或以為字從「人」，隸定作「偲」。筆者按：「見」、「目」形、義均近，這裡也可能是書手有意把其中一個「目」寫作了「見」。
③ 復旦讀書會：〈《上博七 武王踐阼》校讀〉。
④ 陳偉武：〈上博簡第七冊釋讀拾遺〉，載《古文字研究》第28輯，中華書局2010年版。
⑤ 侯乃峰：〈《上博七 武王踐阼》小劄三則〉，復旦網2009年1月3日。

近，當是字的聲符①。▊所從▊、▊究竟應該如何解釋，▊相當於今天的什麼字，有待進一步探討。

2號簡有字作▊，今本相應之字作「冕」。整理者隸定為「覒」，讀為「冕」。趙平安先生釋為「曼」，讀為「冕」。「曼」字一般作▊（《老乙》12）、▊（《昭王》1）形，與▊最大的不同在於一從「又」，一從所謂「毛」形。趙先生指出，楚簡文字「肩」字本作▊（葛陵乙四61）、▊（《君子》7），可從宋華強等先生說隸定為「啟」。《天子建州》變作▊（甲7）、▊（乙6），所從「攴」旁訛省為「毛」形。古文字「攴」、「又」作為偏旁通用，「曼」之從「毛」跟「啟」之從「毛」情形類似。「曼」與「冕」古音相同可通②。是說可信。▊之「月」旁的寫法也比較特殊，其外輪廓上端凸起，跟一般「月」形上端平行、下端凸出不同；中部筆劃分為撇、捺兩筆，在字形中間相交，類似寫法似乎只有包山269號簡「▊（冒）」字、郭店《成之聞之》7號簡「▊（褧）」字等几例。「褧」從「曼」聲，在《成之聞之》中也是用為「冕」。順便指出，其他簡文也可見部分偏旁訛作「毛」形的例子。如郭店簡《語叢一》「慮（狀）」字或作▊（簡30）、▊（簡63），所從「犬」旁形體有變化；又作▊（簡28）、▊（簡67），「犬」旁完全省變為「毛」形。《天子建州》乙本7號簡「義」字作▊，右下部也作「毛」形。

6號簡有字作▊，今本相應之字作「側」。整理者隸定為「宿」，認為同「戻」，讀為「側」，對字形的解釋根據不足。侯乃峰先生認為字所從「▊」與《說文》小篆「仄」字形體類同，係「仄」字異體，似乎較整理者說為長③。

8、9號簡有一字分別作▊、▊，今本相應之字作「禍」。整理者隸定

---

① 張振謙：〈《上博七　武王踐阼》劄記四則〉，復旦網2009年1月5日。
② 趙平安：〈上博簡釋字四篇〉，載《簡帛》第4輯，上海古籍出版社2009年版。
③ 侯乃峰：〈《上博七　武王踐阼》小劄三則〉。

為「」，讀為「懲」。復旦讀書會隸定為「祂」，讀為「禍①」。該字當從「化」為聲，讀為「禍」可信，不過「祂」形之外尚有兩橫行筆劃，不解何意，或僅只是贅筆②。以及上文提到的盞、等字字形間架結構均不對稱，比較特殊。

8號簡有字作，9、10號簡亦有此字，作，整理者分別隸定為「母」、「厓」，讀為「誨」。同篇「毋」字作（簡6），兩相比照，可知整理者釋寫有誤。復旦讀書會將前者釋為「隹」，讀為「唯」，當是③。簡文「隹」字或作（《語三》53）、（《恆先》5），跟形體非常接近。右部豎形筆劃的起筆處有一向左的頓筆，其實這是本篇書手的書寫風格，本篇不少文字都有這個現象，如（簡5「之」）、（簡5「以」）等等。與「隹」文例相同，應該也是用為「唯」。復旦讀書會直接釋為「唯」，或是把字形上方的兩橫筆看做贅筆。

10號簡「董」字作，對比其他「董」或從「董」之字，如（《老乙》9）、（《三德》7）、（包133），可知其上端是形的變體，中部應是「火」形的訛變。

第六節　簡文釋讀雜談

前文主要涉及上博簡文字的多樣化和特殊性，這裡再從其他兩方面談談簡文的釋讀。

一、簡文釋讀簡況

古文字中形近偏旁可以互換，一個突出的例子就是「田」、

---

① 復旦讀書會：〈《上博七 武王踐阼》校讀〉。
② 不知是否與字形下部「示」旁的兩橫筆有關。
③ 復旦讀書會：〈《上博七 武王踐阼》校讀〉。

第十章　上海博物館藏楚簡

「日」的混用，何琳儀先生曾做過很好總結①。上博簡中這種現象也能不時見到。「田」旁寫作「日」旁的例子，如「畐」或作 （《詩論》24）、（《天子乙》3），「蓄」作（《用曰》8），「嗇」（本來多從「田」）作（《用曰》12）；「日」旁寫作「田」旁的例子，如「莫」或作（《姑》4），「昏」、「睧」分別作（《莊申》1）、（《天子乙》7）等。郭店簡這種例子也有，如「畜」字或作（《六德》20）、「明」字或作（《老甲》34）等。掌握這類規律性的變化，對文字釋讀的意義不言而喻。

傳抄古文對釋讀簡文的作用，在其他章節我們已經談到。上博簡文字同樣與傳抄古文關係密切。以《說文》古文為例，《緇衣》14號簡、《用曰》19號簡「法」字分別作、，從「乏②」；《孔子詩論》5號、24號簡「廟」字作「畐」，從「苗」；《容成氏》26號簡「伊」作「汦」，從「死」；《內禮》10號簡「觀」字作「雚」；《相邦之道》4號簡、《姑成家父》1號簡「訊」字作「訵③」；《用曰》18號簡「起」字作「迟」等等，均與《說文》古文相合。又《緇衣》15號簡「播」字作，與《說文》「番」字古文相合④。楚簡中「起」字常見，多作「迟」，葛陵簡或作「起」，均從「己⑤」，《用曰》18號簡則從「巳」，比較特殊。該篇15號簡也有「起」字，作「迟」。像「法」、「伊」、「訊」等字，如果沒有傳抄古文作參照，很難識讀。

---

① 何琳儀：《戰國文字通論（訂補）》，江蘇教育出版社2003年版，第235頁。

② 參看李零：《上博楚簡三篇校讀記》，第56頁；又可參黃錫全：《汗簡注釋》，武漢大學出版社1990年版，第107頁。

③ 參看孟蓬生：〈《上博竹書（四）》閒詁〉，簡帛研究網2005年2月15日；又載《簡帛研究二〇〇四》，廣西師範大學出版社2006年版；沈培：〈上博簡《姑成家父》一個編聯組位置的調整〉，簡帛網2006年2月22日。

④ 參看李零：〈上博楚簡三篇校讀記〉，第56—57頁。

⑤ 葛陵甲三144號簡作，右旁與「巳」有相近之處，但是其上部沒有封口，或許是「己」的變體。

書籍類的出土資料，往往能夠在傳世文獻中找到可資比對的語句，在文字釋讀上有著其他類資料所無法比擬的優勢，有今本傳世的尤其如此。郭店簡已經使我們深刻認識到這一點，上博簡令我們體會尤深。比如《武王踐阼》中的🔲、🔲、🔲等字，如果沒有傳本作比照，其用義或形體結構將很難確認。類似例子限於篇幅不能備舉，這裡我們主要以《周易》為例，來看傳本或別本對簡本文字乃至其他相關古文字資料釋讀的作用或影響。

　　2號簡有字作🔲，40號簡有字作🔲，分別對應今本的「泥」、「柅」；「仲尼」之稱《仲弓》三見，《君子為禮》兩見，與「尼」相當之字，簡文分別作🔲（《仲弓》8）、🔲（《君子》10）。對比可知🔲與「尼」音通，或即是「尼」字異體；《周易》2號簡之字的右旁是其省體。《從政甲》13號簡「迡」字作🔲，《民之父母》8號簡即省寫作🔲。郭店《尊德義》17號簡有字作🔲，原來有「曲」、「隱」、「亡」等多種釋讀①。黃錫全先生根據上博簡資料改釋為「迡」，可信②。

　　4號簡有🔲字，帛書本相當之字作「洫」，今本作「窒」。整理者根據今本釋為「恎」，讀為「窒」，從字形看不無道理。該字所從的「🔲」，包山簡已經出現過，「田」形或作「日」，舊多以為「步」字異體。李零先生在1999年指出字或應釋為「疌」，但沒有做具體論證③，相信的學者較少，一直到《周易》公佈，贊同此說的學者才越來越多。如《慎子曰恭儉》1號簡也有此字，作🔲，陳偉等先生即釋為

①　參看陳偉等著：《楚地出土戰國簡冊〔十四種〕》，經濟科學出版社2009年版，第217頁注釋43。
②　黃錫全：〈讀上博《戰國楚竹書（三）》劄記六則〉，簡帛研究網2004年4月29日；黃錫全：〈讀上博《戰國楚竹書（三）》劄記〉，載《康樂集——曾憲通教授七十壽慶論文集》，中山大學出版社2006年版。
③　李零：〈讀《楚系簡帛文字編》〉，載《出土文獻研究》第5集，科學出版社1999年版。

「寁①」。2007年，劉洪濤先生對「寁」字形體源流做有詳細分析，可以參看②。特別需要指出，最早將「寁」形釋為「寁」的是趙誠先生。20世紀70年代出土的中山王響壺銘文中，「寁」曾作為偏旁出現，作圖，趙誠先生釋為「寁」，讀為「至③」，可惜沒有引起足夠重視。楊澤生先生根據帛書本《周易》，認為圖可讀為「恤」，連下文讀作「恤愛深則賢人親④」，文義比較順暢，應該可以成立。

22號簡有敚字，帛書本、今本相應之字作「衛」。該字跟我們熟知的古文字「衛」形體結構完全不同，整理者根據帛本、今本直接讀為「衛」，謂字待考。何琳儀先生認為字從「戈」、「爻」聲。古音「爻」、「衛」均為匣母，雙聲可通⑤。同字還見於《逸詩 多薪》9號簡，讀為「衛」亦可通。《昭王與龔之脽》9號簡有暋字，上部寫法與該字相同。陳劍先生認為「暋」從「爻」聲，「爻」古音與「暴」很近，連下文「骨」讀為「暴骨」。「暴骨」古書多見，猶言捐軀拋屍。「暋」從「日」，跟「暴」和「曝」皆以「日」為意符相同，應係「暴曬」、「暴露」之「暴」及其後起分別字「曝」之異體。「衛」與「爻」韻部則遠隔，「敚」與「暋」字所從之「敚」是否為一字尚待研究⑥。今按，從字形看，「敚」與「暋」字所從之「敚」寫法相同，說他們不是一字缺乏證據； 從文義看，「敚」對應他本「衛」字，而將「暋」讀為「暴」文義非常通順；從字音看，「爻」屬宵部，「衛」屬月部，韻部確實相去較遠。那麼問題的關鍵在於「敚」為什麼可以用作「衛」。或者它在這裡並不讀作「衛」，但是與「衛」義通，疑不

① 陳偉：〈上博竹書《慎子曰恭儉》初讀〉，簡帛網2007年7月5日。
② 劉洪濤：〈《說文》「陼」字古文考〉，簡帛網2007年9月22日。
③ 趙誠：〈《中山壺》、《中山鼎》銘文試釋〉，載《古文字研究》第1輯，中華書局1979年版。
④ 楊澤生：〈楚竹書《周易》劄記〉，載《康樂集——曾憲通教授七十壽慶論文集》。
⑤ 何琳儀、程燕：〈滬簡《周易》選釋〉，簡帛研究網2004年5月16日。
⑥ 陳劍：〈上博竹書《昭王與龔之脽》和《柬大王泊旱》讀後記〉，簡帛研究網2005年2月15日。

能定。

二、簡文釋讀舉例

有關上博簡文字釋讀的精彩字例很多，其中一些個人印象較深，這裡擇舉几例，同時側重我們自己的拙見。

1. 擊（《容成氏》簡22）

《容成氏》22號簡講禹建鼓之事時有一句話，作「鼓，禹必速出，冬不敢以滄辭，夏不敢以暑辭」。，整理者隸定為「戲」，讀為「撞」。裘錫圭先生指出，使鐘出聲可以說撞鐘，使鼓出聲似沒有說撞鼓的，而古書中「擊鼓」之語常見。該字左旁顯然不是「童」，但跟「重」非常接近。然而楚簡中的「重」字中部作「目」形，下部作「壬」形或「」形（如《唐虞》19、《成之》10），也與該字左旁明顯有別。因此該字既不從「童」，也不像是從「重」。根據楚簡文字的演變規律，結合秦漢文字資料，該字可以分析為從「土」從「殼」省，即「墼」字，在簡文中讀為與之同從「殼」聲的「擊」①。裘先生之文寫就後，上博本《周易》公佈，其1號簡有字作，跟該字形體非常接近，今本《周易》相應之字正作「擊」，可證其說正確②。不過該字在《周易》中的寫法，跟《容成氏》也有不同，較為明顯的一點是《容成氏》該字左旁的「田」形，《周易》寫作「目」形。因此該字左旁跟「重」字的區別也許主要在於下部從「土」不從「壬」，而不在於是否從「目」形③。

2. 審

《容成氏》46號簡記有古姑姓之國密須，其「密」字作，徐

---

① 裘錫圭：〈讀上博簡《容成氏》劄記二則〉，載《古文字研究》第25輯，中華書局2004年版。

② 參看魏宜輝：〈利用戰國竹簡文字釋讀春秋金文一例〉，載《史林》，2009年第4期。

③ 需要說明，《周易》之字所從「土」與「目」之間還有筆劃，但具體形狀難辨，或與《唐虞》簡19「重」字所從「土」、「目」之間的筆劃相近。

在國先生分析為從「宀」從「甘」，「米」聲，本「蜜」字，讀為「密」。古「米」、「蜜」同屬明母，「米」脂部，「蜜」質部，韻亦相近，故「蜜」可以「米」為聲符。相同寫法的「蜜」見於郭店《六德》25號簡，作🔲。其整理者隸定為「㑹」；李零先生從之讀為「欽①」；顏世鉉先生隸定為「㑹」，讀為「敘」或「舒②」。徐在國先生據《容成氏》改讀為「密③」。因《容成氏》該字用法明確，可知徐說更為可信。

楚簡中還有另外一種寫法的「蜜」字，最早見於包山遣冊簡，作🔲、🔲（簡255），整理者未釋。我們據字形和文義釋為「蜜」，認為字從「必」聲，從「甘」，取蜜甜之意④。該字的聲符其實是兩個「必」，第一例其中一個「必」訛為「戈」。上博簡中這種寫法的「蜜」多見，都是用為「密」，如🔲（《詩論》28）、🔲（《民》8）、🔲（《季庚子》19）等，後兩例所從的「必」都訛成了「戈」形。

郭店11號殘簡有字作🔲，跟《六德》「🔲（蜜）」字形體非常接近，在《容成氏》公佈之前，多以為兩者是同一個字。但是該字上部明顯從「金」，跟「蜜」字有別⑤。

跟🔲（蜜）形體接近的還有古「宷」字。《說文》采部：「宷，悉也，知宷諦也。從宀從采。審，篆文宷從番。」又「番，獸足謂之番。從采，田象其掌。」從出土文字資料看，「番」通常從「采」從「田」，但「審」字卻不從「采」或「番」，而是作🔲（五祀衛鼎）、🔲（楚王

① 李零：〈郭店楚簡校讀記〉，載《道家文化研究》第17輯，三聯書店1999年版。

② 顏世鉉：〈郭店楚墓竹簡儒家典籍文字考釋〉，載《經學研究論叢》第6輯，〔臺北〕學生書局1999年版；顏世鉉：〈郭店楚簡《六德》箋釋〉，載《歷史語言研究所集刊》第72本第2分，〔臺北〕「中央研究院」史語所2001年6月。

③ 徐在國：〈上博竹書（二）文字雜考〉，載《學術界》，2003年第1期；收入黃德寬、何琳儀、徐在國著：《新出楚簡文字考》。

④ 李天虹：〈《包山楚簡》釋文補正〉，載《江漢考古》，1993年第3期。

⑤ 參看徐在國：〈上博竹書（二）文字雜考〉。

熊審盂），■（璽文）、■（睡虎地簡）、■（馬王堆帛書）等形[①]。
從西周到秦漢，其上部均從「宀」從「米」，下部由從「口」變為從
「甘」，那麼，《說文》從「釆」或「番」的「審」字，有可能是
訛變的形體。簡文■（蜜）與古「審」字的區別僅在於「蜜」字所從
「米」旁之上比「審」字多出一橫筆。

3.　■（《鮑叔牙》簡3）[②]

《鮑叔牙與隰朋之諫》3號簡講齊公祭祀時有一句話，作「犧
牲珪璧必全如■加之以敬」。關於■字的形體，學者有不同意見，
大體可以分為三種。整理者隸定為「耆」。季旭昇先生從之，但
讀為「故」，謂指傳統禮制[③]。何有祖博士釋為「耆」，疑讀作
「祈」[④]。李學勤先生也釋為「耆」，但引《詩　大雅　皇矣》毛傳
訓「耆」為「惡」[⑤]。范常喜博士隸定為「秙」，讀為「苦」，訓
為粗劣[⑥]。劉信芳、陳偉、林志鵬先生從范說隸定，但劉先生讀為
「酤」，謂指清酒[⑦]；陳先生讀為「胡」，訓為「大」[⑧]；林先生讀
為「祝嘏」之「嘏」[⑨]。斷句方面大體可分為兩種意見。一種斷讀
為「犧牲珪璧必全，如■，加之以敬」，整理者、何有祖、范常喜、
劉信芳、林志鵬等先生持這種意見。這種讀法中的「如」訓為「如

①　「審」諸字例參看容庚編著，張振林、馬國權摹補：《金文編》，中華書局1985年版，第54
　　頁；湯余惠主編：《戰國文字編》，福建人民出版社2001年版，第58頁；漢語大字典字形組
　　編：《秦漢魏晉篆隸字形表》，四川辭書出版社1985年版，第74頁。
②　本條曾作為拙作《楚文字雜談二則》中的一則提交楚文化研究會第十二次年會（正式發表在
　　《楚文化研究論集》第10集，湖北美術出版社2011年版）。後來發現疏漏「佛客使」、朱曉
　　雪、林志鵬等先生的意見，又蒙黃傑同學提示參考高佑仁先生文，此次做有較大修改。
③　季旭昇：〈《上博五　鮑叔牙與隰朋之諫》「毋內錢器」句小考〉，簡帛網2006年2月23日。
④　何有祖：〈上博五《鮑叔牙與隰朋之諫》試讀〉，簡帛網2006年2月19日。
⑤　李學勤：〈試釋楚簡《鮑叔牙與隰朋之諫》〉。
⑥　范常喜：〈《上博五　鮑叔牙與隰朋之諫》簡3「秙」字試說〉，簡帛網2006年3月2日。
⑦　劉信芳：〈「錢器」補說〉，簡帛網2006年3月3日。
⑧　陳偉：〈《鮑叔牙與隰朋之諫》零識（續）〉，簡帛網2006年3月5日。
⑨　林志鵬：〈釋《鮑叔牙與隰朋之諫》簡三「如秙加之以敬」〉，簡帛網2006年4月21日。

第十章　上海博物館藏楚簡

果」。一種斷讀為「犧牲珪璧，必全如，加之以敬」，季旭昇、陳偉、李學勤先生持這種意見，但對「必全如」的解釋不同。季先生解釋為「一定要依照舊有的傳統禮制完全具備」。陳先生認為「是要求犧牲圭璧完整、豐大」，「『全』讀為『牷』，專指對犧牲的要求；『胡』專指對圭璧的要求，似亦通」。「如」在這裡表示並列關係，用同「與」、「及」。又指出這裡都是四字為句。李先生的看法比較特殊。所謂「如」，簡文本作「女」，李先生讀為「毋」，認為「必全毋耆」相當於「必全毋惡」，是說祭品要保證品質。

今按，從字形看，整理者的隸定最為合理。本篇「老」字作（《鮑叔牙》3），上部跟該字所從略有區別，但上博藏《昔者君老》1號簡「老」字作、《弟子問》5號簡「耆」字從「老」省作，上部跟該字所從寫法一致。荊門左塚楚墓出土漆棋局有字，形體與該字相同，高佑仁先生也隸定為「耆」，連上文「事」讀為「事故①」，文義很順，可以信從。何有祖博士釋「耆」的主要根據是包山68號簡作形的字。該字辭例為「州」，其整理者釋為「耆②」。陳偉先生認為「耆州」可與180號簡「新州」對比，「耆」指老，正與「新」相對③。陳先生的解說立意好，不少學者認同釋「耆」的說法，這可能是一個重要原因，而該字下部正作「古」形。不過很早就有學者認為包山之字應該隸定為「耆④」。最近又有學者提出，循陳先生對文義的詮釋，可以把「耆」讀為「故⑤」。這一改釋使文義更加順暢。這樣，疑

---

① 高佑仁：〈《荊門左塚楚墓》漆棋局文字補釋〉，新浪愛問共用資料（http://ishare.iask.sina. com.cn/f/22757248.html）。
② 湖北省荊沙鐵路考古隊：《包山楚簡》，文物出版社1991年版，第21頁。
③ 陳偉：《包山楚簡初探》，武漢大學出版社1996年版，第92頁。
④ 據筆者所知，此說最早由白于藍先生提出，參氏著《包山楚簡文字編》，吉林大學碩士學位論文，1995年5月，第120頁。
⑤ 參朱曉雪：《包山楚墓文書簡、卜筮祭禱簡集釋及相關問題研究》，吉林大學博士學位論文，2011年4月，第213頁；復旦讀書會〈清華簡《皇門》研讀劄記〉（復旦網2011年1月5日）一文下「佛客使」的網帖，2011年5月18日。

![image](為「耆」的主要根據不復存在。范常喜先生懷疑該字上部是「禾」之變體。楚簡「禾」或「禾」旁豎形筆劃的上端大多向左傾斜，少數作直筆，一般又在斜筆或直筆的頂端加一單獨的、斜向下方的撇筆，本篇從「禾」之字即如是作，如![image]（《競建》3）、![image]（《鮑叔牙》1）；少數撇筆似乎與豎筆是一筆寫就的，但是撇筆跟豎筆間有明顯的折角，可參范先生所引用的包山146號簡![image]（秀）字。這些寫法均與該字上部存在一定區別①。

從文義看，季旭昇先生將字讀為「故」，似乎認可的學者比較多。因包山簡和左塚棋局的用字例，讀「耆」為「故」在諸說中證據確實最強，不過講祭品「必全如故」，似乎缺乏文獻支撐。范常喜博士讀為「苦」，以「苦」修飾犧牲，似乎不太合適。林志鵬先生讀為「祝嘏」之「嘏」，何有祖博士讀為「祈」，於文義均有不暢之處。楚簡中「毋」的通假字一般用「母」。《詩　大雅　皇矣》中的「耆」是憎惡義，跟李學勤先生所說犧牲珪璧之「惡」含義似乎有所不同。李先生的讀法也有可商之處。針對陳先生將簡文「如」訓為「與」、「及」，范常喜博士有所質疑。他指出，在《經傳釋詞》中，訓為「與」、「及」的「如」字前後連接的成分有名詞、數詞或動賓短語，無一例形容詞；楚簡中的「如」均為假設連詞，無一作並列連詞者。據陳先生的理解，「而」是用作並列連詞連接「全」和「胡」兩個形容詞，這同其他文獻用例及楚簡文字實際不合②。應該說這種質疑是有道理的。不過依陳先生的訓釋，簡文文義最為順暢，因此「如」在這裡用作「與」、「及」義，也不是完全沒有可能。

循陳先生的思路，我們覺得該字也可能應從林志鵬先生讀為「嘏」，不過不是訓為「祝嘏」。古「嘏」有「大」義。《方言》卷

---

① 高佑仁先生就此也有分析，參看氏作〈《荊門左塚楚墓》漆棋局文字補釋〉。
② 范常喜：〈關於「秸」字的一點補充〉，簡帛網2006年3月6日。

243

第十章　上海博物館藏楚簡

一：「秦晉之間凡物壯大謂之嘏。」又「自關而西秦晉之間，凡物之壯大者而愛偉之謂之夏，周鄭之間謂之嘏。」《逸周書　皇門》「用能承天嘏命」，朱右曾《集訓校釋》訓為「大」。清華本《皇門》4號簡相當之處作「用能承天之魯命」，其整理者訓「魯」為「嘉」，並舉證說，《史記　周本紀》「魯天子之命」，《魯周公世家》作「嘉天子之命」。古「魯」、「嘏」都是魚部字，「魯」屬來母，「嘏」屬見母，讀音很近。西周師艅簋有「用祈純魯永命」句，《詩　魯頌　閟宮》有「天錫公純嘏，眉壽保魯」句，前者的「純魯」即後者的「純嘏①」。或者「嘏命」之「嘏」不僅有「大」義，同時也蘊含嘉美之義。

如此，簡文「必全如嘏」，是說犧牲珪璧要完整並美大。類似句意可參下面的文獻：

《景公瘧》：會讉與梁丘據言於公曰：「吾幣帛甚美於吾先君之量矣，珪璧大於吾先君之☒

《墨子　尚同中》：其事鬼神也，酒醴粢盛不敢不蠲潔，犧牲不敢不腯肥，珪璧幣帛不敢不中度量②。

《說苑　反質》：潔齋戒，肥犧牲，飾珪璧，精祠祀。

最後說明，楚鄙客銅量有與該字形體相近之字，作▨，兩者或即一字，但是▨的用法很難確定③，此暫不討論。

① 參看陳初生編纂、曾憲通審校：《金文常用字典》，陝西人民出版社2004年版，第415頁；許建偉：《上古漢語詞典》，吉林文史出版社1998年版，第364頁。
② 參看彭浩：〈「錢器」小議〉，簡帛網2006年3月1日。
③ 可參周世榮：〈楚鄙客銅量銘文試釋〉，載《江漢考古》1987年2期；何琳儀：〈長沙銅量銘文補釋〉，載《江漢考古》1988年4期；李零：〈楚燕客銅量銘文補正〉，載《江漢考古》1988年4期；范常喜：〈關於「秸」字的一點補充〉。

4. 息（《鮑叔牙》簡5）

《鮑叔牙與隰朋之諫》5至6號簡載隰朋和鮑叔牙諫齊桓公說：

> 人之生三，食、色、。今豎刁匹夫而欲知萬乘之邦而貴尹，其為志也深矣。易牙，人之與者而食人，其為不仁厚矣[①]。

，整理者隸定為「意」，讀為「憂」。陳劍、周波、李學勤等先生從之[②]。周波博士認為「憂」在這裡是憂患義，並與郭店《語叢一》110號簡「食與色與疾」對比，認為「食」、「色」、「疾」三者是並列關係，「疾」非疾病之「疾」，其義與「憂」相近，兩處簡文都是說「食」、「色」、「憂」乃人之天性，可參《禮記　禮運》：「飲食男女，人之大欲存焉。死亡貧苦，人之大惡存焉。」

施謝捷先生亦較早注意到《語叢一》110號簡可能與這裡的簡文有關，並函告筆者留意郭店和上博簡《緇衣》中與今本「疾」相對應的那個字[③]。今本《禮記　緇衣》「毋以嬖御人疾莊后，毋以嬖御士疾莊士、大夫、卿士」的「疾」，郭店本相應之字作（簡23「愳」），其整理者釋「息」，讀為「塞」；上博本作（簡12），其整理者疑是「盡」字之省，傷痛之義。黃德寬、徐在國先生疑「愳」從「㬜」聲，古音「㬜」、「疾」並為從母質部字，故「愳」可讀為「疾」[④]。李零先生讀「愳」為「盡」，謂與「疾」義近[⑤]。

---

① 這段文字的釋讀與斷句參考了季旭昇：〈上博五芻議（上）〉，簡帛網2006年2月18日；李天虹：〈上博五《競》、《鮑》篇校讀四則〉，簡帛網2006年2月19日；陳劍〈談談《上博（五）》的竹簡分篇、拼合與編聯問題〉。

② 陳劍：〈談談《上博（五）》的竹簡分篇、拼合與編聯問題〉；周波：〈上博五劄記（三則）〉，簡帛網2006年2月26日；李學勤：〈試釋楚簡《鮑叔牙與隰朋之諫》〉。

③ 參看李天虹：〈再談《鮑叔牙與隰朋之諫》中的「息」字〉，簡帛網2006年3月1日。

④ 黃德寬、徐在國：〈郭店楚簡文字考釋〉，載《吉林大學古籍整理研究所建所十五周年紀念文集》，吉林大學出版社1998年版。

⑤ 李零：《郭店楚簡校讀記（增訂本）》，北京大學出版社2002年版，第64—65頁。

因為簡文「食、色、⬛」與「食與色與疾」看似有對應關係，郭店本《緇衣》 ⬛對應今本的「疾」，而⬛與⬛的形體也有相近之處，所以學者認為⬛與「疾」字有關有其合理性。但是⬛的上部不從「百」，與楚簡中常見的「⿱自心（憂）」字寫法並不一致。從文義上說，釋為「憂」也不很妥帖。「食、色」都是人生要事，「憂」卻屬於情感或思維的範疇，與「食、色」不屬於同一層面，三者並列顯得有點奇怪。

我們懷疑⬛上部所從為「自」之訛，字當釋為「息」。《孔子見季桓子》3、4號簡以及《景公瘧》7號簡的「⿱自（親）」字均寫作「皋」形，就是將「目」訛寫為「自」，可以類比。《鶡冠子　道端》云：「凡可無學而能者，唯息與食也。」正可與簡文「人之生三，食、色、息」對讀。黃懷信先生按語說：「無學而能，本能也。息，睡覺。食，吃飯。[1]」細繹文意，其說當是。簡文「息」的用義，應與《鶡冠子》相同[2]。

《語叢一》「食與色與疾」的「疾」，學者或以為當從本篇讀為「息[3]」。古音「息」是心母職部字，與「疾」有相通的可能[4]。不過《語叢一》此句缺乏文意連續的上下文，是否和本篇「食、色、

---

[1] 黃懷信：《鶡冠子匯校集注》，中華書局2004年版，第112頁。

[2] 我們釋「息」的意見曾在簡帛網上發表，起初懷疑「息」用作止息義。《廣雅　釋言》：「息，休也。」後來又疑「息」用作滋生、繁育義，或者指「子息」；「人之生三，食、色、息」可能是說，人之生有三：食、色和子嗣；或者人之性有三：食、色和繁衍後嗣。豎刁「自殘」、易牙「食子」，都是與人之生（或「性」）背道而馳的事情，所以在講豎刁、易牙之事前，鮑叔牙和隰朋先提及人生的這三件大事或人的這三種本性。參小文〈上博五《競》、《鮑》篇校讀四則〉和〈再談《鮑叔牙與隰朋之諫》中的「息」字〉。我們的意見發表後，侯乃峰先生發現《鶡冠子　道端》文中的說法，並認為「息」解釋為「休息」更為恰當。我們這裡對「息」字的釋義改從侯說，侯氏作〈《鮑叔牙與隰朋之諫》「人之性三」補說〉，載《簡帛》第4輯，上海古籍出版社2009年版。為行文方便，正文未予提及，特此說明。

[3] 如侯乃峰：〈《鮑叔牙與隰朋之諫》「人之性三」補說〉。

[4] 參看蘇建洲：〈《上博五》補釋五則〉，簡帛網2006年3月29日。

息」說的是一回事，不好完全肯定。2010年底公佈的清華簡《祭公》篇中，與郭店《緇衣》對應之字正作「息」，可證郭店簡整理者釋寫正確，「![字]」係「息」的繁文。

5. 市（《景公瘧》簡8）

市，原簡作![字]，整理者釋讀為「坵」，此從陳偉先生說改釋①。陳先生說，楚文字「市」通常從「土」，此改為從「貝」，大概是因市中交易與「貝」有關。今按，陳先生說確有道理，茲試從另一角度對「市」字形體略加分析。

裘錫圭先生20世紀80年代初發表的〈戰國文字中的「市」〉一文②，主要據璽印、陶文、貨幣等資料對戰國文字中的「市」進行分國研究。根據他的研究，齊、燕、三晉及楚國「市」字的寫法各有特點，形體如下：

齊：![字]（《陶匯》3.649）　　![字]（《古文字論集》459頁）

燕：![字]（《璽匯》0292）

三晉：![字]（《璽匯》2070）

楚：![字]（鄂節）　　![字]（包95）　　![字]（包191）

關於楚文字「市」的寫法，當年裘先生立論的主要依據是鄂君啟節。後來，包山楚簡發表，其中「市」字出現六次，形體結構與鄂節完全一致，進一步證明楚文字「市」的確有自己的獨特寫法。

現在來看裘先生歸納的各國「市」字的形體。燕文「市」字最為特殊，暫且不論。齊、三晉、楚的「市」字均從「土」，但「土」旁之外的形體有一定差別。另外，齊國還有從「貝」的「市」字，不見

---

① 陳偉：〈讀《上博六》條記〉。
② 該文最早發表於《考古學報》1980年第3期，後收入氏著《古文字論集》（中華書局1992年版）和《裘錫圭自選集》（大象出版社1994年版）。

第十章　上海博物館藏楚簡

於其他國家。

就目前所見可以肯定為楚文字的資料裡，「市」字好像沒有從「貝」作的①。如包山文書簡是無可爭議的原創的楚文字資料，其「市」字六見，均從「土」作。所以《景公瘧》8號簡的「市」字從「貝」，就顯得有些特殊。推測這種情形的產生，有兩方面原因。其一，楚文字「市」本可從「貝」作，以往沒有這樣的認識，是受資料局限。其二，《景公瘧》講述的是齊國之事，其事又見載於《晏子春秋》，本來應該是流行於齊國的文獻。該篇後來流傳到楚地，為楚地人所傳抄，傳抄過程中遺留了某些齊文字的特點，因此就出現了從「貝」的「市」字。比較而言，我們覺得第二種原因的可能性較大。

馮勝君先生曾指出，上博《緇衣》中的「攴」旁，除與楚文字寫法相同的形體之外，還有寫作 形的，這種寫法的「攴」旁是齊系文字的特點，其「最大特點是上部筆劃乃一筆寫就②」。《景公瘧》篇的「攴」旁寫法跟《緇衣》類同。如其從「攴」之字或作 （簡7「敓」）、 （簡7「敔」），是典型楚文字寫法；又作 （簡2「敔」）、 （簡5「敓」），就是馮先生所說帶齊系文字特點的寫法。

高榮鴻先生也認為《景公瘧》中的某些字帶有齊文字特點③，如他所舉「于」字。該篇1號簡有三個「于」字，兩例作 和 ，是典型楚文字；一例作 ，據以往研究則是齊系文字的寫法。高先生並指出「《競公瘧》的文字大多已轉寫成楚文字，嚴格來說，並不能說是具有齊系文字特點的抄本」，其說可從。

---

① 這裡參考了武漢大學簡帛研究中心編製的楚簡字形資料庫及李守奎《楚文字編》，華東師範大學出版社2003年版，第327頁。
② 馮勝君：《郭店簡與上博簡對比研究》，第263頁。
③ 高榮鴻：〈讀《上博六 競公瘧》劄記二則〉，簡帛網2007年10月1日。

6. 違席（《景公瘧》簡12）

違，原簡作█，整理者釋為「退」。楚簡「退」字多見，如郭店《老子乙》11號簡作█、《唐虞之道》27號簡作█等，形體與█差別較大。頗疑此字右旁是「韋」之省文，字從「韋」省聲，應釋作「違」。古文字「韋」本作█、█等形，或以為是「圍」字初文，或以為會違背之義[①]。《天子建州》甲本13號簡「韋」將所從圓圈形移到兩「止」形的上方，作█，改變了字形原有結構。《彭祖》2號簡「經緯」之「緯」作█，右旁「韋」字寫法與《天子建州》相同。此字右旁█應該是在█這種「韋」字基礎上省略了上面的「止」形，或是在█這種「韋」字基礎上省略了下面的「止」形而來。「違」可訓「去」、「離」，亦可訓「避」，「違席」用意相當於「避席」。「避席」文獻常見，「違席」之說則少見，但亦有用例，如《晏子春秋　內篇雜下》第二十四」章：

公見其妻曰：「此子之內子耶？」晏子對曰：「然，是也。」公曰：「嘻！亦老且惡矣。寡人有女少且姣，請以滿夫子之宮。」晏子違席而對曰：「乃此則老且惡，嬰與之居故矣，故及其少而姣也……。」再拜而辭。

7. 疋（《平王問鄭壽》簡7）

《平王問鄭壽》7號簡有「民█瞻望」句，第二字整理者釋為「是」，文義可通。不過「是」字一般作█（《用曰》20）形，該字形體儘管與之接近，但是缺少「是」所從「止」旁之上的橫筆。郭永秉先生指出，曾侯乙墓竹簡「疋」及「疋」旁作█（簡175）、█（簡136）形，與該字相同，東周金文「疋」或「疋」旁也有如是作者，因此該字應該釋為「疋」，讀

① 參看于省吾主編：《甲骨文字詁林》第1冊，中華書局1996年版，第817－818頁。

第十章　上海博物館藏楚簡

為「脊」，訓為「皆①」。是說字形上的證據更為牢靠，文意也順，值得重視。

8. 安（《武王踐阼》簡10）

《武王踐阼》10號簡是其第一部分的最後一枚簡，該簡末字作，整理者釋為「毋」，文意未足，因此整理者認為該簡下尚有缺簡，學者一直無異議。最近，何有祖博士撰文指出，楚簡「毋」字常常作（《五行》48），而在「毋」形之外亦即字形右下方有一短橫，當釋為「安」，連上文讀作「余知之安（焉）」。簡文「安」通常在「女」形旁邊添加簡單筆劃，如（《老甲》22），但郭店《語叢三》56號簡「安」字作，也是從「毋」，可資為證②。其說當可信從。同簡另有「毋」字作，同篇他簡「毋」字作（簡6）、（簡9），寫法非常一致，均與有別，可以作為何說的旁證。從「毋」的「安」字非常少見，這種情況或許也可以認為不過是在「女」形之中添加了一橫贅筆，而不是特意寫成從「毋」，前文所引作形的「怠」字可與之類比。「安（焉）」在這裡明顯是句末語氣詞，由此可知《武王踐阼》第一部分文意完整，並不存在缺簡③。

---

① 郭永秉：〈戰國竹書剩義（三則）〉，氏著：《古文字與古文獻論集》，上海古籍出版社2011年版。

② 何有祖：〈釋《武王踐阼》「安」字〉，簡帛網2011年6月10日。

③ 何有祖：〈釋《武王踐阼》「安」字〉。

第十一章 清華大學藏楚簡

　　清華簡由清華大學校友趙偉國先生捐獻 ①，自香港搶救回歸，2008年7月正式入藏清華大學。這批簡保存較好，總計2388枚，內容以書籍為主，篇數在60篇以上 ②。

　　清華簡長度多為46公釐左右，最短的僅10公釐。較長的簡都是三道編繩，有些簡比較完整地保留著編繩。簡文清晰，大多書寫精整，風格不一。文字以墨書為主。少數簡上有紅色格線，即所謂「朱絲欄」。一些篇有自書篇題，寫在竹簡背面。特別需要指出的是，一部分簡有序號，或書寫在正面底端，或書寫於背面，相當於今天的頁碼，為簡冊復原提供了極大方便。這是迄今唯一能夠確定的竹簡原書序號 ③。

---

① 整理者一般稱清華藏簡為「戰國竹簡」。清華藏簡專家鑒定組認為：「從竹簡形制和文字看，這批竹簡應是楚地出土的戰國時代簡冊。」清華簡整理者之一劉國忠先生說：「從清華簡上所書文字的字形特點來看，這些簡上的文字基本上都是楚文字，很可能是出土於戰國時期的楚國。」結合本文主題和體例，我們這裡姑稱之為「楚簡」，想來大體不誤。參看與聞：〈清華入藏戰國竹簡典籍專家稱學術價值不可估量〉，簡帛網2008年10月23日；劉國忠：《走近清華簡》，高等教育出版社2011年版，第42頁。

② 關於清華簡概況，參看與聞：〈清華入藏戰國竹簡典籍專家稱學術價值不可估量〉；劉國忠：《走近清華簡》。

③ 郭店簡背面的數目字，性質尚不能確定。湖南慈利簡背面也有數字，整理者認為是竹簡序號，即頁碼，但是這批資料尚未系統刊佈，究竟是否為竹簡序號有待驗證。

從初步整理看，清華簡最重要的內容之一，是位於六經之首的《尚書》。其中一些篇有傳世本，如《金縢》。更多的是不見於傳本的佚篇，如《傅說之命》，即先秦文獻引用的《說命》，與傳世偽古文有別。清華簡中還有一篇類似《竹書紀年》的編年體史書，用簡130多枚，所記歷史自西周初年至於戰國前期，與今傳《春秋》經傳、《史記》等對比，有許多新的內容。此外，清華簡中還有類似《國語》的史書、類似《儀禮》的禮書、與《周易》有關的書等等，內容相當豐富。

　　2010年12月，清華簡第壹冊公佈①。該冊共收入9篇竹書，分別為《尹至》、《尹誥》、《程寤》、《保訓》、《耆夜》、《周武王有疾周公所自以代王之志》（《金縢》）、《皇門》、《祭公之顧命》（《祭公》）和《楚居》。前8篇是《尚書》、《逸周書》及體裁類似的文獻，《楚居》則講述楚國起源傳說和歷世楚公、楚王的都居處所與遷徙。

　　清華簡的整理、公佈與研究剛剛拉開序幕，它對先秦史、古文字學、文獻學等諸多學科勢必產生廣泛深遠的影響。

---

① 李學勤主編：《清華大學藏戰國竹簡（壹）》，中西書局2010年版。

第十二章　未刊佈楚簡

　　已知尚未系統刊佈的楚簡共計15批，約占已發現楚簡批次的半數。其出土時間最早的在20世紀70年代，最晚的是2010年底，數量總計約5800枚（含殘簡），內容包括喪葬文書、卜筮祭禱記錄、書籍、司法文書等等。按出土時間，各批簡依次是湖北江陵藤店簡、江陵天星觀簡、湖南臨澧九里簡、江陵秦家咀簡、湖南慈利石板村簡、江陵雞公山簡、江陵磚瓦廠簡、湖北老河口安崗簡、江陵范家坡簡、江陵紅光磚瓦廠簡、湖南龍山里耶簡、河南信陽長台關（M7）簡、武漢江夏丁家咀簡、湖北沙洋嚴倉獾子塚簡以及沙洋后港黃歇簡。15批簡在發掘報告、簡訊或概述等類文章中可見簡要介紹，有的並披露有少量簡的圖片 [①]。其中藤店簡、天星觀簡、秦家咀簡、江陵磚瓦廠簡、范家坡簡部分文字以摹本形式收入《楚系簡帛文字編》[②]，江陵磚瓦廠4枚有字簡曾以摹本形式完整公佈。下面以出土時間為序，對各批簡的出土情況及內容作簡要介紹 [③]。

---

① 上海博物館藏簡和清華大學藏簡正在陸續公佈中，這裡不納入未刊佈範圍。
② 滕壬生：《楚系簡帛文字編》，湖北教育出版社1995年版；《楚系簡帛文字編》（增訂本），湖北教育出版社2008年版。
③ 本章是國家社科基金重大專案「湖北出土未刊佈楚簡（五種）集成研究」（10&ZD089）成果之一。

第一節　江陵藤店楚簡

藤店1號墓東南距江陵楚故都紀南城約9公里。1973年3月，為配合水利工程，荊州博物館對該墓進行清理發掘，出土一批竹簡①。

該墓平面長方形，帶墓道，墓壁有五級臺階。葬具為一槨兩棺，槨室分為棺室、頭箱、邊箱三部分。墓內出土銅、陶、竹木、皮等各類文物300餘件，包括兵器、車馬器、生活用具、樂器等。竹簡出土於邊箱。兵器中有越王州句劍，可知墓葬年代最早不會超過州句在位之年，即公元前448至412年。

竹簡共24枚，均殘。最長者18公釐，寬0.9公釐。字數最多的一枚7字，共47字，內容為遣冊。發掘簡報披露有7枚簡的照片，但是字跡很不清晰。2011年3月，國家社科基金重大專案「湖北出土未刊佈楚簡（五種）集成研究」課題組對保存於荊州博物館的這批竹簡拍攝了紅外和數碼照片，其中紅外照片效果良好，一些常規照片下模糊的文字得以清晰顯現。

第二節　江陵天星觀楚簡

天星觀1號墓西距紀南城約30公里。清代在該墓封土堆上修建過「天星觀」道觀一座，因而得名。1978年1月至3月，荊州博物館對該墓進行搶救性發掘，出土一批竹簡②。

該墓平面長方形，帶墓道，墓壁有十五級臺階。葬具為一槨三棺。槨分南、東、北、西、中五大室，南室、東室又各分隔為兩個小

---

① 荊州地區博物館：〈湖北江陵藤店一號墓發掘簡報〉，載《文物》，1973年第9期。
② 湖北省荊州地區博物館：〈江陵天星觀1號楚墓〉，載《考古學報》，1982年第1期。

室。只有北室保存完好，其他各室被盜。墓中出土陶、銅、漆木、玉石等各類文物約2500件，其中南室和北室主要放置青銅容器、漆木器等；東室置樂器；西室置兵器、車馬器；中室置有少量玉石器。竹簡出土於西室。墓主是楚封君邸陽君潘勝 [①]，其爵位可能屬上卿，官居令尹、上柱國之列。潘氏家族是楚國大族，天星觀墓地可能是潘勝的家族墓地。

竹簡401枚。其中整簡70餘枚，長64—71公釐、寬0.5—0.8公釐。編繩兩道。簡文一般書於竹黃面，不留天頭，字跡大部分清晰。簡文內容包括遣冊和卜筮祭禱記錄。

遣冊殘損比較嚴重。按內容可分為兩部分。一部分是有關助喪人員與物品的記錄。助喪官員有集胝尹、集精尹、宰尹、集尹墨、陽令、小司馬等。贈物以車輛為主，並詳細記載車上部件、飾物的名稱和質地。另一部分大概是送喪時所用車輛、儀仗的記錄，一般記有御者的官職和姓名，所乘車輛在車陣上的位置以及車的名稱，所載儀仗、兵器、甲冑、飾件等。

卜筮祭禱簡數量較多，保存較好。其中多數是為墓主卜筮的記錄，少數是與祭祀有關的內容。卜筮內容大體分為三類，一類是為墓主貞問「侍王」是否順利，一類是貞問憂患、疾病的吉凶，一類是貞問遷居新室是否「長居之」、前途如何等等。簡文禱告的祖先有卓公、惠公，祭禱的鬼神有司命、司禍、地宇、雲君、大水、東城夫人等等。有的簡文在句末或句中還記錄了卜筮的卦象。

發掘報告披露有遣冊、卜筮祭禱簡照片各1枚，《楚系簡帛文字編》[②]、《湖北出土商周文字輯證》也披露有少量簡的圖片 [③]。

---

① 「勝」字的考釋，參看徐在國：〈楚簡文字新釋〉，載《江漢考古》，1998年第2期。
② 滕壬生：《楚系簡帛文字編》，第1172—1174頁。
③ 黃錫全：《湖北出土商周文字輯證》，武漢大學出版社1992年版，圖版179。王明欽先生的碩士學位論文（《湖北江陵天星觀楚簡的初步研究》，北京大學1989年）以天星觀簡為題，但尚未正式公佈。

第十二章　未刊佈楚簡

在未正式刊佈楚簡中，有關天星觀簡的研究比較多見。如蕭聖中先生據《楚系簡帛文字編》勾稽天星觀簡所見車名[①]，晏昌貴先生對《楚系簡帛文字編》所引天星觀卜筮類簡文例做窮盡性檢索，共輯錄220餘條，並作有考釋[②]。

利用卜筮類簡對墓葬年代的考訂，是目前為止取得的最大成果。簡文記錄有軑膚志、弁丑、義懌等十多個貞人，其中軑膚志見於望山1號墓和秦家咀99號墓竹簡。三座墓葬都位於紀南城附近，又有相同的貞人，年代自然相去不遠。簡文共有4條紀年，比較多見的兩條分別是「秦客公孫鞅問王於蔵郢之歲」，出現3次；「齊客紳膚問王於蔵郢之歲」，出現9次[③]。整理者推測「秦客公孫鞅」即史書中的商鞅。據記載，公孫鞅公元前361年「西入秦」，前340年在秦受封於商，史稱商鞅，前338年被誅。簡文稱「公孫鞅」，時代當在商鞅受封之前，即公元前361—340年之間。這樣墓葬年代應晚於前361年，而在前340年前後，即楚宣王或威王時期。李學勤先生考證認為，「秦客公孫鞅」之歲的歷日合於公元前340年，「齊客紳膚」之歲當是公元前339年，此年恐怕就是墓主去世之年。紳膚也許與見於《戰國策》的「申縛」有關[④]。晏昌貴先生指出，古籍中申縛事蹟主要見於前333年，「縛」為並母鐸部，「膚」為影母鐸部，音近或可通假[⑤]。

天星觀1號墓竹簡數量較大，其遣冊內容可能與曾侯乙墓竹簡有相似之處，有助於進一步瞭解當時的喪葬制度；其卜筮祭禱簡可能是目前出土同類資料中保存最好的一批，對於這類竹簡的系統研究

① 蕭聖中：〈楚簡車名匯釋〉，載《楚文化研究論集》第6集，湖北教育出版社2005年版。
② 晏昌貴：〈天星觀「卜筮祭禱」簡釋文輯校〉，載《楚地簡帛思想研究（二）》，湖北教育出版社2005年版。
③ 參看晏昌貴：《巫鬼與淫祀——楚簡所見方術宗教考》，武漢大學出版社2010年版，第18—19頁。
④ 李學勤：〈試說江陵天星觀、秦家嘴楚簡的紀年〉，載《簡帛研究二〇〇四》，廣西師範大學出版社2006年版
⑤ 晏昌貴：《巫鬼與淫祀——楚簡所見方術宗教考》，第18—19頁。

具有重要價值。

第三節　臨澧九里楚簡

　　湖南臨澧九里墓地是楚國封君家族墓地，時當戰國早中期。1980年，湖南省文物考古研究所發掘了九里1號墓。該墓墓口平面長方形。墓壁有十一級臺階。葬具為一槨三棺。墓葬早期被盜，但仍然出土100餘枚竹簡和大批其他文物。竹簡內容包括遣冊和卜筮祭禱記錄[①]。

第四節　江陵秦家咀楚簡

　　1986年5月至1987年6月，為配合鐵路建設工程，湖北省荊沙鐵路考古隊在江陵縣秦家咀鐵路線段上發掘楚墓105座，其中1號墓、13號墓、99號墓各出土一批竹簡[②]。

　　三座墓葬都是小型土坑豎穴墓，葬具為一槨一棺，表明墓主人身分不高，應該是士或庶民。

　　竹簡均出土於邊箱，保存狀況不好，均已殘斷。1號墓出土簡7枚，內容是卜筮祭禱記錄；13號墓出土簡18枚，也是卜筮祭禱記錄；99號出土墓簡16枚，係卜筮祭禱記錄和遣冊。

　　晏昌貴先生對《楚系簡帛文字編》所引用的秦家咀簡文作有輯錄

①　湖南省文物考古研究所：〈湖南省考古工作五十年〉，載《新中國考古五十年》，文物出版社1999年版，第301—302頁。
②　荊沙鐵路考古隊：〈江陵秦家咀楚墓發掘簡報〉，載《江漢考古》，1988年第2期。

第
十
二
章
　
未
刊
佈
楚
簡

和考釋①。據他研究，1號墓墓主姓「凡」名「紫」，《廣韻》凡韻：「凡，姓，周公子凡伯之後。」《莊子 田成方》中記有「凡君」。13號墓墓主為且連囂。「連囂」是楚官名，傳世文獻作「連敖」。

1號墓簡有「周客韓無王於宋東之歲」的紀年，李學勤先生考證為楚頃襄王十六年，即前283年②。99號墓簡有「秦客公孫鞅聘於楚之歲」的紀年，李學勤先生認為就是天星觀簡的「秦客公孫鞅問王於葴郢之歲」，兩地墓葬年代大體相當。

秦家咀墓葬資料表明，卜筮祭禱簡不僅出於貴族大墓，也出於士庶人的墓葬，這對於楚人宗教信仰的等級劃分以及社會習俗的研究具有特殊意義③。

第五節　慈利石板村楚簡

1987年6月，湖南省文物考古研究所、慈利縣文管所在慈利城關石板村發掘一批戰國、西漢時期墓葬，其中36號戰國墓出土一批竹簡④。

36號墓平面長方形，土坑豎穴。葬具為一槨一棺。槨室由頭箱、邊箱和棺室組成。隨葬器物有陶器、銅器、漆木器等50餘件。竹簡出土於頭箱北側。墓葬時代為戰國中期前段。

竹簡保存狀況不好，無一完整，共計4371枚。最長的簡36公釐，

① 晏昌貴：〈秦家嘴「卜筮祭禱」簡釋文輯校〉，載《湖北大學學報》，2005年第1期；晏昌貴：《巫鬼與淫祀——楚簡所見方術宗教考》，第21～23頁。

② 李學勤：《試說江陵天星觀、秦家嘴簡的紀年》。

③ 參看晏昌貴：《巫鬼與淫祀——楚簡所見方術宗教考》，第23頁。

④ 參看湖南省文物考古研究所、慈利縣文物保護管理研究所：〈湖南慈利石板村36號戰國墓發掘簡報〉，載《文物》，1990年第10期；湖南省文物考古研究所、慈利縣文物保護管理研究所：〈湖南慈利縣石板村戰國墓〉，載《考古學報》1995年第2期；張春龍：〈慈利楚簡概述〉，載《新出簡帛研究》，文物出版社2004年版。

最短的不足1公釐。簡寬0.4—0.7公釐。簡文墨書，部分字跡清晰，字體不一。少部分簡背面寫有數位，或位於簡首、或位於中部、或位於簡尾，整理者認為相當於今天的頁碼。

慈利簡都是書籍，一部分可與《國語　吳語》、《逸周書　大武》等傳世文獻對勘；一部分是《管子》、《寧越子》等書的佚文或古佚書。

墓葬發掘者和資料整理者披露有少量簡的圖版或釋文[①]。張春龍《慈利楚簡概述》公佈49枚簡背有數字簡的釋文。何有祖博士、肖毅先生對一些簡的釋文作有校釋，何有祖博士還對簡背數位的性質進行了探討[②]。

第六節　江陵雞公山楚簡

1991年，荊州博物館配合工程建設，在江陵雞公山墓地進行考古發掘，於48號楚墓發現一批竹簡。該墓出土器物包括鼎、盒、壺、盤、匜兩套青銅禮器，保存完好。竹簡出土於接近槨蓋板的填土中，內容為遣冊[③]。

---

① 《文物》1990年第10期第46頁圖30、圖版柒；《考古學報》1995年第2期圖版陸；湖南省文物考古研究所編《湖南考古漫步》圖版52，湖南美術出版社1999年版。

② 何有祖：〈慈利楚簡試讀〉，簡帛網2005年11月27日；何有祖：〈慈利竹書與今本《吳語》試勘〉，簡帛網2005年12月26日；肖毅：〈慈利竹書《國語　吳語》初探〉，簡帛網2005年12月30日；肖毅：〈慈利竹書零釋〉，載《古文字研究》第26輯，中華書局2006年版。

③ 張緒球：〈宜黃公路仙江段考古發掘工作取得重大收穫〉，載《江漢考古》，1992年第3期；陳振裕：〈湖北楚簡概述〉，載《簡帛研究》第1輯，法律出版社1993年版。

第七節　江陵磚瓦廠楚簡

1992年，荊州博物館在江陵磚瓦廠清理370號楚墓一座，出土竹簡6枚，其中4枚有字。清理前該墓已被破壞，原簡或有缺失。

有字簡中2枚疑似完整的簡分別長61.1、62.4公釐，寬0.9、0.8公釐。陳偉先生根據《楚系簡帛文字編》中的引用，最早對江陵磚瓦廠竹簡文本進行輯錄、復原，指出其性質屬於司法文書，是繼包山簡之後出土的第二批楚國司法簡，具有重要史料價值[①]。其後，滕壬生、黃錫全先生公佈4枚有字簡的摹本，對簡文做出進一步考證，如將舊釋「李」的字改釋為「李」、舊釋「見日」的官名或稱謂改釋為「視日[②]」。

第八節　老河口安崗楚簡

1992年，老河口安崗1號墓、2號墓各出土一批楚簡[③]。兩批簡編號共24枚，其中17枚有字。竹簡大多殘斷。2號墓所出完整簡長約69公釐。1號墓簡多數寬0.8公釐；2號墓簡較窄，多在0.6公釐左右。編繩兩道，少數簡背面有刻畫的斜線。簡文保存狀況一般，不少字跡模糊。簡文內容為遣冊。2011年3月，武漢大學「湖北出土未刊佈楚簡（五種）集成研究」課題組對保存於老河口市博物館的竹簡拍攝了紅外和數碼照片。

---

① 陳偉：〈楚國第二批司法簡芻議〉，載《簡帛研究》第3輯，廣西教育出版社1998年版。
② 滕壬生、黃錫全：〈江陵磚瓦廠M370楚墓竹簡〉，載《簡帛研究二〇〇一》（上冊），廣西師範大學出版社2001年版。
③ 陳振裕：《湖北楚簡概述》。

第九節　江陵范家坡楚簡

1993年，湖北江陵范家坡27號戰國楚墓出土1枚竹簡，27字，内容為卜筮祭禱記錄[1]。

第十節　紅光磚瓦廠楚簡

1995年，江陵紅光磚瓦廠27號楚墓出土3枚竹簡，保存基本完整，長約46公釐。其内容與喪葬有關，但是不同於一般的遣冊，比較獨特。這批竹簡自2010年初開始在荊州博物館「荊州出土古代簡牘文字展」上公開展覽，但未見正式報導。2011年2月，武漢大學「湖北出土未刊佈楚簡（五種）集成研究」課題組對這批竹簡拍攝了紅外和數碼照片。

第十一節　龍山里耶1號井楚簡

湖南省龍山縣里耶鎮戰國時屬楚，秦代是洞庭郡遷陵縣城所在地。2002年，為配合水電設施建設，湖南省文物考古研究所會同當地文物部門，對里耶古遺跡進行搶救性發掘。其中1號井出土37000餘枚簡牘。這批簡牘以秦簡為主，楚簡數量很少，出土於文化層第5層。楚簡多為竹質，僅1枚是在不規則的方形木條上書寫[2]。

① 滕壬生：《楚系簡帛文字編》（增訂本）「前言」第4頁。
② 湖南省文物考古研究所、湘西土家族苗族自治州文物處、龍山縣文物管理所：〈湖南龍山里耶戰國—秦代古城一號井發掘簡報〉，載《文物》，2003年第1期；湖南省文物考古研究所：《里耶發掘報告》，嶽麓書社2007年版，第8、41、179頁。

第十二節　信陽長台關（M7）楚簡

　　2002年10月，河南省文物考古研究所、信陽市文物工作隊對長台關7號楚墓進行搶救性發掘，發現一批竹簡[①]。該墓平面呈「甲」字形，帶墓道。墓內槨室分為主室、前室、左側室、右側室、左後室、中後室和右後室等七室。主室內葬具為二槨二棺。墓葬早期被盜，仍然出土漆木器、陶器、銅器和玉器等700餘件。竹簡出土於左側室，此室隨葬品主要是漆木樂器和青銅車馬器。竹簡內容是遣冊。墓葬時代應不早於戰國中期。

第十三節　江夏丁家咀楚簡

　　2009年5月，為配合鐵路工程建設，武漢市考古研究所對位於武漢市江夏區的丁家咀1號、2號戰國楚墓進行發掘並發現竹簡[②]。

　　兩座墓葬均為長方形豎穴土坑木槨墓，帶墓道。1號墓葬具為一槨一棺，槨室分為南箱、西箱和棺室三部分。由於早年被盜，出土隨葬品較少，竹簡也僅發現1枚斷簡，內容為遣冊。2號墓葬具為一槨一棺，槨室分為東、南、西、北四箱及棺室五部分。墓主是楚國封君。墓內出土漆木器、仿銅陶禮器、陶器等百餘件。竹簡出土於槨蓋板上和棺室內，大多殘斷，編號約100枚。槨蓋上所出竹簡是卜筮祭禱記錄，棺室內所出竹簡是遣冊。現存簡長多在10—30公釐，寬0.8公釐。編繩兩道。字跡大多清晰。卜筮祭禱簡文字筆劃較粗，墨蹟較重，字形較大；遣冊簡形體較為纖秀，字體往往向左下方傾斜，兩者可以肯

---

① 河南省文物考古研究所、信陽市文物工作隊：〈河南信陽長台關七號楚墓發掘簡報〉，載《文物》，2004年第3期。
② 李永康：〈武漢江夏丁家咀發現戰國楚墓並出土竹簡〉，載《江漢考古》，2009年第3期。

定是由不同書手書寫。

　　竹簡出土後，武漢大學簡帛研究中心隨即拍攝紅外照片，其中3枚已在簡訊中披露 ①。2011年3月，武漢大學「湖北出土未刊佈楚簡（五種）集成研究」課題組對保存在武漢市考古研究所的竹簡拍攝了數碼照片。

第十四節　嚴倉獾子塚楚簡

　　2009年10月至2010年1月，為配合南水北調引江濟漢工程建設，湖北省文物考古研究所對荊門市沙洋縣嚴倉墓地獾子塚（M1）進行發掘，發現一批竹簡 ②。

　　1號墓平面為甲字形，有封土，帶墓道。墓壁有十五級臺階。葬具為一槨三棺。槨室由東、南、西、北、中五室組成。墓葬被盜嚴重，出土遺物不多。竹簡分置於南室和北室。

　　由於被盜擾，竹簡全部殘斷，總計708枚。另外有1枚簽牌、2枚帶文字的木塞狀物。現存簡最長的是52公釐。少數簡背面有墨線或刻畫的斜線。簡文字跡大多清晰。南室簡內容是遣冊，西室簡是卜筮祭禱記錄。

　　根據卜筮祭禱簡，可以肯定該墓墓主是楚國大司馬悼愲。悼愲見於《史記》、《戰國策》等古籍，是楚懷王滅越（前306年）的功臣，在楚國歷史上占有比較重要的地位。悼愲還見於包山簡，其文記載悼愲任職大司馬，曾率領楚師救郙。悼愲任職大司馬不見於傳世文獻，而在嚴倉簡再次得到證明。嚴倉簡悼愲之名原作「恕愲」，與包山249

① 圖版看《江漢考古》2009年第3期彩版八：6。
② 〈荊門嚴倉發掘甲字形大墓及車馬坑——為楚文字研究提供新資料〉，載《中國文物報》2010年2月5日；宋有志：〈湖北荊門嚴倉墓群M1發掘情況〉，載《江漢考古》，2010年第1期。

號簡寫法相同，傳世文獻則作召滑、昭滑、邵滑、卓滑或淖滑。楚墓墓主身分明確且其人見於傳世文獻記載的，目前僅此一例。簡文提到為悼愲貞卜的貞人有觀繃，其人亦見於包山簡。

2011年2月，武漢大學「湖北出土未刊佈楚簡（五種）集成研究」課題組對保存在荊門市博物館的竹簡拍攝了紅外和數碼照片。

第十五節　后港黃歇楚簡

2010年11月至12月，為配合南水北調引江濟漢工程建設，湖北省文物考古研究所對沙洋縣后港鎮黃歇村1號楚墓進行搶救性發掘，出土一批竹簡[①]。

1號墓東南距嚴倉墓群約9公里，發掘前尚保留有封土。墓口平面呈「甲」字形。葬具為一槨二棺。槨室由頭箱、邊箱、棺室三部分組成。棺內骨架保存完好。墓內出土有青銅生活器具、禮器、樂器、兵器、車馬器及漆木器、竹器、玉器、絲織品等。文字資料除竹簡外，還有漆字、槨板文字及刻畫符號等。

---

① 湖北省文物考古研究所考古協調部：〈2010考古發掘系列之七——沙洋縣黃歇村東周墓群發掘情況介紹〉，湖北省博物館、湖北省文物考古研究所網2011年7月6日。

第十三章 附：湖北隨縣曾侯乙墓竹簡

在銅器銘文部分，我們對曾侯乙墓概況及其出土的銅器銘文做了介紹，這裡主要談談該墓出土的竹簡文字[①]。

第一節 竹簡的出土、形制與格式

竹簡放置在該墓北室西北部，與兵器、車馬器等放置在一起，出土時已經散亂，絕大部分分上下兩堆疊壓在一起，另有少量漂散至中部偏西處。有字簡共240枚，整理拼接後編號215枚。整簡長70—75公釐、寬約1公釐。編繩兩道。除1號簡兩面書寫外，餘者各簡均墨書於竹黃面，字跡大都清晰。書寫自頂端開始，不留天頭。

北室還出土簽牌3枚。其中1號簽牌長10公釐，寬1公釐；2號長11公釐，寬1.1公釐；3號長9公釐，寬0.6公釐[②]。3枚簽牌文字相同，均

① 參看裘錫圭：〈談談隨縣曾侯乙墓的文字資料〉，載《文物》1979年第7期；湖北省博物館：《曾侯乙墓》，文物出版社1989年版。2003至2004年，武漢大學「楚簡綜合整理與研究」課題組對現存湖北省博物館的竹簡做有紅外線拍攝，釋字上取得進展，對簡序也略有調整，參看陳偉等著《楚地出土戰國簡冊〔十四種〕》，經濟科學出版社2009年版，第340—373頁。本章寫作還參考了楚簡課題成果之一《楚地出土戰國簡冊合集　曾侯乙墓竹簡》（蕭聖中主編，稿本，2009年4月），該稿本蒙蕭先生惠賜並允參考。
② 3號簽牌係「楚簡綜合整理與研究」課題組拍攝紅外照片時發現，參看陳偉等著《楚地出土戰國簡冊〔十四種〕》第341頁。

為「鞏軒之馬甲」，原來當繫在馬甲之上。

第二節 簡文的分類與內容

曾侯乙墓時當戰國初期，所出土竹簡是目前所見時代最早的，其內容主要是關於喪葬所用車馬的記錄。1號簡云「大莫敖腸為適䝏之春八月庚申，鞏趄執事人書入車」，整理者指出其大意是「大莫敖腸為春天去䝏之年的八月庚申日，管理人馬甲冑和車馬器的辦事人員記錄所納之車」。這一紀年，也就是曾侯乙墓的絕對年代。葛陵簡也有大莫敖腸為（甲三36、甲三296），與本簡所記當為同一人①。

整理者按內容將簡文分為四類，A：主要記錄車和車上的兵器裝備（簡1—121）。車有廣車、路車、陷車、田車、安車、遊車、楅轂②、墨乘、魚軒、政車、僮車、輇車、晶車等，兵器有弓、矢、箙、戈、殳、戟、盾等。B：主要記錄車上配備的人、馬兩種甲冑（簡122—141）。人甲的種類有「楚甲」、「吳甲」，馬甲的種類有「彤甲」、「畫甲」、「漆甲」、「素甲」。C：主要記錄駕車之馬（簡142—209）。馬通常以毛色來區分，如騮、騏、駵、駁、騜、騢、驊、驪、駓、黃、白、黑。另外還有牸、騍、騋等。D：主要記錄馬和木俑（簡210—214）③。此外215號簡無字，僅在近頂端處書一粗橫墨道，當是某段簡文完結之符號。《十四種》為各類擬定標題，依次為「入車」、「甲冑」、「乘馬」、「䭴馬和其他④」。

---

① 參看李學勤：〈論葛陵楚簡的年代〉，載《文物》，2004年第7期。
② 「楅」應讀為「短」，參看白于藍：〈曾侯乙墓竹簡考釋（四篇）〉，載《中國文字》新30期，〔臺北〕藝文印書館2005年版。
③ 整理者將這部分簡中的「傭」字讀為「俑」，《十四種》（第372頁）疑當讀為「用」。
④ 《十四種》（340頁）還指出，竹簡編繩間距方面，A、B兩類，一般在40公釐以上，C類簡則在35—37公釐之間，有可能是分作兩卷。D類未見繩痕和契口，似未曾編連。

207、208號簡是記隨葬車馬的小結簡，前者云「凡宮廄之馬與十乘，入於此桿官之中」，後者云「凡宮廄之馬所入長坲之中五乘」。曾侯乙墓室內多葬車馬器，但僅見1件車輿，未見馬匹。如果簡文所記屬實，所謂「桿官」、「長坲」最可能是隨葬車馬坑的名字[①]。

在喪葬類竹簡中，曾侯乙墓竹簡是數量最大的一批，保存狀況較好，文字記載詳細。有關喪葬用車的記錄，還見於望山、包山和天星觀簡等。望山簡殘斷比較嚴重、包山簡的記載相對簡略，天星觀簡迄今尚未正式發表。所以，曾侯乙墓竹簡對於戰國喪葬制度及車馬兵器的研究具有重要而獨特的價值。

第三節　簡文釋讀概況

在曾侯乙墓考古報告公佈之前，裘錫圭先生發表〈談談隨縣曾侯乙墓的文字資料〉一文，是為曾侯乙墓出土銅器銘文和竹簡文字研究的經典之作。其在簡文考證方面的成果，姑以「果」、「殳」兩字為例試做說明。

簡文記載多種放置在車上的兵器。記載戟時，都有「二果（或作『菓』，下同）」或「三果」的說明語。聯繫實物可知「二果」是說戟上有兩個戈頭，「三果」是說戟上有三個戈頭。一般的戈都有內，而多戈戟的第二、三個戈頭通常沒有內。該墓出土的帶銘銅戈，有內的或自稱為戈，或自稱為戟；無內的則只稱戟不稱戈，也可證明這一點。對於為什麼稱戟上的戈為「果」，裘先生分析說，「果」與「戈」音近，簡文大概是為了將戟上的戈與一般的戈區別開，故而稱戟上的戈為「果」。簡文所記有兩種殳，一稱「殳」，共7件（簡3、

---

① 　參看陳偉等著：《楚地出土戰國簡冊〔十四種〕》，第371頁。

20、40、62、82、99、102）；一稱「晉殳」，共9件（簡14、17、30、32、37、68、84、91、110）。該墓出土7件首部套三棱矛狀兵刃的長杆兵器，其中3件有銘，皆作「曾侯郎之用殳」；另外還出土14件兩端有銅套的旗杆形物，形狀跟古書裡所說的無刃殳相近。對比可知，簡文「殳」應指有刃殳，「晉殳」則指無刃殳。

在正式出版的報告裡，文字考釋工作由裘錫圭先生和李家浩先生共同完成，對不少以往未能確釋或不見於以往出土資料的字做出正確釋讀，如「𢆶（戟）」、「翠（翠）」、「㠯」、「𢁉（飾）」、「𣃚（旗）」、「箙」、「敁」、「軮」、「鎬（轄）」、「轄（轄）」、「真」、「輮（廣）」等等。整理者的考釋精慎，失誤少，正式公佈的圖版又不很清晰，之後有關曾侯乙墓竹簡文字考釋的論著並不多見，但是也有一些突破或進展，諸如「矢」、「臤」、「弦」、「𩨟」等字的解讀，我們後文將重點介紹。另外比較可信的說法，有李零先生釋𣃚（簡16）為「鞎」，訓為「輿前革[1]」；李守奎先生釋𣃚（簡26）為「劃」、𣃚（簡49）為「霓[2]」；單育辰先生釋𣃚（簡89）為「鳧」，認為簡文「鳧㫃」義為飾鳧羽於㫃旗，與《逸周書　王會解》的「鳧旌」相類等[3]。可備一說的意見，如何琳儀先生將𣃚（簡207）釋為「騾[4]」；我們將簡文多見的「𩨟」釋為「擖」，讀為薦席之「薦」等等[5]。

簡文裡還有一個比較特殊的現象，即几乎全部「所」字的下部均加有贅筆，作𣃚（簡4）形。整理者認為117號簡「𩨟（裹）」所從

① 李零：〈讀《楚系簡帛文字編》〉，載《出土文獻研究》第5集，科學出版社1999年版。

② 李守奎：《楚文字編》，華東師範大學出版社2003年版，第269、653頁。

③ 單育辰：〈談戰國文字中的「鳧」〉，載《簡帛》第3輯，上海古籍出版社2008年版。

④ 何琳儀：〈隨縣竹簡選釋〉，載《華學》第7輯，中山大學出版社2004年版。曾侯乙簡整理者指出，該字與侯馬盟書「駕」字所從「馬」旁、中山胤嗣�蜜壺「馬」字近似，在簡文中似是馬名。

⑤ 李天虹：〈釋曾侯乙墓竹簡中的「𦘔」〉，載《古文字研究》第26輯，中華書局2006年版。

「鬼」旁下部，147、150、169號簡「（覞）」所從「見」旁下部均添加有相同筆劃。何琳儀先生則將隸定為「褁」，讀為「裹[1]」，似乎比整理者說合理。甲骨、金文「畏」字就是在「鬼」形之下附加類似筆劃，「鬼」、「畏」古音相通。李守奎先生認為的右旁係「畏」，字應隸定為「騦」，讀為「騩」，「騩」見於《說文》，意為馬淺黑色[2]。楚簡文字中「鬼」、「畏」所從鬼頭有寫作「目」形的例子。如上博藏《魯邦大旱》2號簡「鬼」字從「示」作，所從「鬼」旁的頭部即寫作「目」形[3]。《季康子問於孔子》21號簡有字作，從文義看很可能用為「威[4]」，字形可以分析為從「心」、「畏」省聲；也可以看作從「心」、「鬼」聲，所從鬼頭也混同於「目」。的右旁除去形外，與上述這類「鬼」寫法類同，因此李先生之說不無道理。不過楚簡文字「鬼」、「畏」作為獨體字或偏旁多見，將鬼頭寫作「目」形的例子畢竟很少，而曾侯乙簡四見，右旁上部均寫作「目」形，字究竟從「見」還是從「畏」似乎無法肯定。這樣，曾侯乙簡能夠確定的加有贅筆的字只有「所」字。就目前所見戰國文字資料，只有曾侯乙簡的「所」字如是作。郭店《尊德義》24號簡「所」字作，「所」字下也附有筆劃，似「人」形，解釋也存在分歧[5]。不論如何，的下部與曾侯乙簡「所」字下的筆劃形體有別，二者的關係尚不明確。

簡文裡有待考釋的疑難字也有不少。有的是字形不明，歷來鮮有學者探討，如作為人名的（簡28、129）字和（簡171）字。有的可以對字形作出分析。如簡文多見字，整理者隸定為「䍐」，指出義

---

① 何琳儀：《戰國古文字典》（下冊），中華書局1998年版，第1188頁。

② 李守奎：《楚文字編》，第573頁。

③ 參看黃德寬：〈戰國楚竹書（二）釋文補正〉，載《上博館藏戰國楚竹書研究續編》，上海書店出版社2004年版。

④ 參看季旭昇：〈上博五芻議（上）〉，簡帛網2006年2月18日。

⑤ 參看陳斯鵬：〈郭店楚簡解讀四則〉，《古文字研究》第24輯，中華書局2002年7月。

與賵、贈相當。何琳儀先生疑字從「助」、「市」聲，讀為「賻」，簡文中有許多車馬賻贈者和馭車者的官銜名稱，似乎說明簡文中應該有「賻」字①。不過類似用法的字，天星觀簡遣冊作「夲」，包山喪葬類簡牘作「受（授）」，都不用「賻」②。雖然🖤字形清楚，用法可以大體框定，但應該釋讀為什麼字仍無法確定。50、67等號簡有🖤字，整理者認為從「乘」省，隸定作「敫」。包山文書類77號簡也有此字，作🖤，94號簡又省略「攴」旁作🖤；這種省體也見於望山遣冊10號簡，原釋文隸定均與曾侯乙簡整理者相同。黃錫全、何琳儀等先生認為所謂「乘」的省體，其實是「叕」，字應隸定為「敠」或「資」③。此說得到更多學者贊同，但在「敠」、「資」的讀法上也未獲一致意見。

第四節 簡文釋讀舉例

這裡重點介紹、分析五例文字的釋讀。

1. 弦（簡3、5）

「弦」，簡文原作🖤，整理者隸定為「縣」，指出古文字「糸」旁或寫作「幺」，疑「縣」與古璽文中舊或釋為「幻」的🖤、🖤當是一字。「縣」在簡文中都是在講到弓的時候提及的，或疑即「弦」字，舊釋璽文為「幻」不一定可信。包山文書類192號簡有地名🖤，右旁與「縣」顯然是同一個字，其整理者釋寫為「邸（郾）」。我們曾釋為「幻」④。

---

① 何琳儀：《戰國古文字典》（下冊），第951頁；何琳儀：《隨縣竹簡選釋》。

② 參看蕭聖中：《曾侯乙墓竹簡釋文補正暨車馬制度研究》，武漢大學博士學位論文，2005年5月，第57頁。

③ 參看黃錫全：〈🖤🖤考辨〉，載《江漢考古》，1991年第1期；黃錫全：〈《包山楚簡》部分釋文校釋〉，見《湖北出土商周文字輯證》，武漢大學出版社1992年版；何琳儀：〈包山竹簡選釋〉，載《江漢考古》，1993年第4期。

④ 李天虹：〈《包山楚簡》釋文補正〉，載《江漢考古》，1993年第3期。

徐少華先生則釋為「郊」，讀為「弦」，認為是地名。《春秋》僖公五年：「楚子滅弦，弦子奔黃。」① 劉信芳先生釋寫為「郔」，亦讀為「弦② 」。2005年，上博藏《三德》發表，其1號簡「弦望」之「弦」作；2007年，上博藏《用曰》發表，其12號簡「矢之免於弦」的「弦」作，可證確實是「弦」字，當隸定為「郔」，添加「邑」旁，是因為用作地名。、及的右旁應該都是「弦」的表意初文；則在初文基礎上添加「弓」旁，成為形聲字。

2. 矢（簡3、9）

「矢」，簡文原作。整理者指出字係倒「矢」形，在簡文中義同箭矢，或疑即「箭」字古文。同字見於包山喪葬類260號簡，作，劉釗先生釋為「矢」，指出包山簡文「射」、「䠶」、「矰」、「鈇」等所從「矢」旁均作倒矢形，說明楚文字「矢」常可倒書③ 。上博藏《孔子詩論》22號簡有詩句「四弁」，與對應之字，今本《詩經》正作「矢」，可作為劉說的佐證。作倒「矢」形的「矢」字，還見於上博藏《容成氏》、《周易》、《用曰》、《凡物流行》等篇，可見「矢」字倒書確實是當時楚地通行的寫法。

3. 乘軬（簡4）、軬軒（簡26）、軬車（簡31）

「軬」，簡文原作，用為車名。62號簡記有「卿士之」，末字為合文，整理者釋寫為「阦車」（筆者按：亦可釋寫為「軬車」），認為「阦」即「軬」之異體，應是據199號簡「卿士之軬=（軬車）」對比得出，當可憑信。天星觀簡又有「乘肇」，蕭聖中先生認為「肇」即「軬」字異文④ ，亦可信從。但是對於「軬」、「肇」的形體結構，一

<hr>

① 徐少華：〈包山楚簡釋地八則〉，載《中國歷史地理論叢》，1996年第4期。
② 劉信芳：〈楚系文字「瑟」以及相關的几個問題〉，載《鴻禧文物》第2輯，1997年12月。
③ 劉釗：〈包山楚簡文字考釋〉，載《東方文化》，1998年1、2期合刊；收入氏著《出土簡帛文字叢考》，臺灣古籍出版有限公司2004年版。該文曾在1992年南京大學召開的「中國古文字研究會第九屆學術討論會」上發表，刊出時有局部修改。
④ 蕭聖中：《曾侯乙墓竹簡釋文補正暨車馬制度研究》，第79頁。

直沒有較好的解釋。

2010年，陳偉先生由戰國文字「間」的異文「閖」入手，對該字形體、音義做出解析[1]。他認為：楚簡「間」的異體作「閖」，以「外」作為聲符。上博藏《武王踐阼》10號簡有「位難得而易失，士難得而易𨊠」句，如果把「𨊠」分析為從「車」從「間」聲，讀為「間」，訓為離間，文義非常通順。因此曾侯乙簡的「𨏥」和天星觀簡的「𨊠」或許是從「間」得聲的字。「間」與「賤」古音相近可通，睡虎地秦簡《為吏之道》「賤士而貴貨貝」，嶽麓秦簡《為吏治官及黔首》對應之語作「間士貴貨貝」，可資為證。由此推測「𨏥」和「𨊠」應該讀作「棧」，字又作「轏」或「輚」。「棧車」見於《周禮》、《儀禮》、《左傳》等古籍，用途廣泛，有士車、柩車、臥車、兵車等說。簡文該字出現時有「𨏥車」、「乘𨏥」、「𨏥軒」三種形式，或許正與棧之用途的多樣性有關。陳先生把曾侯乙、天星觀簡的「𨏥」、「𨊠」讀為「棧」，相當精彩。兩字可以分析為從「外」聲（古「外」為疑母月部字，「間」為見母元部字，音近可通），也可分析為從「閖（間）」省聲。「𨊠」字的解讀，使我們可以確定「𨏥」字的讀音，為其形體結構的破解提供了新線索。

由對「閖」形體的認識，陳先生還懷疑楚簡中原來被釋為「內外」之「外」的字，有的可能是用作「間」的。如包山卜筮類199至200號簡「恆貞吉。少外有感，志事少遲得」、217號簡「恆貞吉。少感於躬身，且外有不順」的「外」，就可能用作「間」，指時間短暫；葛陵甲三10號簡「少有外言，感也」的「外」，恐亦用作「間」，「間言」指離間或非議之語。將這些「外」字破讀為「間」後，文義更為通暢，恐怕也是正確的。

---

① 陳偉：〈車輿名試說（二則）〉，載《古文字研究》第28輯，中華書局2010年版。

4. （簡61）

，28號簡從「韋」作。整理者疑是「緣」字變體，在簡文中大概指一種皮革，故字或從「韋」。「緣」（古書多作「繇」）、「由」古通，疑應讀為「䌛」。同字後來見於葛陵甲三15、60號簡，其文作「用受元龜、晉（靈？）筮」，整理者釋為「緣」；又見於上博藏《平王問鄭壽》1號簡，其文作「景平王就鄭壽，之於屌廟」，整理者也釋為「緣（繇）」，並據《說文》訓為隨從，對該字的釋讀應該都受到了曾侯乙簡整理者說的影響。

2008年，郭永秉先生針對《平王問鄭壽》之字發表與整理者不同的看法，認為該字可以分析為從「言」從「係」，當釋為「訊」。楚簡中可以確定為「繇」和從「繇」的字，几乎無一例外從「肉」作，該字卻不從「肉」，很可能跟「繇」並無關係。古文字「訊」原為表意字，是訊籀之「訊」的本字。西周金文或作、（《金文編》第141頁），右旁與「係」已經很接近，如果把「口」旁換成「言」旁，就與《平王問鄭壽》之字基本相同。古籍中「訊」常常表示「問」義，《平王問鄭壽》中也正用作此義①。

最近白于藍先生提出一種新的意見。他認為，該字當理解為從「係」得聲，在《平王問鄭壽》中讀為「稽（卟）」，訓為「卜問」。受白先生說啟發，蘇建洲先生認為葛陵簡之字讀為「稽」也很合適，可參《白虎通義　德論下　蓍龜》：「所以先謀及卿士何？先盡人事，念而不能得，思而不能知，然後問於蓍龜。」《焦氏易林萃之》：「中孚：元龜象齒，大賂為寶。稽疑當否，哀微複起。」②

需要說明，2008年，王輝先生曾提出《平王問鄭壽》之字應該

---

① 郭永秉：〈釋上博楚簡《平王問鄭壽》的「訊」字〉，載《古文字研究》第27輯，中華書局2008年版。

② 白、蘇兩位先生的說法看復旦網論壇（http://www.gwz.fudan.edu.cn/ShowPost.asp?ThreadID=4747）2011年6月27日。

第十三章　附：湖北隨縣曾侯乙墓竹簡

讀為「稽」，訓為「問」，不過他對字形的認識與整理者相同，認為「𤔔」可以通假為「稽①」。

今按，郭、白兩說對字形、義的分析都有其合理性。單純從文義看，王、白之說似乎與簡文文義更為貼合。這些討論為曾侯乙墓竹簡該字的釋讀提供了新的線索。

5. 臤（簡62）

「臤」，簡文原作𝄞，舊不識。郭店簡🖋（《唐虞》2、6）字多見，或從「臣」作🖋（《語四》12）、🖋（《五行》23），均用為「賢」，其整理者釋寫為「臤（賢）」。陳劍先生認為🖋所表示的本義是用手持取、引取一物，是「搴」與「擥」的表意初文，「擥」、「賢」聲韻皆近，可以通用。🖋是「臤」字異體，從「擥」以表音。對比可知，曾侯乙簡𝄞也可能應當釋為「擥」。該字在西周前期的柞伯簋銘文中已經用作「臤（賢）」，在戰國時代可能已經不再用來表示「搴」、「擥」等義，而只用來表示「臤」和「賢②」。其說比較可信。大約同時，何琳儀先生也據郭店簡將𝄞釋為「臤③」。

---

① 王輝：〈上博楚竹書（六）讀記〉，載《古文字研究》第27輯。上引復旦網論壇對白先生觀點的引述比較簡略，很可能白先生已經注意到王先生此說。

② 陳劍：〈柞伯簋銘補釋〉，載《傳統文化與現代化》，1999年第1期；收入氏著《甲骨金文考釋論集》，線裝書局2007年版。

③ 何琳儀：《隨縣竹簡選釋》。

參 考 文 獻

1. 〔西漢〕司馬遷：《史記》，中華書局1959年9月版。

2. 〔東漢〕班固：《漢書》，中華書局1962年6月版。

3. 〔宋〕郭忠恕、夏竦輯，李零、劉新光整理：《汗簡　古文四聲韻》，中華書局1983年12月版。

4. 〔宋〕薛尚功：《歷代鐘鼎彝器款識法帖》，中華書局1986年5月版。

5. 〔清〕阮元：《十三經注疏》，中華書局1980年9月版。

6. 〔清〕孫希旦：《禮記集解》，中華書局1989年2月版。

7. 〔清〕王聘珍：《大戴禮記解詁》，中華書局1983年3月版。

8. 〈長沙仰天湖戰國墓發現大批竹簡及彩繪木俑、雕刻花板〉，載《文物參考資料》1954年第3期。

9. 〈荊門嚴倉發掘甲字形大墓及車馬坑——為楚文字研究提供新資料〉，載《中國文物報》2010年2月5日。

10. 白于藍：《包山楚簡文字編》，吉林大學碩士學位論文，1995年5月。

11. 白于藍：〈《包山楚簡文字編》校訂〉，載《中國文字》新25期，〔臺北〕藝文印書館1999年12月版。

12. 白于藍：〈包山楚簡補釋〉，載《中國文字》新27期，〔臺北〕藝文印書館2001年12月版。

13. 白于藍：〈釋「𦌐」〉，載《古文字研究》第24輯，中華書局2002年7

月版。

14. 白于藍：《簡牘帛書通假字字典》，福建人民出版社2008年1月版。

15. 白于藍：〈釋「杍」〉，載《中國文字研究》第14輯，大象出版社 2011年3月版。

16. 蔡丹：《上博四〈曹沫之陳〉集釋》，武漢大學碩士學位論文，2006 年5月。

17. 曹方向：《〈上海博物館藏戰國楚竹書（七）〉之〈凡物流形〉和 〈吳命〉集釋》，武漢大學碩士學位論文，2009年5月。

18. 曹錦炎、吳振武：〈釋𢧑〉，載《吉林大學社會科學學報》1981年 第2期。

19. 曹錦炎：〈楚「公逆」鎛銘的復原與新釋〉，載《江漢考古》1992年 第2期。

20. 曹淑琴、殷瑋璋：〈壽縣朱家集銅器群研究〉，載《考古學文化論 集（一）》，文物出版社1987年12月版。

21. 陳邦懷：〈戰國楚文字小記〉，載湖北省社會科學院歷史研究所編： 《楚文化新探》，湖北人民出版社1981年9月版。

22. 陳秉新：〈壽縣楚器銘文考釋拾零〉，載《楚文化研究論集》第1 集，荊楚書社1987年1月版。

23. 陳初生編纂、曾憲通審校：《金文常用字典》，陝西人民出版社2004 年1月第2版。

24. 陳複華、何九盈：《古韻通曉》，中國社會科學出版社1987年10 月版。

25. 陳劍：〈柞伯簋銘補釋〉，載《傳統文化與現代化》1999年第1期； 收入氏著：《甲骨金文考釋論集》，線裝書局2007年4月版。

26. 陳劍：〈說慎〉，《簡帛研究二〇〇一》（上冊），廣西師範大學 出版社2001年9月版。

27. 陳劍：〈釋《忠信之道》的「配」字〉，載《國際簡帛研究通訊》

第2卷第6期，2002年。

28. 陳劍：〈上博簡《子羔》、《從政》篇的竹簡拼合與編連問題小議〉，載《文物》2003年第5期；原載簡帛研究網2003年1月8日。

29. 陳劍：〈郭店簡補釋三篇〉，載《古墓新知——紀念郭店楚簡出土十週年論文專輯》，國際炎黃文化出版社2003年11月。

30. 陳劍：〈據戰國竹簡文字校讀古書兩則〉，載《第四屆國際中國古文字學研討會論文集》，香港中文大學，2003年10月。

31. 陳劍：〈據楚簡文字說「離騷」〉，載《新出土文獻與古代文明研究》，上海大學出版社2004年4月版。

32. 陳劍：〈甲骨金文舊釋「尤」之字及相關諸字新釋〉，載《北京大學中國古文獻研究中心集刊》第4輯，北京大學出版社2004年10月版。

33. 陳劍：〈上博竹書《曹沫之陳》新編釋文（稿）〉，簡帛研究網2005年2月12日。

34. 陳劍：〈上博竹書《昭王與龔之脽》和《柬大王泊旱》讀後記〉，簡帛研究網2005年2月15日。

35. 陳劍：〈說「安」字〉，載《語言學論叢》第31輯，商務印書館2005年8月版。

36. 陳劍：〈談談《上博（五）》的竹簡分篇、拼合與編聯問題〉，簡帛網2006年2月19日。

37. 陳劍：〈也談《競建內之》簡7的所謂「害」字〉，簡帛網2006年6月16日。

38. 陳劍：〈晉侯墓銅器小識〉，載《中國歷史文物》2006年第6期。

39. 陳劍：〈讀《上博（六）》短劄五則〉，簡帛網2007年7月20日。

40. 陳劍：〈郭店簡《尊德義》和《成之聞之》的簡背數字與其簡序關係的考察〉，載《簡帛》第2輯，上海古籍出版社2007年11月版。

41. 陳劍：〈《上博（六）　孔子見季桓子》重編新釋〉，復旦網2008年3月22日；又載《出土文獻與古文字研究》第2輯，復旦大

參考文獻

學出版社2008年8月版。

42. 陳劍：〈上海博物館藏戰國楚竹書《從政》篇研究（三題）〉，載《簡帛研究二〇〇五》，廣西師範大學出版社2008年9月版。

43. 陳劍：〈試說戰國文字中寫法特殊的「兀」和從「兀」諸字〉，載《出土文獻與古文字研究》第3輯，復旦大學出版社2010年7月版。

44. 陳奇猷：《呂氏春秋校釋》，學林出版社1984年4月版。

45. 陳瓊：《〈上海博物館藏戰國楚竹書（一）〉研究概況及文字編》，吉林大學碩士學位論文，2005年4月。

46. 陳世輝、湯余惠：《古文字學概要》，吉林大學出版社1988年12月版。

47. 陳雙新：《兩周青銅樂器銘辭研究》，中山大學博士學位論文，1999年5月。

48. 陳雙新：〈鄺鐘銘文補議〉，載《古文字研究》第24輯，中華書局2002年7月版。

49. 陳斯鵬：〈郭店楚簡解讀四則〉，載《古文字研究》第24輯，中華書局2002年7月版。

50. 陳斯鵬：《簡帛文獻與文學考論》，中山大學出版社2007年12月版。該書的基礎是其博士學位論文《戰國簡帛文學文獻考論》，中山大學2005年。

51. 陳斯鵬：〈楚簡中的一字形表多詞現象〉，載《出土文獻與古文字研究》第2輯，復旦大學出版社2008年8月版。

52. 陳松長編著：《馬王堆簡帛文字編》，文物出版社2001年6月版。

53. 陳偉：〈淅川下寺二號楚墓墓主及相關問題〉，載《江漢考古》1983年第1期。

54. 陳偉：〈《鄂君啟節》之「鄂」地探討〉，載《江漢考古》1986年第2期。

55. 陳偉：〈《鄂君啟節》與楚國的免稅問題〉，載《江漢考古》1989年

第3期。

56. 陳偉：《楚東國地理研究》，武漢大學出版社1992年11月版。

57. 陳偉：《包山楚簡初探》，武漢大學出版社1996年8月版。

58. 陳偉：〈楚國第二批司法簡芻議〉，載《簡帛研究》第3輯，廣西教
育出版社1998年12月版。

59. 陳偉：〈郭店楚簡別釋〉，載《江漢考古》1998年第4期。

60. 陳偉：〈郭店楚簡《六德》諸篇零釋〉，載《武漢大學學報》1999年
第5期。

61. 陳偉：〈讀郭店竹書《老子》劄記（四則）〉，載《江漢論壇》1999
年第10期。

62. 陳偉：〈《語叢》一、三中有關「禮」的几條簡文〉，載《郭店楚
簡國際學術研討會論文集》，湖北人民出版社2000年5月版。

63. 陳偉：〈關於包山楚簡中的「弱典」〉，載《簡帛研究二〇〇一》
（上冊），廣西師範大學出版社2001年9月版。

64. 陳偉：《郭店竹書別釋》，湖北教育出版社2002年12月版。

65. 陳偉：〈《上海博物館藏戰國楚竹書（二）》零釋〉，載《武漢大
學學報》2004年第4期。

66. 陳偉：〈包山楚司法簡131–139號補釋〉，載《簡帛研究彙刊》第1
輯，〔臺北〕中國文化大學2003年5月；又載簡帛網2005年11月2日。
該文原為「第一屆簡帛學術討論會」論文，臺北，1999年12月。

67. 陳偉：〈新蔡楚簡零釋〉，載《華學》第6輯，紫禁城出版社2003年6
月版。

68. 陳偉：〈關於楚簡「視日」的新推測〉，簡帛研究網2005年3月6日；
又載《華學》第8輯，紫禁城出版社2006年8月版。

69. 陳偉：〈郭店竹書《六德》「以奉社稷」補說〉，簡帛網2006年
2月26日。

70. 陳偉：〈《鮑叔牙與隰朋之諫》零識（續）〉，簡帛網2006年3

參考·文獻

月5日。

71. 陳偉：〈楚簡文字識小——「㠯」與「社稷」〉，載《楚地簡帛思想研究（三）》，湖北教育出版社2007年6月版。

72. 陳偉：〈《昭王毀室》等三篇竹書的國別與體裁〉，載《楚地簡帛思想研究（三）》，湖北教育出版社2007年6月版。

73. 陳偉：〈上博竹書《慎子曰恭儉》初讀〉，簡帛網2007年7月5日。

74. 陳偉：〈讀《上博六》條記〉，簡帛網2007年7月9日。

75. 陳偉：〈讀《上博六》條記之二〉，簡帛網2007年7月10日。

76. 陳偉：〈《孔子見季桓子》22號簡試讀〉，簡帛網2007年7月24日。

77. 陳偉：〈楚人禱祠記錄中的人鬼系統以及相關問題〉，載《古文字與古代史》第1輯，〔臺北〕「中研院」史語所2007年，又載簡帛網2008年2月7日。

78. 陳偉：〈《鄂君啟節》——延綿30年的研讀〉，「中國簡帛學國際論壇2009」報告論文，武漢大學2009年7月。

79. 陳偉等著：《楚地出土戰國簡冊〔十四種〕》，經濟科學出版社2009年9月版。

80. 陳偉：《新出楚簡研讀》，武漢大學出版社2010年3月版。

81. 陳偉：〈車輿名試說（二則）〉，載《古文字研究》第28輯，中華書局2010年10月版。

82. 陳偉武：〈舊釋「折」及從「折」之字平議〉，載《古文字研究》第22輯，中華書局2000年7月版。

83. 陳偉武：〈上博簡第七冊釋讀拾遺〉，載《古文字研究》第28輯，中華書局2010年10月版。

84. 陳英傑：〈張振林先生的簡牘學研究——張振林先生學術述略之二〉，載《簡帛》第6輯，上海古籍出版社2011年11月版。

85. 陳振裕、劉信芳編著：《睡虎地秦簡文字編》，湖北人民出版社1993年12月版。

86. 陳振裕：〈湖北楚簡概述〉，載《簡帛研究》第1輯，法律出版社1993年10月版。

87. 程鵬萬：《安徽壽縣朱家集出土青銅器銘文集釋》，黑龍江人民出版社2009年12月版。

88. 程燕：《釋燊》，簡帛網2011年1月6日。

89. 程元敏：〈郭店楚簡《緇衣》引書考〉，載《古文字與古文獻》試刊號，〔臺北〕楚文化研究會籌備處，1999年10月。

90. 池田知久：〈尚處形成階段的《老子》最古文本〉，載《道家文化研究》第17輯，三聯書店1999年8月版。

91. 大西克也：〈論古文字資料中的「害」字及其讀音問題〉，載《古文字研究》第24輯，中華書局2002年7月版。

92. 單育辰：〈談戰國文字中的「鼍」〉，載《簡帛》第3輯，上海古籍出版社2008年10月版。

93. 單育辰：《楚地戰國簡帛與傳世文獻對讀之研究》，吉林大學博士學位論文，2010年4月。

94. 單育辰：〈上博七《凡物流行》、《吳命》劄記〉，載《簡帛》第5輯，上海古籍出版社2010年10月版。

95. 鄧峙一：〈李品仙盜掘楚王墓親歷記〉，載《安徽文史資料選輯》第1輯，安徽人民出版社1979年11月版。

96. 丁福保編纂：《說文解字詁林》，雲南人民出版社2006年9月版。

97. 丁山：〈吳回考〉，載齊魯大學《國學季刊》1卷2期，1933年。

98. 丁山：〈楚公逆鎛銘跋〉，載國立北平研究院史學研究所《史學集刊》第4期，1944年。

99. 丁山：《中國古代宗教與神話考》，龍門聯合書局1961年2月版。

100. 董珊：《東周題銘校議（五種）》，吉林大學碩士學位論文，1997年5月。

101. 董珊：《新蔡楚簡所見的「顓頊」和「雎漳」》，簡帛研究網2003

參考文獻

年12月7日。

102. 董珊：〈晉侯墓出土楚公逆鐘銘文新探〉，載《中國歷史文物》2006年第6期。

103. 董珊：〈楚簡中從「大」聲之字的讀法（一）〉、〈楚簡中從「大」聲之字的讀法（二）〉，簡帛網2007年7月8日。

104. 董珊：〈讀《上博六》雜記〉，簡帛網2007年7月10日。

105. 董珊：〈楚簡簿記與楚國量制研究〉，載《考古學報》2010年第2期。

106. 段渝：〈楚公逆編鐘與周宣王伐楚〉，載《社會科學研究》2004年第2期。

107. 凡國棟：〈《上博六》楚平王逸篇初讀〉，簡帛網2007年7月9日。

108. 范常喜：《戰國楚簡「視日」補議》，簡帛研究網2005年3月1日。

109. 范常喜：〈《上博五　三德》劄記三則〉，簡帛網2006年2月24日。

110. 范常喜：〈《上博五　鮑叔牙與隰朋之諫》簡3「秮」字試說〉，簡帛網2006年3月2日。

111. 范常喜：《關於「秮」字的一點補充》，簡帛網2006年3月6日。

112. 范常喜：〈《上博五　三德》與《呂氏春秋　上農》對校一則〉，載《文獻》2007年第1期。

113. 范常喜：〈《上博七　凡物流行》「令」字小議〉，簡帛網2009年1月5日。

114. 方勇：《戰國楚文字中的偏旁形近混同現象釋例》，吉林大學碩士學位論文，2005年4月。

115. 馮漢驥：〈關於「楚公豪」戈的真偽並略論四川「巴蜀」時期的兵器〉，載《文物》1961年第11期。

116. 馮勝君：〈瓚鐘銘文解釋〉，載《吉林大學古籍整理研究所建所十五週年紀念文集》，吉林大學出版社1998年12月版。

117. 馮勝君：《郭店簡與上博簡對比研究》，線裝書局2007年4月版。

此書是在其博士后工作報告〈論郭店簡《唐虞之道》、《忠信之道》、《語叢》一～三以及上博簡《緇衣》為具有齊系文字特點的抄本〉（北京大學2004年8月）基礎上增補、修改而成。

118. 復旦讀書會：〈攻研雜誌（三）——讀《上博（六）　孔子見季桓子》劄記（四則）〉，復旦網2008年5月23日。

119. 復旦讀書會：〈《上博七　武王踐阼》校讀〉，復旦網2008年12月30日；又載《出土文獻與古文字研究》第3輯，復旦大學出版社2010年7月版。

120. 復旦讀書會：〈《上博七　君人者何必安哉》校讀〉，復旦網2008年12月31日；又載《出土文獻與古文字研究》第3輯，復旦大學出版社2010年7月版。

121. 復旦讀書會：〈《上博（七）　凡物流形》重編釋文〉，復旦網2008年12月31日；又載《出土文獻與古文字研究》第3輯，復旦大學出版社2010年7月版。

122. 復旦讀書會：〈清華簡《楚居》研讀劄記〉，復旦網2011年1月5日。

123. 復旦讀書會：〈清華簡《皇門》研讀劄記〉，復旦網2011年1月5日。

124. 高亨纂著、董治安整理：《古字通假會典》，齊魯書社1989年7月版。

125. 高明：《古文字類編》，中華書局1980年11月版。

126. 高明：《古陶文彙編》，中華書局1990年3月版。

127. 高榮鴻：〈讀《上博六　競公瘧》劄記二則〉，簡帛網2007年10月1日。

128. 高田忠周：《古籀篇》，《金文文獻集成》第34冊，線裝書局據日本說文樓1925年影印本影印，2005年7月版。

129. 高佑仁：〈《荊門左塚楚墓》漆棋局文字補釋〉，新浪愛問共用資料（http://ishare.iask.sina.com.cn/f/22757248.html）。

130. 高全喜、蔡季襄：〈對「楚公豪戈辨偽」一文的商討〉，載《文

物》1960年第8、9期。

131. 高至喜：〈「楚公豪」戈〉，載《文物》1959年第12期。

132. 高至喜：〈晉侯墓出土楚公逆編鐘的几個問題〉，載《晉侯墓地出土青銅器國際學術研討會論文集》，上海書畫出版社2002年。

133. 葛亮：〈《上博七 鄭子家喪》補說〉，復旦網2009年1月5日。又載《出土文獻與古文字研究》第3輯，復旦大學出版社2010年7月版。

134. 郭德維：〈關於壽縣楚王墓槨室形制復原問題〉，載《江漢考古》1982年第1期。

135. 郭德維：《楚系墓葬研究》，湖北教育出版社1995年7月版。

136. 郭國權：《河南淅川縣下寺春秋楚墓青銅器銘文集釋》，吉林大學碩士學位論文，2008年5月。

137. 郭蕾蕾：《〈上海博物館藏戰國楚竹書（六）〉研究概況及文字編》，吉林大學碩士學位論文，2008年4月。

138. 郭沫若主編、胡厚宣總編輯：《甲骨文合集》，中華書局1982年3月版。

139. 郭沫若：〈關於鄂君啟節的研究〉，載《文物參考資料》1958年第4期。

140. 郭沫若：〈金文余釋之余〉，載《郭沫若全集 考古編》第5卷，科學出版社2002年10月版。

141. 郭沫若：〈兩周金文辭大系圖錄考釋〉，《郭沫若全集 考古編》第7、8卷，科學出版社2002年10月版。

142. 郭沫若：〈壽縣所出楚器之年代〉，載《郭沫若全集 考古編》第5卷，科學出版社2002年10月版。

143. 郭若愚：〈長沙仰天湖戰國竹簡文字的摹寫和考釋〉，載《上海博物館集刊》第3期，上海古籍出版社1986年4月版

144. 郭若愚：《戰國楚簡文字編》，上海書畫出版社1994年2月版。

145. 郭沂：〈郭店楚簡《成之聞之》篇疏證〉，載《中國哲學》第20

輯，遼寧教育出版社1999年1月版。

146. 郭永秉：〈關於《競建》和《鮑叔牙》的字體問題〉，簡帛網2006年3月5日。

147. 郭永秉：〈釋上博楚簡《平王問鄭壽》的「訊」字〉，載《古文字研究》第27輯，中華書局2008年9月版。

148. 郭永秉：〈戰國竹書剩義（三則）〉，載氏著：《古文字與古文獻論集》，上海古籍出版社2011年6月版。

149. 郭永秉：《古文字與古文獻論集》，上海古籍出版社2011年6月版。

150. 國家文物局古文獻研究室：《馬王堆漢墓帛書〔壹〕》，文物出版社1980年3月版。

151. 韓義剛：《〈上海博物館藏戰國楚竹書（七）〉研究概況及文字編》，吉林大學碩士學位論文，2011年4月。

152. 漢語大字典字形組編：《秦漢魏晉篆隸字形表》，四川辭書出版社1985年8月版。

153. 郝本性：〈試論楚國器銘中所見的府和鑄造組織〉，載《楚文化研究論集》第1集，荊楚書社1987年1月版。

154. 何浩：〈文坪夜君的身分與昭氏的世系〉，載《江漢考古》1992年第3期。

155. 何景成：〈楚文字「契」的文字學解釋〉，載《簡帛語言文字研究》第5輯，巴蜀書社2010年6月版。

156. 何琳儀：〈長沙銅量銘文補釋〉，載《江漢考古》1988年4期。

157. 何琳儀：《戰國文字通論》，中華書局1989年4月版。

158. 何琳儀：〈楚官肆師〉，載《江漢考古》1991年第1期。

159. 何琳儀：〈句吳王劍補釋——兼釋塚、主、开、丂〉，載《第二屆國際中國古文字學研討會論文集》，香港中文大學中文系1993年10月。

160. 何琳儀：〈包山竹簡選釋〉，載《江漢考古》1993年第4期。

161. 何琳儀：《戰國古文字典——戰國文字聲系》，中華書局1998年

9月版。

162. 何琳儀：〈舒方新證〉，載《古籍研究》2000年第1期。

163. 何琳儀〈郭店竹簡選釋〉，載《簡帛研究二○○一》（上冊），廣西師範大學出版社2001年9月版。

164. 何琳儀：《戰國文字通論（訂補）》，江蘇教育出版社2003年1月版。

165. 何琳儀、程燕：〈滬簡《周易》選釋〉，簡帛研究網2004年5月16日。

166. 何琳儀：〈第二批滬簡選釋〉，載《上博館藏戰國楚竹書研究續編》，上海書店出版社2004年7月版。

167. 何琳儀：〈隨縣竹簡選釋〉，載《華學》第7輯，中山大學出版社2004年12月版。

168. 何寧：《淮南子·集釋》，中華書局1998年10月版。

169. 何有祖：《慈利楚簡試讀》，簡帛網2005年11月27日。

170. 何有祖：〈慈利竹書與今本《吳語》試勘〉，簡帛網2005年12月26日。

171. 何有祖：〈上博五《鮑叔牙與隰朋之諫》試讀〉，簡帛網2006年2月19日。

172. 何有祖：〈讀《上博六》劄記（四）〉，簡帛網2007年7月14日。

173. 何有祖：〈讀《上博六》劄記〉，簡帛網2007年7月9日。

174. 何有祖：〈讀上博楚竹書（五）劄記〉，載《出土文獻研究》第8輯，上海古籍出版社2007年11月版。

175. 何有祖：〈讀上博六《競公瘧》劄記〉，載《簡帛》第4輯，上海古籍出版社2009年10月版。

176. 何有祖：〈上博六《用曰》研讀〉，載《考古與文物》2010年第5期。

177. 何有祖：〈釋《武王踐阼》「安」字〉，簡帛網2011年6月10日。

178. 何有祖：〈從慈利竹書數字簡看今本《吳語》的分章〉，《人文論叢》2011卷，中國社會科學出版社2011年12月版。

179. 河南省博物館、淅川縣文管會、南陽地區文管會：〈河南淅川縣下寺一號墓發掘簡報〉，載《考古》1981年第2期。

180. 河南省丹江庫區文物發掘隊：〈河南省淅川縣下寺春秋楚墓〉，載《文物》1980年第10期。

181. 河南省文化局文物工作隊編：《河南信陽楚墓出土文物圖錄》，河南人民出版社1959年9月版。

182. 河南省文化局文物工作隊第一隊：〈我國考古史上的空前發現信陽長台關發掘一座戰國大墓〉，載《文物參考資料》1957年第9期。

183. 河南省文物考古研究所、信陽市文物工作隊：〈河南信陽長台關七號楚墓發掘簡報〉，載《文物》2004年第3期。

184. 河南省文物考古研究所：《新蔡葛陵楚墓》，大象出版社2003年10月版。

185. 河南省文物考古研究所、河南省駐馬店市文化局、新蔡縣文物保護管理所：〈河南新蔡平夜君成墓的發掘〉，載《文物》2002年第8期。

186. 河南省文物研究所、河南丹江庫區考古發掘隊、淅川縣博物館：《淅川下寺春秋楚墓》，文物出版社1991年10月版。

187. 河南省文物研究所：《信陽楚墓》，文物出版社1986年3月版。

188. 侯乃峰：〈《上博七　武王踐阼》小劄三則〉，復旦網2009年1月3日。

189. 侯乃峰：〈《周易》文字彙校集釋〉，臺灣古籍出版有限公司2009年3月版。

190. 侯乃峰：〈《鮑叔牙與隰朋之諫》「人之性三」補說〉，載《簡帛》第4輯，上海古籍出版社2009年10月版。

191. 胡瓊：《上博六〈平王問鄭壽〉等四篇集釋》，武漢大學碩士學位論文，2008年5月。

參考文獻

192. 湖北省博物館：《曾侯乙墓》，文物出版社1989年7月版。

193. 湖北省荊門市博物館：〈荊門郭店一號楚墓〉，載《文物》1997年第7期。

194. 湖北省荊沙鐵路考古隊：《包山楚簡》，文物出版社1991年10月版。

195. 湖北省荊州地區博物館：〈江陵天星觀1號楚墓〉，載《考古學報》1982年第1期。

196. 湖北省文物考古研究所、北京大學中文系：《望山楚簡》，中華書局1995年6月版。

197. 湖北省文物考古研究所、北京大學中文系：《九店楚簡》，中華書局2000年5月版。

198. 湖北省文物考古研究所、隨州市考古隊：《隨州孔家坡漢墓簡牘》，文物出版社2006年6月版。

199. 湖北省文物考古研究所：《江陵九店東周墓》，科學出版社1995年7月版。

200. 湖北省文物考古研究所：《江陵望山沙塚楚墓》，文物出版社1996年4月版。

201. 湖北省文物考古研究所考古協調部：《2010考古發掘系列之七——沙洋縣黃歇村東周墓群發掘情況介紹》，湖北省博物館、湖北省文物考古研究所網2011年7月6日。

202. 湖南省博物館等：《長沙楚墓》，文物出版社2000年1月版。

203. 湖南省文物管理委員會：〈長沙仰天湖第25號木槨墓〉，載《考古學報》1957年第2期。

204. 湖南省文物考古研究所、慈利縣文物保護管理研究所：〈湖南慈利石板村36號戰國墓發掘簡報〉，載《文物》1990年第10期。

205. 湖南省文物考古研究所、慈利縣文物保護管理研究所：〈湖南慈利縣石板村戰國墓〉，載《考古學報》1995年第2期。

206. 湖南省文物考古研究所、湘西土家族苗族自治州文物處、龍山縣文

物管理所：〈湖南龍山里耶戰國——秦代古城一號井發掘簡報〉，載《文物》2003年第1期。

207. 湖南省文物考古研究所：《湖南考古漫步》，湖南美術出版社1999年8月版。

208. 湖南省文物考古研究所：〈湖南省考古工作五十年〉，載《新中國考古五十年》，文物出版社1999年9月版。

209. 湖南省文物考古研究所：《里耶發掘報告》，嶽麓書社2007年1月版。

210. 湖南省常德市文物局等：《沅水下游楚墓》，文物出版社2010年7月版。

211. 胡平生：〈阜陽雙古堆漢簡與《孔子家語》〉，載《國學研究》第7卷，北京大學出版社2000年7月版。

212. 黃德寬、徐在國：〈郭店楚簡文字考釋〉，載《吉林大學古籍整理研究所建所十五週年紀念文集》，吉林大學出版社1998年12月版。

213. 黃德寬、徐在國：〈郭店楚簡文字續考〉，載《江漢考古》1999年第2期。

214. 黃德寬：〈曾姬無卹壺銘文新釋〉，載《古文字研究》第23輯，中華書局、安徽大學出版社2002年6月版。

215. 黃德寬：〈戰國楚竹書（二）釋文補正〉，載《上博館藏戰國楚竹書研究續編》，上海書店出版社2004年7月版。

216. 黃德寬、何琳儀、徐在國著：《新出楚簡文字考》，安徽大學出版社2007年9月版。

217. 黃岡市博物館、黃州區博物館：〈湖北黃岡兩座中型楚墓〉，載《考古學報》2000年第2期。

218. 黃暉：《論衡校釋》，中華書局1990年2月版。

219. 黃懷信：《鶡冠子匯校集注》，中華書局2004年10月版。

220. 黃錦前：《楚系銅器銘文研究》，安徽大學博士學位論文，2009

年6月。

221. 黃盛璋：〈關於鄂君啟節交通路線的復原問題〉，載《中華文史論叢》第5輯，中華書局1964年6月版。

222. 黃盛璋：〈戰國「冶」字結構類型與分國研究〉，載《古文字論集》初編，香港中文大學1983年。

223. 黃盛璋：〈包山楚簡中若干重要制度發複與爭論未決諸關鍵字解難決疑〉，《湖南考古輯刊》第6集，嶽麓書社1994年4月版。

224. 黃錫全：《汗簡注釋》，武漢大學出版社1990年8月版。

225. 黃錫全：〈𩫖𩫖考辨〉，載《江漢考古》1991年第1期。

226. 黃錫全：〈楚公逆鎛銘文新釋〉，載《武漢大學學報》1991年第4期。

227. 黃錫全：〈古文字中所見楚官府官名輯證〉，載《文物研究》第7輯，黃山書社1991年12月版。

228. 黃錫全：〈《包山楚簡》部分釋文校釋〉，載《湖北出土商周文字輯證》，武漢大學出版社1992年10月版。

229. 黃錫全：《湖北出土商周文字輯證》，武漢大學出版社1992年10月版。

230. 黃錫全：〈「洺前」玉圭跋〉，載《文物研究》第8輯，黃山書社1993年10月版。

231. 黃錫全：〈楚幣新探〉，載《中國錢幣》1994年第2期。

232. 黃錫全、于炳文：〈山西晉侯墓地所出楚公逆鐘銘文初釋〉，載《考古》1995年第2期。

233. 黃錫全：〈楚銅錢牌「見金」應讀「視金」〉，載《中國錢幣》1999年第2期。

234. 黃錫全：〈試說楚國黃金貨幣稱量單位「半鎰」〉，載《江漢考古》2000年第1期。

235. 黃錫全：《先秦貨幣研究》，中華書局2001年6月版。

236. 黃錫全：〈讀上博《戰國楚竹書（三）》劄記六則〉，簡帛研究網
　　　2004年4月29日。

237. 黃錫全：〈讀上博《戰國楚竹書（三）》劄記〉，載《康樂集——
　　　曾憲通教授七十壽慶論文集》，中山大學出版社2006年1月版。

238. 黃翔鵬：〈先秦音樂文化的光輝創造——曾侯乙墓的古樂器〉，載
　　　《文物》1979年第7期。

239. 季旭昇：《上博五芻議（上）》，簡帛網2006年2月18日。

240. 季旭昇：〈《上博五　鮑叔牙與隰朋之諫》「毋內錢器」句小
　　　考〉，簡帛網2006年2月23日。

241. 季旭昇主編，陳霖慶、鄭玉珊、鄒濬智合撰：《上海博物館藏戰國
　　　楚竹書（一）讀本》，〔臺北〕萬卷樓圖書股份有限公司2004年
　　　7月版。

242. 季旭昇主編，陳美蘭、蘇建洲、陳嘉淩合撰：《上海博物館藏戰國
　　　楚竹書（二）讀本》，〔臺北〕萬卷樓圖書股份有限公司2004年7
　　　月版。

243. 季旭昇主編，陳惠玲、連德榮、李繡玲合撰：《上海博物館藏戰國
　　　楚竹書（三）讀本》，〔臺北〕萬卷樓圖書股份有限公司2005年10
　　　月版。

244. 季旭昇主編、袁國華協編、陳思婷等合撰：《上海博物館藏戰國楚
　　　竹書（四）讀本》，〔臺北〕萬卷樓圖書股份有限公司2007年3
　　　月版。

245. 荊門市博物館：《郭店楚墓竹簡》，文物出版社1998年5月版。

246. 荊沙鐵路考古隊：〈江陵秦家咀楚墓發掘簡報〉，載《江漢考古》
　　　1988年第2期。

247. 荊州地區博物館：〈湖北江陵藤店一號墓發掘簡報〉，載《文物》
　　　1973年第9期。

248. 來國龍：〈記憶的磨滅：春秋時期銅器上有意磨毀改刻的銘文〉，

參考文獻

「二十年來新見古代中國青銅器國際學術研討會：首陽齋藏器及其他」論文，芝加哥大學顧立雅中國古文字學中心、芝加哥藝術學院，2010年11月。

249. 李朝遠：〈楚公逆鐘的成編方式及其他〉，載《青銅器學步集》，文物出版社2007年8月版。

250. 李存山：〈從郭店楚簡看早期道儒關係〉，載《中國哲學》第20輯，遼寧教育出版社1999年1月版。

251. 李德文：〈附：李三孤堆楚王墓鑽探簡況〉，載《安徽省考古學會會刊》第6輯，1982年12月。

252. 李德文：〈朱家集楚王墓的形制與棺槨制度〉，載《楚文化研究論集》第1集，荊楚書社1987年1月版。

253. 李家浩：〈釋「弁」〉，載《古文字研究》第1輯，中華書局1979年8月版。

254. 李家浩：〈信陽楚簡「澮」字及從「关」之字〉，載《中國語言學報》第1期，商務印書館1982年12月版。

255. 李家浩：〈楚國官印考釋（兩篇）〉，載《語言研究》1987年第1期。

256. 李家浩：〈從曾姬無卹壺銘文談楚滅曾的年代〉，載《文史》第33輯，中華書局1990年10月版。

257. 李家浩：〈包山二二六號簡所記木器研究〉，載《國學研究》第2卷，北京大學出版社1994年7月版；收入《著名中年語言學家自選集 李家浩卷》，安徽教育出版社2002年12月版，收入文集時做有補正。

258. 李家浩：〈包山楚簡中的旌旆及其他〉，載《第二屆國際中國古文字學研討會論文集續編》，香港中文大學1995年9月。

259. 李家浩：〈信陽楚簡中的「柿枳」〉，載《簡帛研究》第2輯，法律出版社1996年9月版。

260. 李家浩：〈包山楚簡「**篏**」字及其相關之字〉，載《第三屆國際中國古文字學研討會論文集》，香港中文大學1997年10月。

261. 李家浩：〈傳貰龍節銘文考釋〉，載《考古學報》1998年第1期。

262. 李家浩：〈信陽楚簡「樂人之器」研究〉，載《簡帛研究》第3輯，廣西教育出版社1998年12月版。

263. 李家浩：〈讀《郭店楚墓竹簡》瑣議〉，載《中國哲學》第20輯，遼寧教育出版社1999年1月版。

264. 李家浩：〈楚墓竹簡中的「昆」字及從「昆」之字〉，載《中國文字》新25期，〔臺北〕藝文印書館1999年12月版。

265. 李家浩：《楚國蔦氏銅器銘文研究》，此文係據作者2002年6月在吉林大學所作演講錄音整理，蒙馮勝君先生惠賜。

266. 李家浩：〈鼄鐘銘文考釋〉，載《著名中年語言學家自選集　李家浩卷》，安徽教育出版社2002年12月版。

267. 李家浩：《著名中年語言學家自選集　李家浩卷》，安徽教育出版社2002年12月版。

268. 李家浩：〈戰國竹簡《緇衣》中的「逯」〉，載《古墓新知——紀念郭店楚簡出土十週年論文專輯》，〔香港〕國際炎黃文化出版社2003年11月版。

269. 李家浩：〈戰國官印考釋三篇〉，載《出土文獻研究》第6輯，上海古籍出版社2004年12月版。

270. 李家浩：〈談包山楚簡「歸鄧人之金」一案及其相關問題〉，載《出土文獻與古文字研究》第1輯，復旦大學出版社2006年12月版。

271. 李景聃：〈壽縣楚墓調查報告〉，載《田野考古報告》（上《國立中央研究院歷史語言研究所專刊之十三》），商務印書館1936年8月。

272. 李靜：《周易集釋》，武漢大學碩士學位論文，2007年5月。

273. 李零、劉新光整理：《汗簡古文四聲韻》，中華書局1983年12月版。

274. 李零：〈「楚叔之孫佣」究竟是誰——河南淅川下寺二號墓之墓主

和年代問題的討論〉，載《中原文物》1981年第4期。

275. 李零：《楚國典型銅器墓的年代與楚器的分類研究》，中國社會科學院研究生院碩士學位論文，1982年6月。

276. 李零：〈楚公逆鎛〉，載《江漢考古》1983年第2期。

277. 李零：〈宋代出土的楚王酓章鐘〉，載《江漢考古》1984年第1期。

278. 李零：〈楚國銅器銘文編年匯釋〉，載《古文字研究》第13輯，中華書局1986年6月版。

279. 李零：〈再談楚公鐘——北京大學考古系李零同志答讀者問〉，載《江漢考古》1986年第3期。

280. 李零：〈楚燕客銅量銘文補正〉，載《江漢考古》1988年第4期。

281. 李零：〈論東周時期的楚國典型銅器群〉，載《古文字研究》第19輯，中華書局1992年8月版。

282. 李零：〈包山楚簡研究（占卜類）〉，載《中國典籍與文化論叢》第1輯，中華書局1993年9月版。

283. 李零：〈再論淅川下寺楚墓——讀《淅川下寺楚墓》〉，載《文物》1996年第1期。

284. 李零：〈古文字雜識（兩篇）〉，載《于省吾教授百年誕辰紀念文集》，吉林大學出版社1996年9月版。

285. 李零：〈郭店楚簡校讀記〉，載《道家文化研究》第17輯，三聯書店1999年8月版。

286. 李零：〈讀《楚系簡帛文字編》〉，載《出土文獻研究》第5集，科學出版社1999年8月版。

287. 李零：《郭店楚簡校讀記》（增訂本），北京大學出版社2002年3月版。

288. 李零：《上博楚簡三篇校讀記》，〔臺北〕萬卷樓圖書有限公司2002年3月版。

289. 李零：〈參加「新出簡帛國際學術研討會」的几點感想〉，收入氏

著：《上博楚簡三篇校讀記》，〔臺北〕萬卷樓圖書有限公司2002年3月版。

290. 李零：〈郭店楚簡研究中的兩個問題——美國達慕思學院郭店楚簡老子國際學術討論會感想〉，載氏著《郭店楚簡校讀記》（增訂本）「附錄一」，北京大學出版社2002年3月版。

291. 李零：〈長台關楚簡《申徒狄》研究〉，載《揖芬集——張政烺先生九十華誕紀念文集》，社會科學文獻出版社2002年5月版。

292. 李零：《簡帛古書與學術源流》，三聯書店2004年4月版。

293. 李零：〈喪家狗：我讀《論語》〉（修訂版），山西人民出版社2007年5月版。

294. 李零：〈古文字筆記：卨與竊〉，載《〈清華大學藏戰國竹簡（壹）〉國際學術研討會會議論文集》，清華大學出土文獻研究與保護中心2011年6月。

295. 李銳：〈《孔子見季桓子》新編（稿）〉，簡帛網2007年7月11日。

296. 李守奎：《楚文字編》、《楚文字編歸字說明》，吉林大學博士學位論文，1997年10月。

297. 李守奎：〈出土楚文獻文字研究綜述〉，載《古籍整理研究學刊》2003年第1期。

298. 李守奎：《楚文字編》，華東師範大學出版社2003年12月版。

299. 李守奎：〈《九店楚簡》相宅篇殘簡補釋〉，載《新出土文獻與古代文明研究》，上海大學出版社2004年4月版。

300. 李守奎：〈讀《上海博物館藏戰國楚竹書》（二）雜識〉，載《上博館藏戰國楚竹書研究續編》，上海書店出版社2004年7月版。

301. 李守奎、曲冰、孫偉龍：《上海博物館藏戰國楚竹書（一一五）文字編》，作家出版社2007年12月版。

302. 李守奎：〈楚文字考釋獻疑〉，張光裕、黃德寬主編：《古文字學論稾》，安徽大學出版社2008年4月版。

參考·文獻

303. 李守奎：〈上博簡殘字叢考〉，載《古文字研究》第27輯，中華書局2008年9月版。

304. 李守奎：〈包山司法簡致命文書的特點與138-139號簡文書內容的性質〉，載《古文字研究》第28輯，中華書局2010年10月版。

305. 李天虹：〈曾侯乙墓出土車書𦤶字補正〉，載《江漢考古》1991年第1期。

306. 李天虹：〈曾字圖徽考〉，載《江漢考古》1991年第4期。

307. 李天虹：〈《包山楚簡》釋文補正〉，載《江漢考古》1993年第3期。

308. 李天虹：〈說文古文新證〉，載《江漢考古》1995年第2期。

309. 李天虹：〈郭店楚簡文字雜釋〉，載《郭店楚簡國際學術研討會論文集》，湖北人民出版社2000年5月版。

310. 李天虹：〈釋郭店楚簡《成之聞之》篇中的「肘」〉，載《古文字研究》第22輯，中華書局2000年7月版。

311. 李天虹：〈釋楚簡文字「夏」〉，載《華學》第4輯，紫禁城出版社2000年8月版。

312. 李天虹：〈郭店楚簡與傳世文獻互徵七則〉，載《江漢考古》2000年第3期。

313. 李天虹：〈郭店竹簡《性自命出》研究〉，湖北教育出版社2002年12月版。

314. 李天虹：〈楚幣文「折」字別解〉，載《第四屆國際中國古文字學研討會論文集》，香港中文大學2003年10月。

315. 李天虹：〈新蔡楚簡補釋四則〉，簡帛研究網2003年12月17日；又載《第十五屆中國文字學國際學術研討會論文集》，輔仁大學2004年4月。

316. 李天虹：〈簡本《緇衣》字體比較初探〉，載《古文字研究》第25輯，中華書局2004年10月版。

317. 李天虹：〈楚簡文字形體混同、混訛舉例〉，載《江漢考古》2005

年第3期。

318. 李天虹：〈戰國文字「𧗿」、「𠝹」續議〉，載《出土文獻研究》第7輯，上海古籍出版社2005年11月版。

319. 李天虹：〈上博五《競》、《鮑》篇校讀四則〉，簡帛網2006年2月19日。

320. 李天虹：〈再談《鮑叔牙與隰朋之諫》中的「息」字〉，簡帛網2006年3月1日。

321. 李天虹：〈釋曾侯乙墓竹簡中的「𤕌」〉，載《古文字研究》第26輯，中華書局2006年11月版。

322. 李天虹：《上博（六）劄記兩則》，簡帛網2007年7月21日。

323. 李天虹：〈上博竹書（五）零識〉，載《簡帛研究二〇〇六》，廣西師範大學出版社2008年11月版。

324. 李天虹：〈竹書《鄭子家喪》所涉歷史事件綜析〉，載《出土文獻》第1輯，中西書局2010年12月版。

325. 李天虹、彭浩主編：《楚地出土戰國簡冊合集　郭店楚墓竹書》，文物出版社2011年11月版。

326. 李曉峰：《天馬—曲村晉侯墓地出土青銅器銘文集釋》，吉林大學碩士學位論文，2004年6月。

327. 李曉峰：〈談楚公逆鐘「錫」字〉，載《古籍研究》2006卷下，安徽大學出版社2006年版。

328.. 李學勤：〈談近年新發現的几種戰國文字資料〉，載《文物參考資料》1956年第1期。

329. 李學勤：〈信陽楚墓中發現最早的戰國竹書〉，載《光明日報》1957年11月27日；收入《李學勤早期文集》，河北教育出版社2008年1月版。

330. 李學勤：〈戰國題銘概述〉，載《文物》1959年第7—9期。

331. 李學勤：〈曾侯戈小考〉，載《江漢考古》1984年第4期。

332. 李學勤：〈長台關竹簡中的《墨子》佚篇〉，載《簡帛佚籍與學術史》，江西教育出版社2001年9月版；原載《徐中舒先生九十壽辰紀念文集》，巴蜀書社1990年6月版。

333. 李學勤：〈《古韻通曉》簡評〉，載《中國社會科學》1991年第3期；收入氏著：《擁篲集》，三秦出版社2000年10月版。

334. 李學勤：〈試論楚公逆編鐘〉，載《文物》1995年第2期。

335. 李學勤：〈荊門郭店楚簡所見關尹遺說〉，載《中國文物報》1998年4月8日；收入《中國哲學》第20輯，遼寧教育出版社1999年1月版。

336. 李學勤：〈由蔡侯墓青銅器看「初吉」和「吉日」〉，載《中國社會科學院研究生院學報》1998年第5期。

337. 李學勤：〈郭店楚簡與儒家經籍〉，載《中國哲學》第20輯，遼寧教育出版社1999年1月版。

338. 李學勤：〈荊門郭店楚簡中的《子思子》〉，載《中國哲學》第20輯，遼寧教育出版社1999年1月版。

339. 李學勤：〈釋郭店簡祭公之顧命〉，載《中國哲學》第20輯，遼寧教育出版社1999年1月版。

340. 李學勤：〈先秦儒家著作的重大發現〉，載《中國哲學》第20輯，遼寧教育出版社1999年1月版。

341. 李學勤：〈論上海博物館所藏的一支《緇衣》簡〉，載《齊魯學刊》1999年第2期。

342. 李學勤：〈天人之分〉，載《中國傳統哲學新論——朱伯崑教授七十五壽辰紀念文集》，九洲圖書出版社1999年3月版。

343. 李學勤：〈郭店簡與《樂記》〉，載《中國哲學的詮釋與發展——張岱年先生九十壽慶紀念論文集》，北京大學出版社1999年5月版。

344. 李學勤：〈試解郭店簡讀「文」之字〉，載《孔子　儒學研究文叢》（一），齊魯書社2001年6月版；收入氏著《中國古代文明研

究》，華東師範大學出版社2005年4月版。

345. 李學勤：《簡帛佚籍與學術史》，江西教育出版社2001年9月版。

346. 李學勤：〈論郭店簡《老子》非《老子》本貌〉，載《紀念林劍鳴教授史學論文集》，中國社會科學出版社2002年1月版。

347. 李學勤：〈楚簡所見黃金貨幣及其計量〉，載《中國錢幣論文集》第4輯，中國金融出版社2002年9月版；收入氏著：《中國古代文明研究》，華東師範大學出版社2005年4月版。

348. 李學勤：〈論楚簡《緇衣》首句〉，載《金景芳教授百年誕辰紀念文集》，吉林大學出版社2002年版；收入氏著《中國古代文明研究》，華東師範大學出版社2005年4月版。

349. 李學勤：〈釋「改」〉，收入氏著：《中國古代文明研究》，華東師範大學出版社2005年4月版；原載《石璋如院士百歲祝壽論文集》，臺灣南天書局2002年版。

350. 李學勤：〈論葛陵楚簡的年代〉，載《文物》2004年第7期。

351. 李學勤：〈越湧君贏將其眾以歸楚之歲考〉，載《古文字研究》第25輯，中華書局2004年10月版。

352. 李學勤：〈試釋楚簡《鮑叔牙與隰朋之諫》〉，載《文物》2006年第9期。

353. 李學勤：〈試說江陵天星觀、秦家嘴楚簡的紀年〉，載《簡帛研究二〇〇四》，廣西師範大學出版社2006年10月版。

354. 李學勤：《李學勤早期文集》，河北教育出版社2008年1月版。

355. 李學勤：〈楚文字研究的歷史和意義〉，載《簡帛》第5輯，上海古籍出版社2010年10月版。

356. 李學勤主編：《清華大學藏戰國竹簡（壹）》，中西書局2010年12月版。

357. 李學勤：〈清華簡《系年》及有關古史問題〉，載《文物》2011年第3期。

參考文獻

358. 李永康：〈武漢江夏丁家咀發現戰國楚墓並出土竹簡〉，載《江漢考古》2009年第3期。

359. 李裕民：〈古文字考釋四種〉，載《古文字研究》第7輯，中華書局1982年6月版。

360. 李裕民：〈古字新考〉，載《古文字研究》第10輯，中華書局1983年7月版。

361. 李運富：〈楚國簡帛文字叢考（二）〉，載《古漢語研究》1997年第1期。

362. 李運富：《楚國簡帛文字構形系統研究》，嶽麓書社1997年10月版。

363. 黎翔鳳：《管子校注》，中華書局2004年6月版。

364. 梁靜：《上博（四）〈采風曲目〉等六篇集釋》，武漢大學碩士學位論文，2006年6月。

365. 廖名春：〈荊門郭店楚簡與先秦儒學〉，載《中國哲學》第20輯，遼寧教育出版社1999年1月版。

366. 廖名春：〈上博《詩論》簡的形制和編連〉，載《孔子研究》2002年第2期。

367. 林清源：〈戰國「冶」字異形的衍生與制約及其區域特徵〉，載《第二屆國際中國古文字學研討會論文集續編》，香港中文大學中文系，1995年9月。

368. 林清源：《楚國文字構形演變研究》，東海大學博士學位論文，1997年12月。

369. 林清源：《簡牘帛書標題格式研究》，〔臺北〕藝文印書館2004年2月版。

370. 林聖峰：〈《上博六 孔子見季桓子》底本國別問題補說〉，簡帛網2008年6月7日。

371. 林聖峰：〈《上博六 孔子見季桓子》簡22「吾」字形試解〉，簡帛網2008年6月7日。

372. 林聖峰：〈讀《上博六 孔子見季桓子》劄記三則〉，簡帛網2008年7月12日。

373. 林素清：〈郭店、上博《緇衣》簡之比較〉，載《新出土文獻與古代文明研究》，上海大學出版社2004年4月版。

374. 林沄：〈釋筈〉，載《中國文字研究》（香港）第8輯，1986年；收入《林沄學術文集》，中國大百科全書出版社1998年12月版。

375. 林沄：〈新版《金文編》正文部分釋字商榷〉，「中國古文字研究會第九屆學術討論會」論文，南京大學1992年11月。

376. 林沄：〈讀包山楚簡劄記七則〉，載《江漢考古》1992年第4期。

377. 林沄：〈說厚〉，《簡帛》第5輯，上海古籍出版社2010年10月版。

378. 林志鵬：〈上博楚竹書《競建內之》重編新解〉，簡帛網2006年2月25日。

379. 林志鵬：〈釋《鮑叔牙與隰朋之諫》簡三「如秥加之以敬」〉，簡帛網2006年4月21日。

380. 劉彬徽、劉長武：《楚系金文彙編》，湖北教育出版社2009年5月版。

381. 劉彬徽：《湖北出土兩周金文國別年代考述》，中華書局1986年6月版。

382. 劉彬徽：〈從包山楚簡紀時材料論及楚國紀年與楚曆〉，湖北省荊沙鐵路考古隊：《包山楚墓》附錄21，文物出版社1991年10月版。

383. 劉彬徽：《楚系青銅器研究》，湖北教育出版社1995年7月版。

384. 劉彬徽：〈新見楚系金文考述〉，載《第三屆國際中國古文字學研討會論文集》，香港中文大學中國文化研究所、中國語言文學系1997年10月。

385. 劉彬徽：〈常德夕陽坡楚簡考釋〉，載氏著《早期文明與楚文化研究》，嶽麓書社2001年7月版。

386. 劉彬徽：〈葛陵楚墓的年代及相關問題的討論〉，載《楚文化研究

301

論集》第7集，嶽麓書社2007年9月版。

387. 劉國勝：〈曾侯乙墓E61號漆箱書文字研究——附「瑟」考〉，載《第三屆國際中國古文字學研討會論文集》，香港中文大學中國文化研究所、中國語言及文學系1997年10月。

388. 劉國勝：〈郭店竹簡釋字八則〉，載《武漢大學學報》1999年第5期。

389. 劉國勝：〈信陽長台關楚簡《遣策》編聯二題〉，載《江漢考古》2001年第3期。

390. 劉國勝：〈包山二七八號簡釋文及其歸屬問題〉，載《中國文字學學術研討會論文集》，〔臺北〕萬卷樓圖書有限公司2002年4月版。

391. 劉國勝：《楚喪葬簡牘集釋》，武漢大學博士學位論文，2005年3月修改稿，2003年5月答辯。

392. 劉國勝：〈包山楚墓簽牌文字補釋〉，載《古文字研究》第26輯，中華書局2006年11月版。

393. 劉國忠：《走近清華簡》，高等教育出版社2011年4月版。

394. 劉和惠：〈鄂君啟節新探〉，載《考古與文物》1982年第5期。

395. 劉和惠：〈關於壽縣楚王墓的几個問題〉，載《文物研究》第5輯，黃山書社1989年9月版。

396. 劉和惠：〈壽縣朱家集李三古堆大墓墓主的再認識〉，載《東南文化》1991年第2期。

397. 劉和惠：〈鄂君啟節劄記九則〉，載《楚文化研究論集》第7集，嶽麓書社2007年9月版。

398. 小虫：〈說《上博五 弟子問》「延陵季子」的「延」字〉，簡帛網2006年5月20日。

399. 劉洪濤：〈讀《上海博物館藏戰國竹書（四）》劄記〉，簡帛網2006年11月8日。

400. 劉洪濤：〈讀上博竹書《天子建州》劄記〉，簡帛網2007年7月

12日。

401. 劉洪濤：〈釋上博竹書《莊王既成》的「航」字〉，簡帛網2007年7月20日。

402. 劉洪濤：〈《說文》「陟」字古文考〉，簡帛網2007年9月22日。

403. 劉洪濤：〈《民之父母》、《武王踐阼》合編一卷說〉，復旦網2009年1月5日。

404. 劉洪濤：〈上博竹書《昭王毀室》1號簡考釋〉，載《簡帛》第4輯，上海古籍出版社2009年10月版。

405. 劉洪濤：〈讀上博竹簡劄記兩則〉，載《中國文字研究》第13輯，大象出版社2010年10月版。

406. 劉節：〈壽縣所出楚器考釋〉，載氏著：《古史考存》，人民出版社1958年2月版。《壽縣所出楚器考釋》最早由北平圖書館1935年1月出版。

407. 劉嬌：《西漢以前古籍中相同或類似內容重複出現現象的研究——以出土簡帛古籍為中心》，復旦大學博士學位論文，2009年4月。

408. 劉淨：《〈上海博物館藏戰國楚竹書（七）〉之〈武王踐阼〉等三篇集釋》，武漢大學碩士學位論文，2009年5月。

409. 劉樂賢：〈郭店楚簡《六德》初探〉，載《郭店楚簡國際學術研討會論文集》，湖北人民出版社2000年5月版。

410. 劉樂賢：〈《性自命出》與《淮南子　繆稱》論「情」〉，載《中國哲學史》2000年第4期。

411. 劉樂賢：〈讀上博簡劄記〉，載《上博館藏戰國楚竹書研究》，上海書店出版社2002年3月版。

412. 劉樂賢：《讀楚簡劄記二則》，簡帛研究網2004年5月29日。

413. 劉樂賢：《讀上博（四）劄記》，簡帛研究網2005年2月15日。

414. 劉樂賢：《戰國秦漢簡帛叢考》，文物出版社2010年11月版。

415. 劉先枚：〈釋靇〉，載《江漢考古》1985年第3期。

416. 劉信芳、闞緒杭、周群：〈安徽鳳陽縣卞莊一號墓出土鎛鐘銘文初探〉，載《考古與文物》2009年第3期。

417. 劉信芳：〈包山楚簡神名與《九歌》神祇〉，載《文學遺產》1993年第5期。

418. 劉信芳：〈楚簡文字考釋五則〉，載《于省吾教授百年誕辰紀念文集》，吉林大學出版社1996年9月版。

419. 劉信芳：〈楚系文字「瑟」以及相關的几個問題〉，載《鴻禧文物》第2輯，1997年12月。

420. 劉信芳：《荊門郭店竹簡老子解詁》，〔臺北〕藝文印書館1999年1月版。

421. 劉信芳：〈郭店簡《緇衣》解詁〉，載《郭店楚簡國際學術研討會論文集》，湖北人民出版社2000年5月版。

422. 劉信芳：《包山楚簡解詁》，〔臺北〕藝文印書館2003年1月版。

423. 劉信芳：《「錢器」補說》，簡帛網2006年3月3日。

424. 劉信芳：〈《上博藏六》試解之三〉，簡帛網2007年8月9日。

425. 劉緒：〈晉侯邦父墓與楚公逆鐘〉，載高崇文、安田喜憲主編：《長江流域青銅文化研究》，科學出版社2002年3月版。

426. 劉釗、洪颺、張新俊編纂：《新甲骨文編》，福建人民出版社2009年5月版。

427. 劉釗：〈包山楚簡文字考釋〉，載《東方文化》1998年1、2期合刊；收入氏著《出土簡帛文字叢考》，臺灣古籍出版有限公司2004年3月版。該文曾在1992年南京大學召開的「中國古文字研究會第九屆學術討論會」上發表，刊出時有局部修改。

428. 劉釗：〈釋慍〉，《容庚先生百年誕辰紀念文集》，廣東人民出版社1998年4月版。

429. 劉釗：〈讀郭店楚簡字詞劄記〉，載《郭店楚簡國際學術研討會論文集》，湖北人民出版社2000年5月版。

430. 劉釗：〈《上博五 君子為禮》釋字一則〉，簡帛網2007年7月
23日。

431. 劉祖信、鮑雲豐：〈郭店楚簡背面記數文字考〉，載《新出楚簡國
際學術研討會會議論文集（郭店 其他簡卷）》，武漢大學2006年
6月。

432. 龍永芳：〈湖北荊門發現一枚遺漏的「郭店楚簡」〉，載《中國文
物報》2002年5月3日。

433. 魯家亮：〈《鮑叔牙與隰朋之諫》與《管子 戒》對讀劄記〉，載
《華中科技大學學報》（社會科學版）2007年第3期。

434. 羅長銘：〈鄂君啟節新探〉，載《羅長銘集》，黃山書社1994年
12月版。

435. 羅福頤主編：《古璽彙編》，文物出版社1981年12月版。

436. 羅西章：〈陝西周原新出土的青銅器〉，載《考古》1999年第4期。

437. 羅小華：〈釋賓〉，載《簡帛》第5輯，上海古籍出版社2010年
10月版。

438. 羅小華：〈釋尊〉，載《江漢考古》2011年第1期。

439. 羅新慧：〈說新蔡楚簡「嬰之以兆玉」及其相關問題〉，載《文
物》2005年第3期。

440. 羅運環：〈論楚國金文「月」、「肉」、「舟」及「止」、「止」、
「出」的演變規律〉，載《江漢考古》1989年第2期。

441. 羅運環：〈嘉魚所出楚公逆鐘新論〉，載《吉林大學古籍整理研究
所十五週年紀年文集》，吉林大學出版社1998年12月版。

442. 馬承源：〈商周青銅雙音鐘〉，載《考古學報》1981年第1期。

443. 馬承源主編：《上海博物館藏戰國楚竹書（一）》，上海古籍出版
社2001年11月版。

444. 馬承源主編：《上海博物館藏戰國楚竹書（二）》，上博古籍出版
社2002年12月版。

445. 馬承源主編：《上海博物館藏戰國楚竹書（三）》，上海古籍出版社2003年12月版。

446. 馬承源主編：《上海博物館藏戰國楚竹書（四）》，上海古籍出版社2004年12月版。

447. 馬承源主編：《上海博物館藏戰國楚竹書（五）》，上海古籍出版社2005年12月版。

448. 馬承源主編：《上海博物館藏戰國楚竹書（六）》，上海古籍出版社2007年7月版。

449. 馬承源主編：《上海博物館藏戰國楚竹書（七）》，上海古籍出版社2008年12月版。

450. 馬承源主編：《上海博物館藏戰國楚竹書（八）》，上海古籍出版社2011年5月版。

451. 孟蓬生：〈郭店楚簡字詞考釋〉，載《古文字研究》第24輯，中華書局2002年7月版。

452. 孟蓬生：〈《上博竹書（四）》閒詁〉，簡帛研究網2005年2月15日；又載《簡帛研究二○○四》，廣西師範大學出版社2006年10月版。

453. 牛淑娟：《〈上海博物館藏戰國楚竹書（二）〉研究概況及文字編》，吉林大學碩士學位論文，2005年4月。

454. 龐樸：〈《語叢》臆說〉，載《中國哲學》第20輯，遼寧教育出版社1999年1月版。

455. 彭浩：〈楚墓葬制初論〉，載《中國考古學會第二次年會論文集》，文物出版社1982年6月版。

456. 彭浩：〈包山二號楚墓卜筮和祭禱竹簡的初步研究〉，載湖北省荊沙鐵路考古隊：《包山楚墓》附錄23，文物出版社1991年10月版。

457. 彭浩：〈郭店楚簡《緇衣》的分章及相關問題〉，載《簡帛研究》第3輯，廣西教育出版社1998年12月版。

458. 彭浩：〈郭店一號墓的年代及相關的問題〉，載《本世紀出土思想

文獻與中國古典哲學研究論文集》（下冊），輔仁大學出版社1999年4月版。

459. 彭浩：〈郭店一號墓的年代與簡本《老子》的結構〉，載《道家文化研究》第17輯，三聯書店1999年8月版。

460. 彭浩：〈一種新的宇宙生成理論——讀《太一生水》〉，載《郭店楚簡國際學術研討會論文集》，湖北人民出版社2000年5月版。

461. 彭浩：〈《詩論》留白簡與古書的抄寫格式〉，載《新出土文獻與古代文明研究》，上海大學出版社2004年4月版。

462. 彭浩：〈《昔者君老》與「世子法」〉，載《文物》2004年第5期。

463. 彭浩：《「錢器」小議》，簡帛網2006年3月1日。

464. 彭浩：〈《鮑叔牙與隰朋之諫》考釋二則〉，載《楚地簡帛思想研究（三）》，湖北教育出版社2007年6月版。

465. 濮茅左：〈《孔子詩論》簡序解析〉，載《上博館藏戰國楚竹書研究》，上海書店2002年3月版。

466. 濮茅左：《上博館藏戰國楚竹書的發現收購過程》，簡帛研究網2007年12月4日。

467. 濮茅左：《上博楚簡的基本情況》，簡帛研究網2007年12月18日。

468. 秦樺林：〈楚簡《君子為禮》劄記一則〉，簡帛網2006年2月22日。

469. 裘錫圭、李家浩：〈談曾侯乙墓鐘磬銘文中的几個字〉，載湖北省博物館等編：《曾侯乙編鐘研究》，湖北人民出版社1992年11月版。

470. 裘錫圭：〈談談隨縣曾侯乙墓的文字資料〉，載《文物》1979年第7期。

471. 裘錫圭：〈戰國文字中的「市」〉，載《考古學報》1980年第3期。

472. 裘錫圭：〈釋「弘」、「強」〉，載氏著：《古文字論集》，中華書局1992年8月版。

473. 裘錫圭：《古文字論集》，中華書局1992年8月版。

474. 裘錫圭：《裘錫圭自選集》，大象出版社1994年7月版。

475. 裘錫圭：〈甲骨文中的見與視〉，載《甲骨文發現一百週年學術研討會論文集》，〔臺北〕文史哲出版社1998年5月版。

476. 裘錫圭：〈郭店《老子》簡初探〉，載《道家文化研究》第17輯，三聯書店1999年8月版。

477. 裘錫圭：〈糾正我在郭店《老子》簡釋讀中的一個錯誤——關於「絕偽棄詐」〉，載《郭店楚簡國際學術研討會論文集》，湖北人民出版社2000年5月版。

478. 裘錫圭：〈《太一生水》「名字」章解釋——兼論《太一生水》的分章問題〉，載《古文字研究》第22輯，中華書局2000年7月版。

479. 裘錫圭：〈讀《郭店楚墓竹簡劄記》三則〉，載《上海博物館集刊》第9輯，上海書畫出版社2002年版。

480. 裘錫圭：〈談談上博簡和郭店簡中的錯別字〉，載《華學》第6輯，紫禁城出版社2003年6月版。

481. 裘錫圭：〈釋郭店《緇衣》「出言有｜，黎民所訧」——兼說「｜」為「針」之初文〉，載《古墓新知——紀念郭店楚簡出土十週年論文專輯》，〔香港〕國際炎黃文化出版社2003年11月版。

482. 裘錫圭：〈讀上博簡《容成氏》劄記二則〉，載《古文字研究》第25輯，中華書局2004年10月版。

483. 裘錫圭：《中國出土古文獻十講》，復旦大學出版社2004年12月版。

484. 裘錫圭：〈釋戰國楚簡中的「旮」字〉，載《古文字研究》第26輯，中華書局2006年11月版。

485. 裘錫圭：〈釋《子羔》篇「銫」字並論商得金德之說〉，載《簡帛》第2輯，上海古籍出版社2007年11月版。

486. 裘錫圭：〈釋古文字中的有些「恩」字和從「恩」、從「凶」之字〉，載《出土文獻與古文字研究》第2輯，復旦大學出版社2008年8月版。

487. 曲冰：《〈上海博物館藏戰國楚竹書（三）〉研究概況及文字

編》，吉林大學碩士學位論文，2006年4月。

488. 饒宗頤、曾憲通：《楚地出土文獻三種研究》，中華書局1993年8月版。

489. 饒宗頤：〈戰國楚簡箋證〉，載《金匱論古綜合刊》第1期，香港亞洲石印局1957年版。

490. 饒宗頤：〈談鐘律及楚簡「𣂪」、「𣂪」為「折」字說〉，載《饒宗頤新出土文獻論證》，上海古籍出版社2005年9月版。

491. 容庚編著，張振林、馬國權摹補：《金文編》，中華書局1985年7月版。

492. 阮元：〈積古齋鐘鼎彝器款識〉，載王雲五主編：《叢書集成初編》第4冊，商務印書館1937年12月版。

493. 山西省考古研究所、北京大學考古學系：〈天馬——曲村遺址北趙晉侯墓地第四次發掘〉，載《文物》1994年第8期。

494. 商承祚：〈十二家吉金圖錄〉，載《金文文獻集成》第20冊，線裝書局據哈佛燕京學社1935年影印本影印，2005年7月版。

495. 商承祚：〈「楚公豪戈」真偽的我見〉，載《文物》1962年第6期。

496. 商承祚：〈鄂君啟節考〉，《商承祚文集》，中山大學出版社2004年11月版；原載《文物精華》第2集，文物出版社1963年版。

497. 商承祚：《戰國楚竹簡彙編》，齊魯書社1995年11月版。

498. 商承祚：〈寫在鄂君啟節考後〉，載《商承祚文集》，中山大學出版社2004年11月版。

499. 上海博物館編：《晉國奇珍——山西晉侯墓地出土文物精品》，上海書畫出版社2002年版。

500. 沈培：〈上博簡《姑成家父》一個編聯組位置的調整〉，簡帛網2006年2月22日；又載《語苑擷英（二）—慶祝唐作藩教授八十華誕學術論文集》，中國大百科全書出版社2007年12月版。

501. 沈培：〈《上博（六）》中《平王問鄭壽》和《平王與王子木》應

是連續抄寫的兩篇〉，簡帛網2007年7月12日；修改稿載《簡帛》第6輯，上海古籍出版社2011年11月版。

502. 沈培：〈略說《上博（七）》新見的「一」字〉，復旦網2008年12月31日。

503. 沈培：〈《上博（七）》校讀拾補〉，「古道照顏色——先秦兩漢古籍國際學術研討會」論文，香港中文大學中文系、中國文化研究所中國古籍研究中心，2009年1月。

504. 沈培：〈《上博（六）》和《上博（八）》竹簡相互編聯之一例〉，復旦網2011年7月17日。

505. 施謝捷：《吳越文字彙編》，江蘇教育出版社1998年8月版。

506. 施謝捷：《魏石經古文彙編》，稿本。

507. 石光瑛：《新序校釋》，中華書局2001年1月版。

508. 史傑鵬：〈《儀禮》今古文差異釋例〉，載《古籍整理研究學刊》1999年第3期。

509. 史樹青：《長沙仰天湖出土楚簡研究》，群聯出版社1955年6月版。

510. 睡虎地秦墓竹簡整理小組：《睡虎地秦墓竹簡》，文物出版社1990年9月版。

511. 宋華強：《由新蔡簡「肩背疾」說到平夜君成所患為心痛之症》，簡帛網2005年12月7日。

512. 宋華強：《新蔡簡「肩」字補證》，簡帛網2006年3月14日。

513. 宋華強：《新蔡簡「延」字及從「延」之字辨析》，簡帛網2006年5月3日。

514. 宋華強：《包山簡祭禱名「伏」小考》，簡帛網2007年11月13日。

515. 宋華強：《釋上博簡中讀為「曰」的一個字》，簡帛網2008年6月10日。

516. 宋華強：〈《鄭子家喪》、《平王問鄭壽》「就」字試讀〉，簡帛網2009年7月15日。

517. 宋華強：《新蔡葛陵楚簡初探》，武漢大學出版社2010年3月版。

518. 宋華強：〈釋《上博六　莊王既成》的「船」〉，簡帛網2011年1月6日。

519. 宋華強：〈清華簡《楚居》1-2號與楚人早期歷史傳說〉，稿本。

520. 宋有志：〈湖北荊門嚴倉墓群M1發掘情況〉，載《江漢考古》2010年第1期。

521. 蘇建洲：《楚文字考釋又三則（二）》，簡帛研究網2003年1月1日。

522. 蘇建洲：〈《上博五》補釋五則〉，簡帛網2006年3月29日。

523. 蘇建洲：〈《上博楚簡（五）》考釋五則〉，載《中國文字》新32期，〔臺北〕藝文印書館2006年12月版。

524. 蘇建洲：〈讀《上博六　孔子見季桓子》筆記〉，簡帛網2007年7月24日。

525. 蘇建洲：〈讀《上博六》筆記〉，簡帛網2007年8月1日。

526. 蘇建洲：〈讀《上博（六）　孔子見季桓子》筆記之二〉，簡帛網2007年8月28日。

527. 蘇建洲：〈《上博楚竹書》文字及相關問題研究〉，〔臺北〕萬卷樓圖書股份有限公司2008年1月版。

528. 蘇建洲：〈《鄭子家喪》甲1「就」字釋讀再議〉，復旦網2010年5月1日。

529. 蘇建洲：〈《上博五　弟子問》「延陵季子章」新釋〉，該文曾在臺灣師範大學召開的簡帛研討會上宣讀，2010年12月。

530. 蘇建洲：《戰國文字「殷」字補釋》，復旦網2011年6月30日。

531. 隨縣擂鼓墩一號墓考古發掘隊：〈湖北隨縣曾侯乙墓發掘簡報〉，載《文物》1979年第7期。

532. 孫飛燕：〈讀《凡物流形》劄記〉，清華大學簡帛研究網2009年1月1日。

533. 孫劍鳴：〈「鄂君啟節」續探〉，載《安徽省考古學會會刊》第6

輯，1982年12月。

534. 孫詒讓：〈古籀拾遺〉，載《續修四庫全書》第243冊，上海古籍出版社2002年4月版。

535. 譚步云：《先秦楚語詞匯研究》，中山大學博士學位論文，1998年5月。

536. 湯余惠、吳良寶：〈郭店楚簡文字拾零（四篇）〉，載《簡帛研究二〇〇一》（上冊），廣西師範大學出版社2001年9月版。

537. 湯余惠：〈楚器銘文八考〉，載《古文字論集（一）》，《考古與文物》編輯部1983年11月。

538. 湯余惠：〈包山楚簡讀後記〉，載《考古與文物》1993年第2期。

539. 湯余惠：《戰國銘文選》，吉林大學出版社1993年9月版。

540. 湯余惠主編，徐在國、吳良寶編纂：《戰國文字編》，福建人民出版社2001年12月版。

541. 唐蘭：〈壽縣所出銅器考略〉，載《唐蘭先生金文論集》，紫禁城出版社1995年10月版；原載《國學季刊》第4卷1號，1934年。

542. 唐蘭：〈中國青銅器的起源與發展〉，載《唐蘭先生金文論集》，紫禁城出版社1995年10月版；原載《故宮博物院院刊》1979年第1期。

543. 唐友波：〈釋瑞〉，載《江漢考古》2003年第3期。

544. 滕壬生、黃錫全：〈江陵磚瓦廠M370楚墓竹簡〉，載《簡帛研究二〇〇一》（上冊），廣西師範大學出版社2001年9月版。

545. 滕壬生：《楚系簡帛文字編》，湖北教育出版社1995年7月版。

546. 滕壬生：《楚系簡帛文字編》（增訂本），湖北教育出版社2008年10月版。

547. 萬婧：《上博五〈季康子問於孔子〉、〈君子為禮〉、〈弟子問〉等三篇集釋》，武漢大學碩士學位論文，2007年5月。

548. 王博：〈關於郭店楚墓竹簡《老子》的結構與性質——兼論其與

通行本《老子》的關係〉，載《道家文化研究》第17輯，三聯書店1999年8月版。

549. 王傳厚、吳興漢：〈楚大鼎及其出土後的經歷〉，載《文物天地》1981年第2期。

550. 王國維：〈夜雨楚公鐘跋〉，載《觀堂集林》第3冊第18卷，中華書局1959年6月版。

551. 王紅星：〈包山簡牘所反映的楚國曆法問題——兼論楚曆沿革〉，載湖北省荊沙鐵路考古隊：《包山楚墓》附錄20，文物出版社1991年10月版。

552. 王厚之：〈鐘鼎款識〉，載《金文文獻集成》第9冊，線裝書局據阮元積古齋藏宋拓摹刻木本影印，2005年7月版。

553. 王輝：〈釋𤔲、𪔅〉，載《古文字研究》第22輯，中華書局2000年7月版。

554. 王輝：〈上博楚竹書（六）讀記〉，載《古文字研究》第27輯，中華書局2008年9月版。

555. 王健：〈從楚公逆鐘銘文論到西周的方伯制度〉，載《中國歷史地理論叢》2002年第2期。

556. 王利器：《新語校注》，中華書局1986年8月版。

557. 王人聰：〈關於壽縣楚器銘文中「𠱾」字的解釋〉，載《考古》1972年第6期。

558. 王人聰：〈關於曾侯乙墓的年代〉，載《江漢考古》1985年第2期。

559. 王志平：〈郭店簡《窮達以時》校釋〉，載《簡牘學研究》第3輯，甘肅人民出版社2002年4月版。

560. 王志平：〈「𦏧」字的讀音及相關問題〉，載《古文字研究》第27輯，中華書局2008年9月版。

561. 魏宜輝、周言：〈讀《郭店楚墓竹簡》劄記〉，載《古文字研究》第22輯，中華書局2000年7月版。

562. 魏宜輝：〈試析楚簡文字中的「顯」、「虽」字〉，載《江漢考古》2002年第2期。

563. 魏宜輝：《楚系簡帛文字形體訛變分析》，南京大學博士學位論文，2003年4月。

564. 魏宜輝：〈利用戰國竹簡文字釋讀春秋金文一例〉，載《史林》2009年第4期。

565. 巫雪如：《楚簡考釋中的相關語法問題試探》，簡帛網2009年6月14日。

566. 吳長青：《壽縣李三孤堆楚國大墓出土銅器的初步研究——以安徽省博物館藏該墓青銅器為中心》，北京大學碩士學位論文，2005年6月。

567. 吳良寶：《先秦貨幣文字編》，福建人民出版社2006年3月版。

568. 吳則虞：《晏子春秋集釋》，中華書局1962年1月版。

569. 吳振武：《古璽文編校訂》，吉林大學博士學位論文，1984年10月；人民美術出版社2011年1月版。

570. 吳振武：〈釋鬺〉，載《文物研究》第6輯，黃山書社1990年10月版。

571. 吳振武：〈《鄂君啟節》「舿」字解〉，載《第二屆國際中國古文字學研討會論文集》，香港中文大學中文系1993年10月。

572. 吳振武：〈朱家集楚器銘文辨析三則〉，載《黃盛璋先生八秩華誕紀念文集》，中國教育文化出版社2005年6月版。

573. 吳振武：《談齊「左掌客亭」陶璽——從構形上解釋戰國文字中舊釋為「亳」的字應是「亭」字》，中國古文字研究會第十八次年會論文，北京2010年10月。

574. 伍仕謙：〈王子午鼎、王孫鬲鐘銘文考釋〉，載《古文字研究》第9輯，中華書局1984年1月版。

575. 夏淥：〈銘文所見楚王名字考〉，載《江漢考古》1985年第4期。

576. 夏淥：《評康殷文字學》，武漢大學出版社1991年7月版。

577. 向宗魯：《說苑校證》，中華書局1987年7月版。

578. 蕭聖中：《曾侯乙墓竹簡釋文補正暨車馬制度研究》，武漢大學博士學位論文，2005年5月；科學出版社2011年7月版。

579. 蕭聖中：〈楚簡車名匯釋〉，載《楚文化研究論集》第6集，湖北教育出版社2005年6月版。

580. 蕭聖中：〈曾侯乙編鐘的文字與書法藝術 編鐘銘刻文字的綜合考察〉，2006年1月稿本，收入鄒衡、譚維四主編《中國曾侯乙編鐘》，待刊。

581. 蕭聖中：《楚地出土戰國簡冊合集 曾侯乙墓竹簡》，稿本，2009年4月。

582. 蕭毅：〈九店竹書探研〉，載《楚地簡帛思想研究（三）》，湖北教育出版社2007年6月版。

583. 肖毅：〈慈利竹書《國語 吳語》初探〉，簡帛網2005年12月30日。

584. 肖毅：〈慈利竹書零釋〉，載《古文字研究》第26輯，中華書局2006年11月版。

585. 蕭毅：《楚簡文字研究》，武漢大學出版社2010年3月版。

586. 邢文：〈論郭店《老子》與今本《老子》不屬一系——楚簡《太一生水》及其意義〉，載《中國哲學》第20輯，遼寧教育出版社1999年1月版。

587. 邢文：〈楚簡《緇衣》與先秦禮學〉，載《郭店楚簡國際學術研討會論文集》，湖北人民出版社2000年5月版。

588. 徐寶貴：〈殷商文字研究兩篇〉，載《出土文獻與古文字研究》第1輯，復旦大學出版社2006年12月版。

589. 徐少華：〈包山楚簡釋地八則〉，載《中國歷史地理論叢》1996年第4期。

590. 徐少華：〈郭店楚簡《六德》篇思想源流探析〉，載《郭店楚簡國

際學術研討會論文集》，湖北人民出版社2000年5月版。

591. 徐元誥：《國語集解（修訂本）》，中華書局2002年6月版。

592. 徐在國、黃德寬：〈《上海博物館藏戰國楚竹書（一）緇衣　性情論》釋文補正〉，載《古籍整理研究學刊》2002年第2期。

593. 徐在國：〈楚簡文字新釋〉，載《江漢考古》1998年第2期。

594. 徐在國：〈上博竹書（二）文字雜考〉，載《學術界》2003年第1期。

595. 徐在國：〈釋楚簡「敂」兼及相關字〉，載《古文字研究》第25輯，中華書局2004年10月版。

596. 徐在國：〈新蔡葛陵楚簡劄記〉，載《中國文字研究》第5輯，廣西教育出版社2004年11月版。

597. 徐在國：〈上博竹書（三）《周易》釋文補正〉，載《康樂集——曾憲通教授七十壽慶論文集》，中山大學出版社2006年1月版。

598. 徐在國：〈從新蔡葛陵楚簡中的「延」字談起〉，載《簡帛》第1輯，上海古籍出版社2006年10月版。

599. 徐在國：〈上博竹書（三）劄記二則〉，載《古文字研究》第27輯，中華書局2008年9月版。

600. 徐在國：〈上博五「褽（稷）」字補說〉，載《〈清華大學藏戰國竹簡（壹）〉國際學術研討會會議論文集》，清華大學出土文獻研究與保護中心2011年6月。

601. 徐中舒、伍仕謙：〈中山三器釋文及宮堂圖說明〉，載《中國史研究》1979年4期；收入《徐中舒歷史論文選集》，中華書局1998年9月版。

602. 徐中舒：〈壽州出土楚銅器補述〉，載《大公報》圖書副刊第31期，1934年6月16日。

603. 許建偉：《上古漢語詞典》，吉林文史出版社1998年10月版。

604. 許抗生：〈初讀郭店竹簡《老子》〉，載《中國哲學》第20輯，遼

寧教育出版社1999年1月版。

605. 許維遹：《呂氏春秋集釋》，中華書局2009年9月版。

606. 顏世鉉：〈郭店楚墓竹簡儒家典籍文字考釋〉，載《經學研究論叢》第6輯，〔臺北〕學生書局1999年3月版。

607. 顏世鉉：〈郭店楚簡散論（一）〉，載《郭店楚簡國際學術研討會論文集》，湖北人民出版社2000年5月版。

608. 顏世鉉：〈郭店楚簡《六德》箋釋〉，載《歷史語言研究所集刊》第72本第2分，〔臺北〕「中研院」史語所2001年6月。

609. 晏昌貴：〈秦家嘴「卜筮祭禱」簡釋文輯校〉，載《湖北大學學報》2005年第1期。

610. 晏昌貴：〈天星觀「卜筮祭禱」簡釋文輯校〉，載《楚地簡帛思想研究（二）》，湖北教育出版社2005年4月版。

611. 晏昌貴：〈讀《用曰》劄記一則〉，簡帛網2007年7月27日。

612. 晏昌貴：〈上博藏戰國楚竹書《用曰》篇的編聯與注解〉，載《楚文化研究論集》第8集，大象出版社2009年9月版。

613. 晏昌貴：《巫鬼與淫祀——楚簡所見方術宗教考》，武漢大學出版社2010年3月版。

614. 楊伯峻：《春秋左傳注（修訂本）》，中華書局1990年5月第2版。

615. 楊芬：《上博簡〈彭祖〉、〈互先〉、〈中弓〉集釋》，武漢大學碩士學位論文，2006年5月。

616. 楊寬：《西周史》，上海人民出版社1999年版。

617. 楊啟乾：〈常德市德山夕陽坡二號楚墓竹簡初探〉，載《楚史與楚文化研究》，《求索》雜誌社，1987年。

618. 楊樹達：《積微居金文說》，中國科學院1952年9月。

619. 楊澤生：〈關於郭店楚簡《緇衣》篇的兩處異文〉，載《孔子研究》2002年第1期。

620. 楊澤生：〈竹書《周易》劄記（四則）〉，簡帛研究網2004年5

參考文獻

月8日。

621. 楊澤生：〈長台關竹書的學派性質新探〉，載《文史》2001年第4輯。

622. 楊澤生：〈楚竹書《周易》劄記〉，載《康樂集——曾憲通教授七十壽慶論文集》，中山大學出版社2006年1月版。

623. 楊澤生：《戰國竹書研究》，中山大學出版社2009年12月版。

624. 楊澤生：〈上博簡《用曰》中的「及」和郭店簡《緇衣》中的「出言有及，黎民所慎」〉，載《簡帛語言文字研究》第5輯，巴蜀書社2010年6月版。

625. 葉芃：《上博（六）之〈景公瘧〉、〈孔子見季桓子〉、〈莊王既成 申公臣靈王〉、〈慎子曰恭儉〉四篇竹書集釋》，武漢大學碩士學位論文，2008年5月。

626. 殷滌非、羅長銘：〈壽縣出土的「鄂君啟金節」〉，載《文物參考資料》1958年第4期。

627. 殷滌非：〈關於壽縣楚器〉，載《考古通訊》1955年第2期。

628. 殷滌非：〈壽縣楚器中的「大廥鎬」〉，載《文物》1980年第8期。

629. 殷滌非：〈憶壽縣楚器返皖〉，載《文物天地》1987年第2期。

630. 于省吾、姚孝遂：〈「楚公豪戈」辨偽〉，載《文物》1960年第3期。

631. 于省吾：〈「鄂君啟節」考釋〉，載《考古》1963年第8期。

632. 于省吾：〈讀金文劄記五則〉，載《考古》1966年第2期。

633. 于省吾主編：《甲骨文字詁林》，中華書局1996年5月版。

634. 於智博：《〈上海博物館藏戰國楚竹書（四）〉研究概況及文字編》，吉林大學碩士學位論文，2007年4月。

635. 與聞：《清華入藏戰國竹簡典籍專家稱學術價值不可估量》，簡帛網2008年10月23日。

636. 袁金平：《新蔡葛陵楚簡字詞研究》，安徽大學博士學位論文，

2007年4月。

637. 袁豔玲：〈楚公豪鐘與早期楚文化〉，載《文物》2007年第3期。

638. 曾憲通：〈楚月名初探〉，載《中山大學學報》1980年第1期。

639. 曾憲通：〈楚文字雜識〉，「中國古文字研究會第九屆學術討論會」論文，南京大學1992年11月；收入《楚文字釋叢》，氏著《古文字與出土文獻叢考》，中山大學出版社2005年1月版。

640. 曾憲通：〈論齊國「遠盉之璽」及其相關問題〉，載《華學》第1輯，中山大學出版社1995年8月版。

641. 曾憲通：〈宋代著錄楚公逆鐘銘文補釋〉，載《徐中舒先生百年誕辰紀念文集》，巴蜀書社1998年10月版。

642. 曾憲通：《曾憲通學術文集》，汕頭大學出版社2002年7月版。

643. 張昌平：〈商周青銅器銘文的若干製作方式——以曾國青銅器材料為基礎〉，載《文物》2010年第8期。

644. 張春龍：〈慈利楚簡概述〉，載《新出簡帛研究》，文物出版社2004年12月版。

645. 張富海：《郭店楚簡〈緇衣〉篇研究》，北京大學碩士學位論文，2002年6月。

646. 張光裕、黃錫全、滕壬生主編：《曾侯乙墓竹簡文字編》，〔臺北〕藝文印書館1997年1月版。

647. 張桂光：〈楚簡文字考釋二則〉，載《江漢考古》1994年第3期。

648. 張桂光：〈《郭店楚墓竹簡》釋注續商榷〉，載《簡帛研究二〇〇一》（上冊），廣西師範大學出版社2001年9月版。

649. 張靜：〈郭店楚簡文字釋遺三則〉，載《古文字研究》第25輯，中華書局2004年10月版。

650. 張守中：《中山王譽器文字編》，中華書局1981年5月版。

651. 張守中：《包山楚簡文字編》，文物出版社1996年8月版。

652. 張守中、張小滄、郝建文：《郭店楚簡文字編》，文物出版社2000

年5月版。

653. 張新俊：《上博楚簡文字研究》，吉林大學博士學位論文，2005年4月。

654. 張新俊：〈釋上博簡《凡物流形》中的「及」〉，簡帛網2011年4月14日。

655. 張新俊：《據清華簡釋字一例》，復旦網2011年6月29日。

656. 張緒球：〈宜黃公路仙江段考古發掘工作取得重大收穫〉，載《江漢考古》1992年第3期。

657. 張亞初：〈論楚公豪鐘和楚公逆鎛的年代〉，載《江漢考古》1984年第4期。

658. 張亞初：〈金文新釋〉，載《第二屆國際中國古文字學研討會論文集》，香港中文大學1993年10月。

659. 張振謙：〈《上博七 武王踐阼》劄記四則〉，復旦網2009年1月5日。

660. 張政烺：〈中山王𗧀壺及鼎銘考釋〉，載《古文字研究》第1輯，中華書局1979年8月版。

661. 趙誠：〈《中山壺》、《中山鼎》銘文試釋〉，載《古文字研究》第1輯，中華書局1979年8月版。

662. 趙建偉：〈郭店竹簡《老子》校釋〉，載《道家文化研究》第17輯，三聯書店1999年8月版。

663. 趙明誠：〈宋本金石錄〉，中華書局據《古逸叢書三編》影印，1991年1月版。

664. 趙平安：〈戰國文字的「遊」與甲骨文「𡙫」為一字說〉，載《古文字研究》第22輯，中華書局2000年7月版。

665. 趙平安：〈郭店楚簡與商周古文字考釋〉，載《古籍整理研究學刊》2003年第1期。

666. 趙平安：〈從楚簡「娩」的釋讀談到甲骨文的「娩㛃」〉，載《簡

帛研究二〇〇一》（上冊），廣西師範大學出版社2001年9月版。

667. 趙平安：〈上博簡釋字四篇〉，載《簡帛》第4輯，上海古籍出版社2009年10月版。

668. 趙平安：《新出簡帛與古文字古文獻研究》，商務印書館2009年12月版。

669. 中國科學院考古研究所：《長沙發掘報告》，科學出版社1957年8月版。

670. 中國社會科學院考古研究所：《甲骨文編》，中華書局1965年9月版。

671. 中國社會科學院考古研究所：《殷周金文集成》，中華書局1984—1994年版。

672. 中山大學古文字研究室楚簡整理小組：〈江陵邵固墓若干問題的探討〉，載《中山大學學報》1977年第2期。

673. 鐘明：《〈上海博物館藏戰國楚竹書（五）〉研究概況及文字編》，吉林大學碩士學位論文，2007年4月。

674. 周波：《上博五劄記（三則）》，簡帛網2006年2月26日。

675. 周波：〈中山器銘文補釋〉，復旦網2009年9月8日；又載《出土文獻與古文字研究》第3輯，復旦大學出版社2010年7月版。

676. 周法高主編：《金文詁林》，香港中文大學1974年。

677. 周鳳五：〈包山楚簡《集箸》、《集箸言》析論〉，《中國文字》新21期，〔臺北〕藝文印書館1996年12月版。

678. 周鳳五：〈郭店竹簡的形式特徵及其分類意義〉，載《郭店楚簡國際學術研討會論文集》，湖北人民出版社2000年5月版。

679. 周鳳五：〈郭店《性自命出》「怒欲盈而毋暴」說〉，載《新出土文獻與古代文明研究》，上海大學出版社2004年4月版。

680. 周鳳五：〈讀上博楚竹書《從政》甲篇劄記〉，載《上博館藏戰國楚竹書研究續編》，上海書店出版社2004年7月版。

681. 周生春：《吳越春秋輯校匯考》，上海古籍出版社1997年7月版。

682. 周世榮：〈楚邾客銅量銘文試釋〉，載《江漢考古》1987年第2期。

683. 朱德熙、裘錫圭：〈戰國文字研究（六種）〉，載《考古學報》1972年第1期。

684. 朱德熙、裘錫圭：〈信陽楚簡考釋（五篇）〉，載《考古學報》1973年第1期。

685. 朱德熙：〈壽縣出土楚器銘文研究〉，載《歷史研究》1954年第1期。

686. 朱德熙：〈長沙帛書考釋（四篇）〉，載《語言文字學術論文集——慶祝王力先生學術活動五十週年》，知識出版社1989年1月版。

687. 朱德熙：〈長沙帛書考釋（五篇）〉，載《朱德熙文集》第5卷，商務印書館1999年9月版。

688. 朱德熙：《朱德熙文集》第5卷，商務印書館1999年9月版。

689. 朱曉雪：《包山楚墓文書簡、卜筮祭禱簡集釋及相關問題研究》，吉林大學博士學位論文，2011年4月。

690. 祝升業：《上博（五）〈鮑叔牙與隰朋之諫〉（含〈競建內之〉）、〈姑成家父〉、〈三德〉、〈鬼神之明〉及〈融師有成氏〉篇集釋》，武漢大學碩士學位論文，2007年5月。

691. 諸祖耿：《戰國策集注匯考（增補本）》，鳳凰出版社2008年12月版。

引書簡稱對照表

1. 郭店楚簡

《老子甲》——《老甲》

《老子乙》——《老乙》

《老子丙》——《老丙》

《太一生水》——《太一》

《魯穆公問子思》——《魯穆公》

《窮達以時》——《窮達》

《唐虞之道》——《唐虞》

《忠信之道》——《忠信》

《成之聞之》——《成之》

《尊德義》——《尊》

《性自命出》——《性》

《語叢一》——《語一》

《語叢二》——《語二》

《語叢三》——《語三》

《語叢四》——《語四》

2. 上海博物館藏楚簡

《孔子詩論》——《詩論》

《緇衣》——《上緇》

《情性論》——《性情》

《民之父母》——《民》

《魯邦大旱》——《魯邦》

《昔者君老》——《昔者》

《容成氏》——《容》

《采風曲目》——《采風》

《逸詩　交交鳴烏》——《鳴烏》

《昭王毀室　昭王與龔之脾》——《昭王》

《柬大王泊旱》——《柬大王》

《相邦之道》——《相邦》

《曹沫之陳》——《曹沫》

《競建內之》——《競建》

《鮑叔牙與隰朋之諫》——《鮑叔牙》

《季庚子問於孔子》——《季庚子》

《姑成家父》——《姑》

《君子為禮》——《君子》

《弟子問》——《弟子》

《鬼神之明　融師有成氏》——《鬼融》

《景公瘧》——《景公》

《孔子見季桓子》——《季桓子》

《莊王既成　申公臣靈王》——《莊申》

《平王問鄭壽》——《鄭壽》

《平王與王子木》——《王子木》

《慎子曰恭儉》──《慎子》

《天子建州》甲、乙本──《天子甲》、《天子乙》

《武王踐阼》──《武王》

《鄭子家喪》甲、乙本──《子家甲》、《子家乙》

《君人者何必安哉》甲、乙本──《君人甲》、《君人乙》

《凡物流行》甲、乙本──《凡甲》、《凡乙》

3. 其他

《古璽彙編》──《璽匯》

《古陶文彙編》──《陶匯》

《甲骨文合集》──《合集》

《殷周金文集成》──《集成》

《戰國楚竹簡彙編》──《彙編》

《楚地出土戰國簡冊〔十四種〕》──《十四種》

後　記

　　書稿終於可以付梓出版，我卻沒有多少如釋重負的感覺，心裡更多的是忐忑。

　　2010年3月，劉玉堂先生打電話來約稿。當時我很猶豫，因為寫稿期限是一年，時間過於緊張。考慮再三，還是應了此事。一是因為朋友相托，二是「楚國文字研究」這個主題是我所喜歡的。接下邀約後，我就開始做相應準備，並在當年暑期大體完成了金文部分的初稿。暑期過後不久，我有了一個申請國家社科基金重大項目的機會，於公於私，這件事都必須全力以赴，於是基本停止了書稿的撰寫。等到基金專案申報成功、各項相關工作安排妥當後，已到今年的3月底，距離我允諾的交稿日期只有三個月了。在這麼短的時間內，完成一部書稿，我深感力不能逮，即便勉為其難，也恐惹人笑談，然而又不願意失信於人，失信於出版社。所以，儘管我重新開始寫作，卻一直帶著一種矛盾的心理，時時想到放棄。直至劉先生和責編孫豔魁先生惠允我調整寫作計畫，並推遲交稿，暑假時間也可用於寫作，我才下定決心。楚簡部分，主要是暑假完成的。

　　几度想放棄寫作，還有一個比較重要的原因。這半年多來我的身體狀況很差，似乎受不得一點勞累。而若按計劃完成寫作不受勞累根本不可能。於是身體狀況好些時，伏案工作常忘記時間；一段時間的

伏案後，身體主要是腦袋和眼睛必有反應，不得不休息。只能遠眺高樓發呆，仰望天花板興歎，任時間匆匆流逝，心中五味雜陳。

半年來，家人和朋友對我有很大鼓勵。沒有他們的鼓勵，我或許會中止寫作，也就成了輕諾之人。一些同行和簡帛中心的學生為我提供過資料上的便利。我的心裡對他們充滿感激。人生之路不平坦，我不認為自己命好，但又實實在在地遇到了不少貴人、好人。

書稿已經完成，但是本身能力有限，又沒有足夠的時間進行思考和斟酌，其間疏漏、失誤必不少見，是以內心特別糾結。不過在時間、身體允許的情況下，我已經盡到了自己的心力，這是可以無愧的地方。也因此使我可以帶著忐忑之心，交出這部書稿。

李天虹

2011年9月

看校樣過程中，曾將下編第二、六、十三章，第三、九章，第十章分別呈送劉國勝先生、宋華強先生、曹方向和黃傑同學審看，獲益良多，得以校正一些疏誤，不勝感謝。

作者

謹識於2012年4月

後記